应急指挥：理论、实践与创新

刘一佳 著

汕頭大學出版社

图书在版编目（CIP）数据

应急指挥 ： 理论、实践与创新 / 刘一佳著.

汕头 ： 汕头大学出版社，2025. 7. -- ISBN 978-7-5658-5613-6

Ⅰ. X4

中国国家版本馆 CIP 数据核字第 202529GZ36 号

应急指挥：理论、实践与创新

YINGJI ZHIHUI：LILUN、SHIJIAN YU CHUANGXIN

作　　者：刘一佳

责任编辑：胡开祥

责任技编：黄东生

封面设计：郜娇建

出版发行：汕头大学出版社

　　　　　广东省汕头市大学路 243 号汕头大学校园内　　邮政编码：515063

电　　话：0754-82904613

印　　刷：三河市燕春印务有限公司

开　　本：710mm×1000mm　1/16

印　　张：21

字　　数：336 千字

版　　次：2025 年 7 月第 1 版

印　　次：2025 年 7 月第 1 次印刷

定　　价：88.00 元

ISBN 978-7-5658-5613-6

在人类社会发展的漫长进程中，各类突发事件如影随形，从自然灾害的肆虐，到人为事故的突发，再到公共卫生事件的爆发，它们时刻威胁着人们的生命财产安全，冲击着社会的稳定秩序。作为应对突发事件的核心环节，应急指挥的重要性不言而喻。它犹如一座灯塔，在危机的狂风暴雨中，为抢险救援行动指引方向，协调各方力量，最大程度地降低灾害损失。

2024年与2025年，我国政府相继发布《突发事件应急预案管理办法》《中华人民共和国突发事件应对法》（第十四届全国人民代表大会常务委员会第十次会议修订）与《国家突发事件总体应急预案》。这一系列重磅法律法规的相继出台，不仅反映了我国在应对重大突发事件方面的重要性与紧迫性，也体现了我国政府对此的重视程度。

《应急指挥：理论、实践与创新》一书，正是在这样的背景下应运而生，旨在深入剖析应急指挥的内涵，总结实践经验，探索创新路径，为提升我国应急管理能力贡献智慧与力量。

随着社会与时代的发展与进步，作为应急指挥实践基石的应急指挥理论也在不断更新演进。从早期简单的经验式指挥，到如今融合系统论、控制论、信息论等多学科知识的科学指挥体系，应急指挥理论逐步走向成熟。本书首先系统梳理了应急指挥理论的发展脉络，深入阐述了应急指挥的基本原则、组织架构、运行机制等核心内容。通过对突发事件生命周期的分析，构建了从预防与准备、监测与预警、应急处置到恢复重建的全流程理论框架，为应急指挥人员提供了坚实的理论支撑，使其在面对复杂多变的突发事件时，能够基于科学的理论做出准确的判断和决策。

实践是检验真理的唯一标准，各种应急指挥理论的价值最终都要在实践中一一加以验证。在过去的岁月里，我国经历了无数次突发事件的考验，从汶川地震的抗震救灾，到抗洪抢险的惊心动魄，再到抗击新冠疫情的艰苦卓绝，每一次危机都是对应急指挥体系的实战检验。在通过这些现实的检验，我们在积累丰富经验的同时，自然也暴露出不少问题。本书详细回顾了我国应急指挥的典型案例，深入分析了在不同类型突发事件中应急指挥的成功经验与不足之处。通过对案例的深入剖析，我们可以看到，高效的应急指挥需要快速准确的信息传递、科学合理的资源调配、协同有序的部门合作以及果断灵活的决策机制；同时，也认识到当前应急指挥在信息共享、基层应急能力、社会力量参与等方面仍存在提升空间。

创新是推动一切事物发展的动力源泉，应急指挥领域自然也不例外。在当今时代，科技进步日新月异，社会环境复杂多变，突发事件呈现出多样化、复合型的特点。当前的应急指挥模式已难以满足飞速发展的时代需求，创新刻不容缓。本书积极探索应急指挥的创新路径，从技术创新、机制创新、理念创新等多个维度展开论述。在技术创新方面，大数据、人工智能、物联网等新兴技术为应急指挥提供了强大的技术支持，实现了对突发事件的实时监测、精准预警和智能决策；在机制创新方面，提出构建跨区域、跨部门的协同联动机制，完善社会力量参与机制，提升应急指挥的协同性和灵活性；在理念创新方面，强调以人为本、预防为主的理念，将应急管理从被动应对向主动预防转变，从单一部门管理向全社会共同治理转变。

应急指挥是一系列复杂的系统工程，涉及多个领域、多个不同部门，需要全社会的力量共 同参与其中。本书的编写，凝聚了众多应急管理专家、学者以及一线工作者的智慧和心血，他们从不同角度对应急指挥进行了深入研究和实践总结，为本书提供了丰富的素材和深刻的见解。

本书不仅是一本学术著作，更是一本应急指挥工作的实用指南。希望本书能够为从事应急管理工作的人员提供有益的参考，为广大读者普及应急指挥知识，共同推动我国应急管理事业的发展。

目录

第一章　绪　论

当前，各类突发事件频发，作为应急管理的核心环节，应急指挥的重要性不言而喻。为深入探究应急指挥的全貌，本章将从研究的出发点入手，梳理国内外研究动态，明确研究的目标、意义、方向及方法，为后续探索筑牢根基，开启应急指挥领域的深度研究之旅。

第一节　研究缘起与国内外研究综述

在人类社会发展的漫长进程中，突发事件始终如影随形，从古代的自然灾害到现代复杂多样的公共安全危机，它们深刻影响着社会的稳定与发展。中国人民大学公共管理学院王宏伟教授在《应急管理导论》中强调，应急指挥作为应对突发事件的核心机制，其重要性不言而喻[1]。

随着全球化、信息化的深入推进，社会结构变得愈发复杂，各类风险相互交织，这不仅显著提高了突发事件的发生概率，还极大地增强了其复杂性与破坏力。相应地，各方面对突发事件的应急指挥能力自然提出了新的要求。与此同时，应急指挥在实践过程中暴露出诸多亟待解决的问题，这些问题制约着应急响应的效率与效果。因此，深入研究应急指挥，梳理国内外相关研究成果，成为提升应急管理水平、有效保障人民生命财产安全与社会稳定的关键之举。

---

[1]　王宏伟.应急管理导论[M].北京：中国人民大学出版社,2014.

一、研究缘起

在当今社会，各类突发事件频发，从自然灾害的肆虐，到人为事故的突发，这些事件不仅严重威胁人民生命财产安全，也对社会稳定与经济发展造成巨大冲击，由此，突发事件的应急指挥水平越发重要。在此大环境下，亟需深入加强应急指挥的理论、实践与创新研究。

（一）社会发展对应急指挥的新需求

随着全球化和社会经济的快速发展，突发事件的发生频率和复杂性不断增加。中国人民大学公共管理学院王宏伟教授指出，现代社会的高度关联性和脆弱性使得突发事件的影响范围更广、破坏力更强。从地震、洪水、台风等自然灾害，到新冠疫情等公共卫生事件，再到群体性事件等社会安全问题，这些突发事件严重威胁人民生命财产安全和社会稳定。

一方面，城市的快速扩张和人口的高度聚集，使得在突发事件发生时，人员疏散、物资调配等工作面临巨大压力。城市中高层建筑林立，一旦发生火灾或地震，救援难度极大，需要更高效的应急指挥来协调各方力量，确保救援工作的顺利进行。

另一方面，信息技术的飞速发展为应急指挥提供了新手段，但同时也带来了网络安全方面的新风险。例如，网络攻击可能导致应急指挥系统瘫痪，影响应 急响应的时效。因此，如何应对新技术带来的新风险的新需求，提升应急系统的防御能力，成为亟待解决的问题。

（二）应急指挥现存问题的凸显

在应急指挥实践中，现存的一些问题严重制约了应急响应的效果。

清华大学公共管理学院薛澜教授在《危机管理：转型期中国面临的挑战》中提到，传统应急指挥模式存在信息流通不畅、部门协同困难等问题。在突发事件发生时，相关各部门之间信息传递不及时或不准确，将会导致指挥决策缺乏全面、准确的信息支持。[①] 不同部门之间职责划分不够清晰，协同合作机制不完善，也容易出现推诿扯皮现象，影响应急救援的效率。

此外，在应急指挥的技术应用方面也存在不少问题。虽然大数据、人工智能等新技术在应急指挥中得到了一定应用，但技术集成与兼容性难题突出。各部门使用的技术设备和信息系统来自不同厂商，数据格式和传输协议不一

---

① 薛澜,张强,钟开斌.危机管理：转型期中国面临的挑战 [M].北京：清华大学出版社,2003.

致，难以实现信息的有效共享和整合。数据安全与个人隐私保护方面也面临很大的挑战，大量应急相关数据涉及公民个人信息和关键基础设施运行数据，一旦泄露出去，被不法分子利用，可能造成严重后果。这些存在或隐藏问题，迫切需要我们深入研究，以寻找有效的防范与解决方案。

二、国外研究综述

在全球范围内，突发事件的频发促使应急指挥成为重要研究领域。国外学者在这方面的研究起步较早，目前已经形成较为成熟的理论体系与实践体系。从应急指挥体系构建到决策模型，从技术应用到跨部门协作，均有深入探索，对我国应急指挥的发展具有重要的借鉴意义。

（一）应急指挥体系建设研究

国外学者在应急指挥体系建设方面进行了大量研究。

美国学者 Kendra 和 Wachtendorf 指出，应急指挥体系应注重社会资本的构建，通过加强社区、社会组织与政府之间的合作，提高应急响应的韧性。他们强调了社会网络在应急指挥中的重要作用，认为良好的社会关系网络能够促进信息共享和资源调配，提升应急救援的效率。[①]

英国学者 Comfort 在 "Risk, security, and resilience: Integrating concepts for emergency management" 中探讨了应急指挥体系中风险、安全与韧性的关系。她认为，应急指挥体系应整合风险管理、安全保障和韧性建设等概念，建立综合性的应急管理框架；通过风险评估提前识别潜在风险，制定相应的安全保障措施，并通过提升系统的韧性来应对突发事件的不确定性。[②]

（二）新技术在应急指挥中的应用研究

在应急指挥新技术应用方面，国外学者的研究聚焦于大数据、人工智能与物联网等技术的创新应用。加拿大滑铁卢大学的研究团队在大数据应急指

---

① Kendra, James M., and Tricia Wachtendorf. 世贸中心袭击事件后恢复力的构成要素：构建社会资本的重要性（Elements of resilience after the World Trade Center attacks: The importance of building social capital）[J]. 社会学论坛（Sociological forum).18.3 (2003): 343-364.

② Comfort, Louise K. 风险、安全与韧性：应急管理中概念的整合（Risk, security, and resilience: Integrating concepts for emergency management）[J]. 国际大规模紧急情况与灾难杂志（International journal of mass emergency and cisaster）28.1 (2010): 7-24.

挥应用研究中发现，利用大数据分析可以对突发事件进行实时监测和预警，提前预测事件的发展趋势，为应急指挥决策提供科学依据。通过对社交媒体数据和传感器数据等多种来源的数据进行分析，可以及时发现异常情况。例如，在公共卫生事件中，通过分析社交媒体上的健康异常信息，可以提前发现疾病的传播趋势。[①]

同时，人工智能技术在应急指挥中的应用也是研究的重点。美国卡内基梅隆大学的学者研究表明，人工智能算法可以实现应急资源的智能调配和应急救援路径的优化。[②] 在灾害救援中，人工智能系统可以根据灾害现场的实时情况，如道路状况、救援力量分布等，快速制定最优的救援方案，提高救援效率。

三、国内研究综述

国外的相关研究成果为我们提供了参考视角，同时，立足于国内实际情况的研究也同样具有重要意义。

（一）应急指挥理论与方法研究

近年来，国内相关学者对应急指挥理论与方法进行了不同程度的研究。中国人民大学公共管理学院杨宏山教授指出，应急指挥应遵循科学的决策理论和方法，结合突发事件的特点和实际情况，制定合理的应对策略。[③] 在决策过程中，要充分考虑信息的准确性、时效性和全面性，运用多目标决策分析等方法，综合权衡各种因素，选择最优方案。

北京师范大学风险治理创新研究中心主任张强教授在应急指挥流程优化研究中提出，应建立标准化的应急指挥流程，明确各环节的职责和任务，确保应急指挥工作的有序进行。[④] 通过对突发事件的监测、预警、响应和恢复等环节进行流程再造，提高应急指挥的效率和效果。在应急响应环节，制定详细的操作指南，明确各部门的行动步骤和协调机制，避免出现混乱和延误。

（二）应急指挥人才培养与学科建设研究

一直以来，应急指挥人才培养与学科建设也是国内学者研究的重点领域。

① 刘启雷.在加拿大滑铁卢大学冲突分析团队的访问学习与联合研究[J].西北工业大学(nwpu.edu.cn)，2017-06-05.

② nfoQ.仅靠压缩即可实现 AI 解谜能力[EB/OL].网易新闻（163.com），2025-03-14.

③ 陈武，杨宏山.构建面向全过程均衡的应急知识管理机制[J].中国行政管理,2024.

④ 薛澜,张强,钟开斌.危机管理：转型期中国面临的挑战[M].北京：清华大学出版社,2003.

当前，相关院校的应急指挥学科 应加强多学科融合，培养兼具应急管理、信息技术与工程技术等多学科知识的复合型人才。高校应优化课程设置，增加跨学科课程，如"应急管理与信息技术""应急工程与社会治理"等，培养学生的综合素养和创新能力。

在学科建设方面，应进一步构建具有中国特色的应急指挥学科理论体系。高校应结合我国的国情和应急管理实践经验，整合管理学、公共管理、信息技术等多学科的理论和方法，形成系统、完整的应急指挥学科理论框架；加强应急指挥学科的教材设计和师资队伍建设，提升相关学科的教学质量和研究水平。

应急指挥的研究缘起于社会发展的新需求和现存问题的凸显。国内外学者在应急指挥体系建设、新技术应用、理论与方法以及人才培养与学科建设等方面进行了广泛而深入的研究，这些研究成果为进一步探索应急指挥的创新与发展提供了坚实的理论基础和实践经验参考，但仍需结合时代发展不断深入研究，以完善应急指挥体系，提升应急指挥效能。

综上所述，应急指挥研究因社会发展新需求及现存突出问题而兴起，具有重要的现实意义。通过对国内外研究的综合梳理，我们发现，国外学者侧重从体系建设与新技术应用角度出发，关注社会资本、风险韧性等因素在应急指挥中的作用，在技术创新应用上成果颇丰；国内学者则在理论方法研究、人才培养与学科建设方面积极探索，紧密结合中国国情与应急管理实践，力求构建特色理论体系。这些研究成果为应急指挥的发展提供了丰富的理论支撑与实践经验。

然而，应急指挥研究领域当前仍面临诸多困境与挑战。随着社会持续发展，新问题不断涌现，如新兴技术与应急指挥的深度融合、跨区域跨国界突发事件的协同应对等。未来，需在现有研究基础上，进一步加强多学科交叉融合，深化国内外学术交流合作，不断完善应急指挥体系，提升应急指挥效能，以更好地适应复杂多变的风险环境，守护社会的安全与稳定。

第二节　研究目的与研究意义

在人类社会持续发展的进程中，频发的突发事件对社会稳定与人民生活屡屡造 成严重冲击。应急指挥作为应对突发事件的核心环节，其运作效能直接关乎灾害损失的控制和社会秩序的恢复。

应急指挥体系的科学性和高效性，是衡量一个国家或地区应急管理水平的关键性指标。然而，当前应急指挥在实践中暴露出诸多问题，如技术应用的瓶颈、指挥模式的局限等，这些问题严重制约了应急响应的速度和质量。在此背景下，深入研究应急指挥，明确研究目的与意义，不仅是理论发展的必然需求，更是提升应急管理实践水平、保障社会安全的迫切任务。

一、研究目的

如今，我们身处一个风险交织的时代，极端天气、公共卫生事件、工业安全事故等突发事件不断冲击社会的稳定运转。如何更科学、更高效地开展应急指挥工作，是我们当前的主要任务。本书展开对应急指挥的探究，期望能为应对复杂多变的突发状况开辟新思路。

（一）剖析应急指挥现存问题根源

应急指挥在应对各类突发事件中扮演着关键角色，然而，当前应急指挥体系存在诸多亟待解决的问题。应急指挥涵盖多部门、多环节的协同运作，任何一个环节出现问题都可能影响整体效能。找到这些问题的根源并一一加以解决，是提升应急指挥水平的关键所在。

从技术层面看，大数据、人工智能等新技术在应急指挥中的应用虽带来了不少便捷，提升了技术水平，但同时也产生了技术集成与兼容性难题。不同部门的技术设备和信息系统缺乏统一标准，导致数据难以共享与整合，信息流通不畅成为应急指挥的一大阻碍。[①] 这背后的根源在于缺乏顶层设计和统一规划，各部门在技术选型和系统建设时各自为政，未充分考虑与其他部门的协同需求。

在指挥模式方面，传统的应急指挥模式经常存在部门间职责不清、协同困难的问题，会导致突发事件发生时各部门推诿扯皮现象，因此延误救援时机。这主要是因为应急指挥的体制机制不够完善，缺乏明确的职责划分和高效的协调机制。部分部门受传统观念束缚，过于强调自身利益，缺乏全局意识和协同合作精神。

（二）探索创新发展路径与策略

面对应急指挥现存的问题，探索创新发展路径与策略至关重要。北京师范大学张强教授认为，应急指挥需要与时俱进，结合时代发展趋势和新技术应用，创新指挥模式和方法。

在技术创新方面，应加强统一技术标准的制定，构建综合性应急指挥技

---

① CDA 数据分析师. 前沿资讯数据不一致和不准确带来的隐患是什么 [EB/OL].CSDN 博客，2025-01-13.

术集成平台，通过统一数据格式、传输协议等标准，实现不同技术设备和信息系统的无缝对接；利用大数据、人工智能、物联网等新兴技术，实现应急数据的实时采集、分析和共享，为应急指挥决策提供更加科学、有效的依据。

在指挥模式创新上，应积极推进智慧指挥模式与跨界指挥模式的发展。智慧指挥模式借助智能化技术，实现应急指挥的自动化和智能化，通过智能监测设备实时获取突发事件的相关信息，利用人工智能算法进行分析和预测，自动生成应对方案；跨界指挥模式旨在打破不同部门和领域之间打破部门和领域的壁垒，加强跨部门、跨领域的协同合作；建立常态化的协同工作机制，明确各部门在应急指挥中的职责和权限，加强信息共享和沟通交流，形成应急救援合力。

二、理论意义

当前，应急指挥理论体系存在概念界定模糊、部分理论与实际脱节等问题，探索应急指挥的理论、实践与创新，对填补理论空白、修正完善现有理论、构建科学系统的理论架构意义重大。

（一）丰富应急指挥学科理论体系

应急指挥学科理论体系的完善对于学科发展至关重要。中国人民大学公共管理学院杨宏山教授指出，目前应急指挥学科理论尚存在诸多不足，需要进一步丰富和完善。通过深入研究应急指挥的现存问题和创新发展路径，可以为学科理论体系的构建提供新的思路和方法。[①]

在技术应用方面，对大数据、人工智能等新技术在应急指挥中的应用研究，可以拓展应急指挥的技术理论，研究这些技术如何改变应急指挥的决策模式、资源调配方式和指挥流程，为学科理论注入新的内容。

在指挥模式方面，对智慧指挥模式与跨界指挥模式的深入探索，可以丰富并发展应急指挥的组织理论和协同理论。分析这些新模式的运行机制、优势和面临的挑战，有助于构建更加科学合理的应急指挥组织体系和协同机制。

（二）促进多学科交叉融合研究

应急指挥涉及管理学、信息技术、工程学、社会学等多个学科领域，促进多学科交叉融合研究具有重要的理论意义。多学科交叉融合能够为应急指挥提供更全面的理论支持和解决问题的思路，通过研究应急指挥，可以打破

---

① 陈武，杨宏山.构建面向全过程均衡的应急知识管理机制[J].中国行政管理,2024.

学科之间的壁垒，促进不同学科之间的交流与合作。①

在应急指挥实践中，需要综合运用多个学科的知识。比如在应对自然灾害时，既需要运用工程学的知识进行灾害评估和救援方案设计，又需要运用社会学的知识了解受灾群众的需求和心理，还需要运用信息技术进行数据采集和分析。

通过对应急指挥的研究，可以推动这些学科之间的交叉融合，形成新的学科增长点。例如，应急管理与信息技术的交叉融合，催生了应急信息化管理理论，这一理论强调通过先进的信息采集、处理和传输技术，实现对突发事件的快速响应和高效处置。利用大数据分析、物联网和人工智能等技术，可以实时监控灾害风险，预测潜在威胁，并优化资源分配。又例如，应急管理与社会学的交叉融合，形成了应急社会心理学理论，该理论关注在突发事件中个体和群体的心理反应及其对应急管理的影响。它探讨了如何通过心理干预和社会支持，减轻恐慌情绪，增强公众的应对能力和恢复力。

三、实践意义

在现实中，重大突发事件带来的损害与后果难以估量。从城市到乡村，从生产一线到日常生活场景，应急指挥能力直接关乎灾害应对成效与损失控制。探究应急指挥的理论、实践与创新，旨在为实际应对突发事件提供实操方法，提升应急行动效能。

（一）提升应急指挥效能，保障社会安全稳定

提升应急指挥效能是保障社会安全稳定的关键所在。高效运行的应急指挥体系能够在突发事件发生时迅速做出响应，有效减少人员伤亡和财产损失。通过优化应急指挥架构、完善指挥模式及提升技术应用水平，可以显著增强应急指挥的整体效能。

在突发事件爆发之际，高效的应急指挥能够迅速集结救援力量，合理调配应急资源，及时采取切实有效的应对措施。例如在火灾事故中，应急指挥中心能够通过智能化的监测系统实时掌握火势蔓延情况，利用大数据分析技术快速制定救援方案，指挥消防队伍、医疗团队和其他相关部门协同作战，最大限度地减少火灾造成的损失。有效的应急指挥还能够稳定社会秩序，避免恐慌情绪的蔓延，保障社会的正常运转。

① 李智超."新文科"建设推动应急管理学科发展[EB/OL].中国社会科学网－中国社会科学报，2023-03-22.

（二）为应急管理政策制定提供科学依据

应急指挥的研究成果能够为应急管理政策的制定提供科学依据。政府在制定应急管理政策时，必须全面考虑应急指挥的实际需求及其发展趋势。通过对应急指挥现存问题和创新发展路径的研究，可以为政策制定者提供准确的信息和合理的建议。

在技术应用方面，研究新技术在应急指挥中的应用效果和面临的问题，可以为政府制定相关技术政策提供参考。政府可依据研究成果，进一步加大对新技术的研发及应用支持力度，从而有效推动应急指挥技术的创新与发展。

在指挥模式方面，对智慧与跨界指挥模式的研究成果，可以为政府制定应急指挥体制机制改革政策提供依据。政府可以根据研究建议，明确各部门在应急指挥中的职责和权限，完善协同合作机制，提高应急指挥的效率和效果。

应急指挥的研究目的在于剖析现存问题根源，探索创新发展路径与策略；其理论意义在于充实应急指挥学科的理论体系，推动多学科交叉融合的深入研究；其实践意义在于提升应急指挥效能，保障社会安全稳定，为应急管理政策制定提供科学依据。通过深入研究应急指挥，能够为应对各类突发事件提供有力支持，推动应急管理事业的发展。

综上所述，对应急指挥展开研究具有极为重要的目的与意义。研究旨在深度剖析应急指挥现存问题的根源，从技术标准不统一、体制机制不完善等方面入手，挖掘问题背后的深层次原因，进而探索创新发展路径与策略，如推动技术创新、优化指挥模式等。从理论层面看，这有助于丰富应急指挥学科理论体系，填补技术应用、组织协同等方面的理论空白，同时促进管理学、信息技术等多学科的交叉融合，拓展学术研究的边界。在实践领域，研究成果能够直接作用于应急指挥效能的提升，通过优化资源调配、强化部门协同，在突发事件来临时快速响应，最大程度降低人员伤亡和财产损失，为应急管理政策制定提供科学依据，助力政策的精准性和有效性，从而切实保障社会的安全稳定，推动应急管理事业迈向新的高度。

第三节 研究方向与研究方法

在应急管理领域，应急指挥作为应对各类突发事件、维护社会稳定与保障人民安全的关键环节，具有至关重要的作用。随着社会发展，突发事件的复杂性与影响力不断攀升，对其深入研究迫在眉睫。应急指挥体系的完善需要持续探索新方向，运用科学研究方法。明确研究方向，有助于精准聚焦应急指挥现存的关键问题，挖掘创新发展的潜力；恰当的研究方法，是深入剖析问题、得出科学结论的有力工具。只有两者协同共进，才能推动应急指挥理论与实践的双重发展，切实提升应急管理水平。

一、研究方向

随着时代发展，各类风险挑战层出不穷，应急指挥面临全新机遇与复杂难题。为更好地适应新形势，本节将从多个维度明确应急指挥的研究方向，为应急指挥的理论深化、实践推进与创新发展提供较为清晰且具有针对性的指引。

（一）应急指挥技术创新与应用深化

在科技飞速发展的当下，应急指挥技术的创新与应用深化是关键研究方向，新技术的有效运用能够显著提升应急指挥的效能。目前，大数据、人工智能、物联网等技术已在应急指挥领域初显成效，但仍存在诸多待解决问题。

其一，进一步探索大数据在应急指挥中的深度应用。通过对海量应急数据的挖掘与分析，不仅要实现对突发事件的精准预测和预警，还需构建更完善的应急决策支持系统。利用机器学习算法对历史灾害数据、社会舆情数据等进行分析，提前预判事件发生的可能性及影响范围，为指挥者提供更具前瞻性的决策建议。科学决策是应急指挥体系的核心所在，而大数据技术的应用则为实现这一核心目标提供了坚实有力的支撑。

其二，大力推动人工智能与应急指挥流程的深度融合。研发具备自主学习和智能决策能力的应急指挥系统，使其能够根据实时情况自动调配救援资源、规划救援路线。在火灾救援中，人工智能系统可根据火势蔓延方向、周边地形、消防力量分布等因素，迅速制定最佳救援方案，提高救援效率。

（二）应急指挥模式的优化与协同机制完善

应急指挥模式的优化及协同机制的完善，对于提升应急响应效率具有重大意义。传统的应急指挥模式普遍存在部门间协同不顺畅、信息流通迟缓等弊端。涂子沛指出，打破部门间的壁垒，构建高效协同的应急指挥模式，是解决这些问题的关键所在。①

在智慧指挥模式方面，应强化智能化技术在指挥流程中的深度应用，以实现应急指挥的自动化与智能化。利用智能传感器实时采集突发事件现场信

---

① 涂子沛.大数据——正在到来的数据革命[M].桂林：广西师范大学出版社，2015.

息，通过数据分析和处理，自动生成应对策略和指挥指令，减少人为决策的时间成本和误差。

跨界指挥模式的协同机制亟待进一步完善，需明确界定不同部门在应急指挥中的职责与权限，构建常态化的沟通协调机制。在应对重大事故灾难时，应急管理、消防、医疗、环保等部门应依托统一的信息平台，实现实时信息共享，协同推进救援工作；同时，制定标准化的应急指挥流程和协同工作规范，确保各部门在应急响应中紧密协作，形成强大的应急救援合力。

二、研究方法

在应急指挥领域的探索中，研究方法是获取有效成果、推动理论与实践进步的关键工具。研究方法不仅决定了研究的深度和广度，还直接影响到研究成果的可靠性与实用性。为了全面且深入地剖析应急指挥，本书综合采用了多种研究方法。

（一）文献研究法

文献研究法是一种通过系统收集、整理和深入分析已有文献资料来进行研究的方法，广泛应用于学术研究、政策制定等多个领域。黄萃等人指出，文献研究能够帮助研究者站在前人的肩膀上，避免重复劳动，同时获取丰富的理论和实践经验。[1]

文献研究法是本研究的重要基础。笔者通过广泛搜集参阅大量国内外应急指挥领域的学术论文、专著、研究报告等文献资料，得以全面了解该领域的研究现状和发展趋势。

笔者通过梳理国内外学者在应急指挥技术创新、指挥模式优化、人才培养等方面的研究成果，分析现有研究的优势与不足；在研究应急指挥技术创新时，笔者参考国外顶尖科研机构关于大数据、人工智能在应急管理中应用的前沿研究成果，结合国内实际情况，找出适合我国应急指挥发展的技术路径。笔者通过对各种文献的综合分析，希望能为后续研究提供理论支撑和研究思路。

（二）案例分析法

案例分析法通过深入剖析实际应急指挥案例，总结经验教训，为理论研究和实践应用提供宝贵参考。该方法能够有效结合抽象理论与具体实践，从

---

[1]　陈媛媛．八种常用的课题研究方法 [EB/OL].汕头职业技术学院心理与教育教学部，2024-04-18.

而使研究更具针对性和实用性。

笔者通过选取具有代表性的自然灾害、事故灾难、公共卫生事件等应急指挥案例，如地震救援、疫情防控等，分析这些案例中应急指挥体系的运作情况，包括技术应用、指挥模式、部门协同等方面的表现。如在汶川地震救援案例中，研究应急指挥中心如何运用多种技术手段实现对救援现场的实时监控和救援资源的调配，以及在指挥过程中各部门之间的协同合作存在哪些问题、如何改进等。通过对多个案例的深入对比分析，提炼出具备普遍性和指导意义的应急指挥策略与方法。

（三）实证研究法

实证研究法通过实地调研、问卷调查、访谈等多种方式收集第一手数据，并运用统计分析等手段验证研究假设，从而为研究提供科学依据。实证研究能有效提升研究的可信度和说服力，使研究成果更加贴近实际情况。

笔者通过设计针对应急指挥人员、相关部门工作人员和社会公众的调查问卷，获取他们对应急指挥技术应用、指挥模式、信息公开等方面的看法和建议；通过对不同地区应急指挥中心的实地调研，考察其技术设备的配置及使用状况，以及指挥流程的运作情况。然后，笔者通过对收集到的数据进行统计分析，揭示出应急指挥中存在的问题和影响因素，并提出针对性的改进措施。例如，笔者通过数据分析发现，应急指挥中不同部门之间的信息共享存在障碍，进而提出建立统一信息共享平台的建议。

应急指挥的研究方向应聚焦于技术创新与应用深化、指挥模式优化与协同机制完善，笔者通过文献研究法、案例分析法和实证研究法等多种研究方法的综合运用，深入探索应急指挥的发展规律，为提升应急指挥效能提供科学的理论支持和实践指导。

综上所述，笔者对应急指挥的研究，首先围绕技术创新、指挥模式优化确定研究方向，然后借助文献研究法、案例分析法和实证研究法开展具体研究。在研究方向上，技术创新与应用深化有望通过大数据、人工智能等前沿技术，革新应急指挥的决策与执行流程；指挥模式的优化与协同机制的完善，则能打破部门壁垒，提升应急响应的整体效率。从研究方法来看，文献研究法帮助我们站在已有研究基础上明确方向，案例分析法提供了丰富的实践经验总结，实证研究法则以科学的数据验证假设、揭示问题本质。通过这些研究方向的推进与研究方法的综合运用，笔者深入洞察应急指挥的发展规律，并提出切实可行的改进策略，可为应急指挥体系的完善、社会安全稳定的维护提供坚实支撑，助力应急管理事业迈向新高度。

第四节　研究内容与研究创新

应急指挥涵盖技术、模式、人才等多个关键维度，每个维度都紧密关联着应急响应的成效。然而，传统的应急指挥研究在理论、方法和实践应用上存在一定局限，难以充分满足新时代应急管理的需求。为了填补这些空白，推动应急指挥领域的发展，深入探究其研究内容，并在理论、方法和实践层面寻求创新突破势在必行。这不仅是学术发展的必然要求，更是提升应急管理水平、有效应对各类突发事件的现实需要。

一、研究内容

应急指挥涵盖应急管理的多个层面，其研究内容复杂且多元。本研究将从剖析技术体系、应急指挥模式的深度研究与创新探索等方面加以探讨。

（一）应急指挥技术体系的全面剖析

在应急指挥领域，技术体系是其高效运作的核心支撑要素。应急指挥技术涵盖了信息采集、传输、处理和决策支持等多个环节，对这些环节的深入研究有助于提升应急指挥的精准度与时效性。

一是在信息采集方面，重点研究各类传感器、监测设备的应用，包括地震监测仪、气象雷达、水质监测传感器等，分析如何优化这些设备的布局与参数设置，以更全面、准确地获取突发事件的相关信息。如在地震应急指挥中，通过合理分布地震监测仪，能够更精确地确定震中位置、震级大小等关键数据，为后续救援决策提供可靠依据。

二是在信息传输环节，重点研究通信技术的可靠性与时效性，如探讨5G、卫星通信等先进通信技术在应急指挥中的应用，解决在复杂环境下通信中断、信号不稳定等问题。稳定的通信是应急指挥的命脉，确保信息能够及时、准确地传递至指挥中心和一线救援人员，至关重要。

三是在信息处理与决策支持方面，深入研究大数据分析、人工智能算法在应急指挥中的应用，利用大数据技术对海量应急数据进行挖掘，提取有价值的信息，如灾害发展趋势、受灾人群分布等；借助人工智能算法实现应急决策的智能化，根据实时信息快速生成最优救援方案。

（二）应急指挥模式的深度研究与创新探索

应急指挥模式直接关乎应急响应的效率与效果。传统应急指挥模式存在部门协同不足、决策流程繁琐等问题，需要进行深度研究与创新。

一是通过研究不同类型突发事件下的应急指挥模式差异，如自然灾害、事故灾难、公共卫生事件等，分析在地震、火灾、疫情等不同场景中，指挥模式应如何调整以适应事件特点。在地震灾害中，需要快速协调消防、医疗、交通等多部门开展救援，指挥模式应强调统一指挥与快速响应；而在公共卫生事件中，指挥模式更加侧重于信息共享、跨区域协调和专业防控。

二是不断探索智慧指挥与跨界指挥等新型指挥模式。智慧指挥模式可借助物联网、大数据、人工智能等技术，实现指挥流程的自动化与智能化，通过智能设备实时感知救援现场情况，自动生成指挥指令，提高指挥效率。跨界指挥模式重点是打破部门、地域和行业界限，加强多主体协同合作，研究如何建立有效的跨界协同机制，明确各主体在应急指挥中的职责与权限，促进信息共享与资源整合。

（三）应急指挥人才培养体系的构建与完善

应急指挥人才是保障应急指挥工作顺利开展的重要支撑，构建完善的应急指挥人才培养体系是提升应急指挥能力的关键。

一是分析当前应急指挥人才的需求现状与结构特点，包括对应急管理专业知识、信息技术能力、沟通协调能力等方面的需求。研究表明，随着新技术在应急指挥中的广泛应用，对应急指挥人员的信息技术能力要求日益提高；同时，复杂的应急场景也需要指挥人员具备必要的沟通与协调能力，以确保多部门协同工作的顺畅进行。

二是探讨应急指挥人才培养的目标。明确培养具备综合素养的应急指挥人才，不仅要掌握应急管理的基本理论与方法，还要熟悉信息技术、工程技术等相关领域知识，具备创新思维和实践能力。

三是探讨应急指挥人才培养的途径与方法。首先，强化高校相关专业的建设，优化课程设置，增设跨学科课程，如应急管理与信息技术、应急工程与社会治理等。其次，积极开展实践教学，与应急管理部门、企业等建立紧密合作关系，为学生提供丰富的实习实训机会，以提升学生的实际操作能力。此外，还需加强在职人员的培训工作，定期组织应急指挥人员参与业务培训和应急演练，持续提升其业务水平。

二、研究创新

在应急指挥领域，尽管过往研究已取得一定成果，但依旧存在诸多局限。

面对持续变化的风险格局和错综复杂的应急场景，创新需求显得尤为迫切。本书试图突破传统视角，从多维度挖掘新的研究思路，探索应急指挥在理论、实践层面未曾触及的创新点，为该领域发展注入活力。

（一）理论创新：多学科融合构建应急指挥理论新框架

传统应急指挥理论主要基于管理学和公共管理理论，随着时代发展，其局限性逐渐显现。本研究尝试打破学科壁垒，融合信息技术、工程学、社会学等多学科理论，构建应急指挥理论新框架。

在技术层面，将大数据、人工智能、物联网等信息技术的理论引入应急指挥领域，探讨如何有效利用这些先进技术，以提升应急指挥的智能化水平。

在决策理论领域，借鉴工程学中的系统优化理论，对应急救援资源调配、应急指挥、救援路径规划等方面进行优化决策。

在社会学领域，引入社会网络理论，研究如何利用社会关系网络提高应急指挥中的信息传播效率和协同合作效果。

多学科融合为应急指挥理论研究注入了新的视角和方法，进一步丰富了应急指挥理论的内涵。

（二）方法创新：综合运用多种前沿研究方法

本研究综合运用多种前沿研究方法，突破传统研究方法的局限。

在技术应用研究中，采用实验研究法，搭建应急指挥技术模拟平台，对大数据分析算法、人工智能决策模型等进行实验验证，对比不同技术方案的效果，筛选出最优方案。

在指挥模式研究中，运用系统动力学方法，构建应急指挥系统动力学模型，模拟不同指挥模式下应急响应的动态过程，分析系统中各要素之间的相互关系和作用机制，为指挥模式的优化提供科学依据。

在人才培养研究中，采用行动研究法，与高校、应急管理部门合作开展人才培养实践，在实践过程中不断反思和改进培养方案，提高人才培养质量。

（三）实践创新：提出具有针对性和可操作性的应急指挥策略

本书紧密结合应急指挥实践，提出一系列具有针对性和可操作性的策略。

一是在技术应用方面，提出建立统一的应急指挥技术标准体系，解决当前技术设备和信息系统兼容性差的问题，促进技术的集成与应用。

二是在指挥模式方面，设计基于区块链技术的跨界指挥协同平台，利用区块链的去中心化、不可篡改等特性，实现多部门信息共享与协同指挥，提高指挥的透明度和信任度。

三是在人才培养方面，构建应急指挥人才认证体系，明确界定人才的能力标准与认证流程，为应急指挥人才的选拔和培养提供规范化依据。这些实践创新策略能够直接应用于应急指挥实践，提升应急指挥的效能。

本书围绕应急指挥技术体系、指挥模式和人才培养体系展开深入研究，并在理论、方法和实践方面进行创新，旨在为应急指挥领域的发展提供新的思路和方法，推动应急指挥体系的完善和应急管理能力的提升。

综上所述，本研究围绕应急指挥技术体系、指挥模式和人才培养体系展开全面深入探究，在理论、方法与实践层面均实现了创新突破。通过多学科融合，构建了应急指挥理论新框架，为该领域的研究提供了全新视角与丰富内涵，打破学科壁垒带来理论的革新。在研究方法上，综合运用实验研究法、系统动力学方法和行动研究法等前沿手段，克服了传统研究方法的不足，更精准地揭示应急指挥的内在规律和作用机制，为实践提供科学依据。实践方面，提出的统一技术标准体系、基于区块链的跨界指挥协同平台以及应急指挥人才认证体系等策略，极具针对性与可操作性，能直接应用于应急指挥实践，提升应急指挥效能。

通过本研究，期望为应急指挥领域注入新活力，助力应急管理体系的完善，使其在应对复杂多变的突发事件时更加从容高效，切实保障社会的安全稳定。

本章小结

本章通过对研究缘起、目的、方法等多方面的阐述，搭建起研究的整体框架，明确了后续章节将围绕应急指挥的理论、体系、决策等关键内容展开，旨在全方位揭示应急指挥的运行规律，为应急指挥理论发展和实践应用提供系统思路。

本章重点探讨应急指挥领域的研究，从多个维度进行深入分析，旨在为后续相关研究奠定坚实的基础。开篇点明研究缘起，社会发展带来人口聚集、技术革新，使得突发事件更复杂，对应急指挥提出更高要求，而现存问题，如技术应用瓶颈、指挥模式缺陷等，亟待解决。

在研究目的与意义层面，旨在剖析应急指挥现存问题根源，探索创新发展路径。理论上，充实应急指挥学科的理论体系，推动多学科的交叉与融合；实践中，提升应急指挥效能，保障社会安全稳定，为应急管理政策制定提供科学依据。

研究方向确定为应急指挥技术创新与应用深化，探索大数据、人工智能等技术的深度融合；优化应急指挥模式，完善协同机制，打破部门间的壁垒，构建高效协同的工作模式。

研究方法综合运用了多种手段，包括文献研究法，系统梳理国内外研究成果，精准把握研究动态；案例分析法，深入剖析典型案例，提炼经验教训；实证研究法，通过实地调研获取一手数据，有效验证假设。

　　研究内容涵盖应急指挥技术体系的全面剖析，从信息采集到决策支持的全流程深入探讨；应急指挥模式的深度研究与创新探索，分析不同场景下的模式差异，探索智慧化、跨界融合的新型指挥模式；应急指挥人才培养体系的构建与完善，明确需求、目标和培养途径。

　　在研究创新方面，我们致力于实现理论创新，通过融合多学科知识构建全新的理论框架；在方法创新上，综合运用前沿的研究方法；而在实践创新方面，提出具有针对性且切实可行的策略。

　　综上所述，本章系统阐述了应急指挥研究的各关键要素，为后续深入研究应急指挥创新与发展铺就道路，将有力推动应急管理理论与实践的发展，提升社会应对突发事件的能力。

第二章　应急指挥概论

　　要深入理解应急指挥，首先需明晰其基本概念与内涵。应急指挥在应急管理中承担着中枢角色，其发展历程也反映了人类应对灾害和危机的智慧演进。本章将从这些基础层面切入，为后续深入剖析应急指挥的理论与实践筑牢基石。

　　本章对应急指挥进行了明确定义，详细阐述了其在应急管理中的重要地位和关键作用，并回顾了应急指挥的发展历程。同时，系统总结了应急指挥的核心要素，梳理了应急指挥的关键流程，为全书奠定了坚实基础。

第一节　应急指挥的概念与内涵

　　在当前各类突发事件频发的社会中，应急指挥系统的有效运作直接关系到事件应对的成败。深入探究应急指挥的概念与内涵，是构建科学高效应急指挥体系的基石，也是提升应急管理水平的首要任务。通过明晰其定义、内涵与特征，剖析其核心要素，区分相关概念，以及洞察其在时代背景下的影响因素，更全面、准确地把握应急指挥的本质，为后续研究应急指挥的理论基础、体系架构、决策机制等内容奠定坚实基础，助力在复杂多变的突发事件中实现更精准、高效的指挥与应对。

一、应急指挥的定义解析

　　当危机突如其来，从地震废墟下的生命救援，到网络安全漏洞的紧急修复，应急指挥始终站在抵御风险的最前沿。那么，应急指挥的确切定义究竟是什么？其内涵又包括哪些关键要素？让我们一探究竟。

（一）基于突发事件应对视角的定义

从突发事件应对的角度来看，应急指挥是指在面对自然灾害、事故灾难、公共卫生事件、社会安全事件等各类突发事件时，为了迅速、有效地控制事态发展，减少人员伤亡和财产损失，由特定的指挥主体，依据相关法律法规、应急预案以及专业知识和经验，运用各种指挥手段和资源，对参与应急处置的各类组织和人员进行统一调度、协调和决策的一系列活动。

所谓突发事件，系指突然发生且造成或可能造成严重社会危害，需采取应急处置措施以应对的自然灾害、事故灾难、公共卫生事件及社会安全事件。

突发事件具有以下特点：

（1）突发性与紧急性。事件突发，常超出预期，需立即响应并妥善处置。

（2）不确定性与复杂性。发展趋势及其后果难以精确预测，可能波及多个领域和多方主体，处理难度极大。

（3）社会性与扩散性。影响范围广，可能引发公众恐慌、社会秩序混乱，甚至通过网络迅速扩散。

（4）危害性与破坏性。可能导致人员伤亡、财产损失、环境破坏，甚至会影响到社会稳定和经济发展。

突发事件的具体类型及其表现如表 2-1 所示。

表 2-1　突发事件的类型及其表现

类别	表现	举例
自然灾害	主要包括水旱灾害、气象灾害、地震灾害、地质灾害、海洋灾害、生物灾害和森林草原火灾等	台风、暴雨、海啸、地震、泥石流、火山爆发等
事故灾难	主要包括工矿商贸等企业的各类安全事故、交通运输事故、公共设施和设备事故、环境污染和生态破坏事件等	化工企业毒气、毒液泄漏事故，桥梁垮塌事故，城市水源地污染事故等
公共卫生事件	主要包括传染病疫情、群体性不明原因疾病、食品安全和职业危害、动物疫情以及其他严重影响公众健康和生命安全的事件	集体食物中毒事件、恶性传染病突发事件、伪劣药品损害事件等
社会安全事件	主要包括恐布袭击事件、危害社会治安事件、经济安全事件和涉外突发事件等	公共场所的爆炸案件，大型群众性活动中的踩踏伤亡事件，聚众闹事、堵路事件等

以地震灾害为例，当地震发生后，应急指挥主体需要立即启动应急响应机制，迅速组织地震、消防、医疗、交通等多部门力量，通过整合各方资源，如调配救援设备、安排救援人员前往受灾区域，指挥消防队伍进行废墟搜救，

协调医疗团队对伤员进行紧急救治，同时还要保障交通畅通以便救援物资的运输等。在这个过程中，应急指挥将突发事件的应对视为一个系统工程，各个环节紧密相连，任何一个环节的失误都可能影响整个救援效果。

（二）基于应急管理流程视角的定义

从应急管理流程的角度来看，应急指挥贯穿于应急管理的各个环节，涵盖预防、准备、响应及恢复四个关键阶段。[①]

在预防阶段，应急指挥通过风险评估、隐患排查等措施，识别潜在的突发事件风险，并据此制定相应的预防措施和应急预案。例如，在城市建设规划中，应急指挥部门参与评估城市可能面临的洪水、地质灾害等风险，指导城市规划部门合理布局建筑物和基础设施，提高城市的防灾能力。

在准备阶段，应急指挥部负责组织应急演练、储备应急物资以及培训应急人员等关键任务，以确保在突发事件发生时，能够迅速且高效地做出响应。以消防部门为例，定期组织消防演练，模拟火灾场景，锻炼消防人员的应急处置能力，同时储备灭火器材、防护装备等物资，都是应急指挥在准备阶段的重要工作。

在响应阶段，应急指挥作为核心环节，承担着全面指挥与协调应急处置行动的重任，需及时做出决策，合理调配资源，以确保应急救援工作高效有序地推进。在疫情防控期间，应急指挥机构迅速制定防控策略，实施封控管理、核酸检测、疫苗接种等措施，协调医疗资源，保障物资供应，通过有效的指挥和协调，控制疫情的传播。

在恢复阶段，应急指挥机构负责组织开展受灾地区的恢复重建工作，全面评估损失情况，制定详尽的恢复计划，协助受灾群众和企业迅速恢复生产生活秩序。例如，在台风过后，应急指挥部门组织对受损房屋进行评估和修复，协调电力、通信等部门恢复基础设施，促进受灾地区的经济复苏。

二、应急指挥的特征

综合来看，应急指挥具有以下显著特征[②]：

（一）权威性

应急指挥需要有明确的指挥机构和指挥人员，他们拥有相应的权力和职

① 中国应急管理报社融媒体工作部. 应急指挥概况 [EB/OL]. 应急管理部官网（https://www.mem.gov.cn/），2025-3-28.

② 闪淳昌，薛澜. 应急管理概论 [M]. 北京：高等教育出版社，2012.

责,能够下达具有权威性的指令。在突发事件发生之际,所有参与救援的部门、单位及人员均须严格服从指挥,以保障行动的高度一致性与协调性。

例如,在地震救援中,现场应急指挥部会统一指挥消防、医疗、武警等各支力量,明确各自的任务和行动路线,各单位需严格按照指令执行,以保证救援工作高效有序进行。

(二)时效性

应急指挥需在极短的时间内迅速做出决策并果断采取行动。突发事件往往具有突然性和紧迫性,如火灾、爆炸等,随着时间的推移,危害后果可能会迅速扩大。因此,应急指挥需要快速评估形势,及时制定应对策略,第一时间组织救援力量,以最大程度地减少人员伤亡、财产损失和社会影响。

(三)综合性

突发事件可能引发多种灾害和次生灾害,需要综合考虑各方面的因素,因此应急指挥涉及多个领域和多个部门的协同作战。

比如,在洪水灾害中,既要组织力量进行人员搜救和转移安置,又要协调水利部门对水情进行监测和调控,还要安排交通部门保障救援通道的畅通,以及卫生部门做好防疫工作等,需要将各种资源和力量进行整合,形成综合性的应急救援体系。

(四)动态性

在应急指挥过程中,情况常常瞬息万变。随着救援工作的逐步推进,新的问题和挑战可能会接踵而至,例如余震的发生、疫情的扩散等。指挥人员需要根据实时信息,不断调整救援方案和资源配置,以适应变化的形势。例如在森林火灾扑救中,风向的改变可能导致火势蔓延方向变化,应急指挥人员需及时调整扑救力量的部署,确保能够有效控制火势。

(五)专业性

应急指挥须具备扎实的专业知识和娴熟的操作技能。指挥人员要了解各类突发事件的特点、规律和应对方法,掌握相关的法律法规和政策,熟悉各种救援设备和技术的使用;同时,对于不同类型的突发事件,如化工事故、生物疫情等,还需要专业的技术人员提供支持和建议,以便做出科学合理的决策。

（六）协调性

应急指挥要协调好各方利益和关系，不仅要协调不同部门、不同专业救援队伍之间的行动，还要协调社会各界力量的参与，包括志愿者组织、企业和社会组织等。此外，还需与受灾群众进行沟通协调，了解他们的需求，稳定他们的情绪，共同应对突发事件。通过高效协调，构建全社会共同参与、协同作战的应急救援体系。

三、应急指挥与相关概念的区别与联系

在应急管理领域，应急指挥并非孤立存在，它与应急管理、应急决策等概念紧密相连却又有所区别。明晰这些关联与差异，有助于我们在实际应急工作中，准确把握应急指挥的定位与作用，合理运用相关理念和方法，提升应急处置的效率与效果。

（一）应急指挥与应急管理

应急管理是指政府及其他公共机构在突发事件的预防、应对、处置及善后恢复各阶段，通过构建必要的应对机制，采取一系列有效措施，保障公众生命财产安全，促进社会和谐健康发展的相关活动。

应急管理是一个涵盖范围更广的概念，涉及突发事件的预防、准备、响应及恢复等多个环节的全过程管理活动。而应急指挥则是应急管理在响应阶段的核心组成部分，主要职责在于突发事件发生时，对应急处置行动进行集中统一的指挥与协调。

应急管理为应急指挥提供了坚实的制度框架和充分的资源保障。应急预案的制定、应急物资的储备以及应急救援队伍的建设等前期工作，为应急指挥的有效实施奠定了坚实的基础；同时，应急指挥的决策和行动也需要遵循应急管理的总体目标和原则，确保应急处置工作与应急管理的整体要求相一致。

例如，在应急管理的预防阶段，通过开展风险评估和隐患排查，确定可能发生的突发事件类型和风险等级，为应急指挥制定相应的应对策略提供依据；在准备阶段，充足的应急物资储备和训练有素的应急救援队伍，为应急指挥在突发事件发生时能够迅速展开救援行动提供了坚实的保障。

（二）应急指挥与应急救援

应急救援是应急指挥的核心职责之一，然而，应急指挥的职责范围却远不

止于此。

应急救援主要是指在突发事件发生后，采取各种措施，营救遇险人员、救治受伤人员、控制事态发展、消除危害后果等行动。而应急指挥则是对整个应急处置过程进行全面的组织、协调和决策，包括应急救援行动的组织实施，以及应急物资调配、信息发布、社会秩序维护等其他方面的工作。

应急指挥部门负责制定应急救援方案，合理调配应急救援资源，并协调各应急救援队伍之间的协同行动。

例如，在火灾事故中，应急指挥需要根据火灾的规模、火势、周边环境等因素，制定灭火和救援方案，调配消防车辆、灭火器材、救援人员等资源，协调消防队伍、医疗队伍、公安队伍等各应急救援力量之间的协同作战，确保应急救援工作的高效进行。

同时，应急救援的实施情况将及时反馈至应急指挥中心，以备应急指挥部随时调整决策和工作部署。如果在救援过程中发现原定的救援方案效果不佳，应急指挥需要根据现场实际情况，及时调整救援策略，优化资源配置，确保救援工作能够顺利进行。

（三）应急指挥与日常指挥

日常指挥是在正常的工作和生活环境下，对组织的各项活动进行指挥和管理。

与应急指挥相比，日常指挥具有目标明确、环境相对稳定、信息相对充分、决策时间相对充裕等特点。[①] 而应急指挥则是在突发事件紧急情况下展开的指挥活动，其显著特点包括目标紧迫性、环境复杂性、信息不确定性和决策时间有限性。

在日常指挥中，指挥主体可以按照既定的规章制度和工作流程进行决策和指挥，决策过程相对规范和严谨。而在应急指挥中，由于突发事件的突然性和紧迫性，指挥主体需要在短时间内做出决策，往往无法遵循常规的决策程序，需要依靠经验、直觉和快速的判断。

例如，企业在日常生产经营中，生产调度指挥可以根据生产计划、原材料供应、设备运行等情况，合理安排生产任务，协调各生产环节之间的关系；而在发生生产安全事故时，应急指挥则需要迅速组织救援力量，采取紧急措施，控制事故扩大，同时还要应对可能出现的次生灾害和社会影响，决策难度和压力远远大于日常指挥。

---

① 戴凤秀，戴涛，张羽. 国家国防动员与危机管理战略论 [M]. 北京：社会科学文献出版社，2016.

四、新时代应急指挥的影响因素

在新时代背景下，诸多因素相互交织、共同作用，深刻影响着应急指挥的效能与走向。深入剖析这些因素，成为提升应急指挥水平、适应复杂多变应急形势的关键所在。

（一）信息化时代对应急指挥内涵的影响

随着信息技术的迅猛发展，信息化时代的到来深刻地重塑了应急指挥的内涵。[①]

其一，信息的快速传播和共享，使得应急指挥能够实时获取突发事件的相关信息，包括事件的发生地点、规模、发展态势等，为应急决策提供了更加准确和及时的数据支持。

其二，信息技术的应用也使得应急指挥的手段更加多样化和高效化。例如，通过构建应急指挥信息系统，成功实现了应急指挥的数字化、智能化及可视化；利用卫星遥感、无人机等技术，可以对突发事件现场进行实时监测和勘查，为应急指挥提供更加直观的现场信息。

其三，信息化时代进一步推动了应急指挥的协同化进程。通过互联网和大数据技术，不同地区、不同部门之间的信息共享和协同作战变得更加便捷和高效。在跨区域的突发事件应对中，各地的应急指挥机构可以通过信息系统实现实时沟通和协调，共同制定应对策略，调配资源，提高应急处置的整体效能。

（二）社会多元化对应急指挥内涵的影响

社会多元化的发展趋势，使得应急指挥面临更加复杂的局面。[②]

随着社会组织、志愿者团体、企业等社会力量在应急处置中发挥越来越重要的作用，应急指挥需要协调的主体更加多元化，利益关系更加复杂。

应急指挥需充分调动各种社会力量的积极性，发挥其各自的优势与作用。

① 张明军，李天云.信息技术型构智慧应急管理：内涵、维度与路径 [J].社会科学辑刊，2024（4）：143-152.

② 赵一归.应急管理体系和能力现代化：内涵、主要特征与基本路径 [J].中国应急管理，2025（1）：14-15.

在制定应急决策过程中，必须充分考虑不同社会群体的利益诉求，以确保应急处置工作获得社会各界的广泛支持与配合。此外，应急指挥还应建立健全与社会力量的沟通协调机制，规范社会力量参与应急处置的行为，从而提升其参与应急处置的效率与质量。

例如，在自然灾害发生后，社会组织和志愿者能够在受灾群众的救助、心理疏导等关键领域发挥至关重要的作用。应急指挥机构需要与社会组织和志愿者建立有效的沟通渠道，了解他们的资源和能力，合理安排他们的工作任务，同时还要为他们提供必要的培训和支持，确保他们能够在应急处置中发挥积极作用。

（三）全球化背景下应急指挥内涵的拓展

在全球化的大背景下，突发事件的影响范围及其传播速度持续扩大，跨国界、跨地区的突发事件频繁发生。这一现状要求应急指挥部门不仅要聚焦国内突发事件的应对工作，更要强化国际合作，携手应对全球性突发事件的共同挑战。

在全球化的大背景下，应急指挥的内涵得以进一步丰富和拓展。应急指挥需要加强与国际组织、其他国家和地区的应急管理机构之间的交流与合作，共享信息和资源，共同制定应对策略。例如，在应对跨国界的传染病疫情时，各国需要加强信息共享和协同防控，共同研发疫苗和治疗药物，提高全球应对疫情的能力。

此外，全球化背景下的应急指挥还需要考虑到不同国家和地区的文化差异、法律制度差异等因素，在国际合作中尊重各国的主权和利益，遵循国际规则和标准，确保应急指挥的有效性和合法性。

综上所述，应急指挥的概念涵盖了从突发事件应对视角的行动定义，以及在应急管理流程中的全过程贯穿。其核心要素包括指挥主体、指挥对象与指挥手段，多元主体协同、广泛对象覆盖以及综合手段运用共同构成应急指挥的运作基础。我们通过应急管理、应急救援和日常指挥之间的对比，清晰界定了应急指挥在应急体系中的关键地位，揭示了其与应急救援的全局与局部关系，以及相较于日常指挥的独特性。

在信息化、社会多元化和全球化的时代背景下，应急指挥的内涵不断丰富与拓展，技术革新带来新的机遇与挑战，社会力量参与改变指挥格局，国际合作需求推动其跨越国界协同发展。深入理解这些概念与内涵，有助于我们在实践中不断完善应急指挥体系，提升应急处置能力，以更从容、科学的方式应对各类突发事件。

第二节　应急指挥在应急管理中的关键作用

在应急管理体系中，应急指挥并非孤立环节，而是贯穿全程的核心纽带，其作用至关重要。无论是地震、火灾，还是突发公共卫生事件，这些突发事件在打破社会正常秩序的同时，也使得应急指挥的重要性凸显无遗。

应急指挥不仅是应对危机的直接执行者，更是整合各方资源、协调多元力量的核心枢纽。剖析应急指挥在应急管理中的关键作用，是深入理解应急管理运行机制、提升应急管理水平的核心要义。通过深入探究应急指挥如何在应急响应、资源调配、信息与决策处理以及恢复重建等关键阶段发力，我们能更全面、系统地把握应急管理体系的精髓，为构建更加科学、高效、协同的应急管理模式奠定坚实基础。

一、应急指挥是应急响应的核心枢纽

在处理各类突发事件时，应急指挥在应对这些危机时，发挥着不可替代的关键作用，是保障社会稳定、降低灾害损失的核心机制。

（一）主导应急响应流程

在应急管理体系中，一旦突发事件发生，应急响应即刻启动，而应急指挥则在其中扮演着主导者的关键角色。清华大学公共管理学院的薛澜教授指出："应急指挥在应急响应阶段，如同大脑之于人体，负责全面统筹和协调各个环节，使整个应急处置工作有序推进。"[①]

首先，应急指挥将根据突发事件的类型、规模及其可能产生的危害程度，迅速做出判断，并启动相应级别的应急预案。例如在地震灾害发生时，应急指挥中心需第一时间收集震级、震中位置、周边人口密度等关键信息，快速评估灾害可能造成的影响，进而决定是启动省级、市级还是县级的应急响应预案。

紧接着，应急指挥部负责高效调配各类应急资源，确保人力、物力和财力精准投放到最急需的领域。如在火灾事故救援中，应急指挥根据火势大小、燃烧物质、周边建筑分布等情况，合理调配消防车辆、灭火器材、救援人员

---

① 闪淳昌，薛澜. 应急管理概论 [M]. 北京：高等教育出版社，2012.

等资源，指挥消防队伍从不同方向展开灭火行动，安排医疗队伍在周边待命随时救治伤员，协调交通部门疏导周边交通确保救援通道畅通，使整个应急响应流程紧密衔接、高效运转。

图 2-1　应急管理系统官方标识

（二）协调多部门联动响应

突发事件的应对往往涉及多个部门，而应急指挥的重要职责就是打破部门壁垒，实现多部门的协同联动。应急指挥的协调能力直接影响着多部门联动的成效，关乎应急处置的效率与成败。

在疫情防控期间，应急指挥展现了卓越的协调能力。卫生健康部门则承担起疫情监测、医疗救治及防控技术指导的重要职责；交通运输部门负责人员和物资的运输调配，保障抗疫物资及时送达一线，同时实施交通管控防止疫情扩散；公安部门维护社会秩序，确保各项防控措施得以有效执行；市场监管部门进一步强化市场监督管理，确保物价稳定，保障民生物资的充足供应。应急指挥通过建立高效的沟通协调机制，如定期召开多部门联席会议、搭建统一的信息共享平台等，让各部门能够及时了解疫情动态和工作进展，协同制定防控策略，共同应对疫情挑战，有效遏制了疫情的蔓延。

二、应急指挥是风险防控与资源调配的关键环节

在应急管理体系中，风险防控与资源调配直接影响应急成效。有效的风险防控能够防患于未然，而合理的资源调配则确保应急行动得以顺利推进。而应急指挥，恰如关键枢纽，串联起风险与资源，发挥着无可替代的核心作用。

（一）在风险评估与预警中的关键作用

应急指挥在应急管理的预防阶段，积极参与风险评估与预警工作，深入

各个环节，确保预防措施的有效实施。应急指挥凭借其对各类资源和信息的整合能力，能够更全面、准确地评估风险，及时发出有效的预警信息。

应急指挥部会组织专业力量，综合运用大数据、地理信息系统（GIS）等技术，对自然灾害、事故灾难等风险进行全方位、动态化的评估。如在城市防洪工作中，应急指挥协调水利、气象、地质等部门，收集水位、降雨量、地质条件等数据，通过分析评估确定洪水风险等级，提前预测可能发生洪水的区域和时间。

根据风险评估结果，应急指挥中心将迅速发布预警信息，并指导相关部门及社会公众及时做好防范准备工作；通过多种渠道，如电视、广播、手机短信、社交媒体等，将预警信息快速传递给广大民众，告知他们可能面临的风险和应对措施；同时，指挥相关部门提前做好物资储备、人员部署等工作，如在可能受灾的区域提前储备防洪沙袋、救生设备，组织防汛抢险队伍待命，最大程度降低灾害损失。

（二）高效调配应急资源

应急指挥的核心功能在于整合各类资源。突发事件发生时，往往需要多种资源协同应对，如人力、物力和财力等，应急指挥中心能迅速统筹各部门、各行业的资源，打破部门之间的壁垒。

在应急管理过程中，合理调配应急资源至关重要，而应急指挥则是实现这一目标的核心力量。中国人民大学公共管理学院的王宏伟教授指出："应急指挥能够根据突发事件的实际需求，优化资源配置，确保有限的应急资源发挥最大效能。"

应急指挥中心负责对各类应急资源进行集中管理和统筹调配，涵盖应急物资、应急救援队伍、应急资金等多个方面。如在重大自然灾害发生后，应急指挥迅速统计受灾地区的物资需求，如帐篷、食品、饮用水、药品等，及时调配储备物资运往灾区。同时，依据救援工作的实际进展与具体需求，灵活调整资源配置；如果某一受灾区域救援难度大、受灾群众多，应急指挥会及时增派救援队伍和物资，保障救援工作的顺利进行。

在调配应急资金方面，应急指挥会根据应急处置的需要，协调财政部门及时下拨资金，确保应急救援、受灾群众救助、恢复重建等工作有充足的资金支持；同时会对应急资金的使用实施严格监管，确保资金使用透明、合理且高效，杜绝资金浪费和滥用现象。

三、应急指挥是信息中枢与决策核心

在应急管理复杂体系里，信息如流动血脉，决策似关键大脑，而应急指挥则是当之无愧的信息中枢与决策核心。它高效汇聚各方信息，精准提炼有效内容，为科学决策筑牢根基，在应急全程发挥着无可替代的引领作用。[①]

（一）整合与传递关键信息

应急指挥在应急管理中扮演着信息汇聚中心和传播枢纽的关键角色。准确、及时的信息是应急指挥做出科学决策的基础，应急指挥负责对各类信息进行收集、分析、整合和传递。

在突发事件发生后，应急指挥首先会通过多种渠道广泛收集信息，包括现场救援人员反馈的信息、各类监测设备采集的数据、社会公众提供的线索等，对这些海量信息进行筛选、分析和整合，去伪存真，提取出关键信息，如突发事件的发展态势、人员伤亡情况、财产损失程度、救援进展等。

其次，应急指挥会将整合后的信息及时传递给相关部门和人员，为他们的决策和行动提供依据。向上级部门汇报突发事件的严重程度及应对情况，以便其作出宏观决策并提供资源支持；向参与应急处置的各部门通报相关信息，确保各部门行动协调一致；向社会公众发布权威信息，防止谣言传播，维护社会秩序。例如，在台风灾害期间，应急指挥需实时收集台风路径、风力、降雨量等关键信息，并及时将这些信息传达给气象、水利、交通等部门；同时，通过新闻发布会、官方网站等渠道向公众发布，指导其采取有效的防范措施。

（二）在复杂情境下科学决策

面对复杂多变且突发的紧急状况，应急指挥部门承担着科学决策的关键职责。应急指挥的决策质量直接影响着应急处置的效果，需要在有限时间和信息不充分的情况下，综合考虑各种因素，做出最优决策。

应急指挥在决策过程中，会充分考虑突发事件的性质、危害程度、发展趋势、资源状况、社会影响等多方面因素。如在化工企业发生爆炸事故时，应急指挥既要考虑如何迅速扑灭火灾、救援被困人员，又要考虑爆炸可能引发的次生灾害，如有毒气体泄漏对周边环境和居民的影响；既要协调消防、医疗、环保等多部门力量联合行动，又要确保救援人员的安全。

---

① 田沐霖.应急综合指挥业务系统：构建高效应急响应的核心平台 [EB/OL].伙伴云(huoban.com)，2025-03-07.

为了提高决策的科学性，应急指挥会借助专家咨询、模拟推演、大数据分析等手段，组织相关领域的专家对突发事件进行评估和分析，听取他们的意见和建议；利用模拟推演技术，对不同的应对方案进行预演，评估其可行性和效果；运用大数据分析技术，深入剖析以往类似事件的案例及相关数据，为当前决策提供有力参考。通过综合运用这些方法，应急指挥可在复杂情境下做出科学合理的决策，有效应对突发事件。

四、应急指挥是恢复重建与社会稳定的保障力量

当灾难打破社会的正常运转，恐慌与混乱滋生，尽快恢复重建、稳定社会秩序迫在眉睫。此时应急指挥迅速介入，整合人力、物力，统筹规划重建，化解矛盾冲突，为社会重回正轨提供源源不断的保障动力。[①]

（一）统筹恢复重建工作

在突发事件的应急处置工作基本完成后，随即进入恢复重建阶段。在此过程中，应急指挥发挥着至关重要的统筹协调作用。中国灾害防御协会秘书长唐豹指出："应急指挥负责制定恢复重建计划，协调各方力量，推动受灾地区尽快恢复生产生活秩序。"[②]

其一，应急指挥会组织相关部门和专家对受灾情况进行全面评估，包括基础设施损坏程度、房屋倒塌数量、农业生产受损情况等。根据评估结果，制定科学合理的恢复重建计划，明确恢复重建的目标、任务、步骤和时间节点。

其二，应急指挥中心将协调各部门及社会力量共同参与恢复重建工作。与住建部门协作，推进房屋重建和修复工程，确保受灾群众拥有安全的居住环境；联动交通、电力、通信等部门，迅速恢复基础设施功能，为生产生活秩序的恢复提供有力保障；协同农业部门指导农民开展农业生产自救，尽力减轻农业损失；同时，引导企业有序推进复工复产，助力经济稳步复苏。如在地震灾后恢复重建中，应急指挥统一调配人力、物力和财力，组织各方力量共同参与，使受灾地区逐步恢复生机。

（二）应急指挥维护社会秩序与稳定

应急指挥在应急管理领域，对于维护社会秩序和保障稳定发挥着至关重

① 龚维斌.新时代中国应急管理的根本遵循和行动指南[J].学习与研究，2025（3）：24-25.

② 徐鸿博.中国灾害防御协会副会长兼秘书长唐豹：守护人民安全 助力全国应急安全与消防事业发展[EB/OL].新华网（www.xinhuanet.com），2024-11-04.

要的作用。在突发事件发生期间，社会容易出现恐慌情绪和不稳定因素，应急指挥通过有效的措施，能够稳定人心，维护社会秩序。

在突发事件发生后，应急指挥部要迅速发布权威信息，及时回应社会关切，以避免因信息不透明而引发的公众恐慌。

在重大公共卫生事件中，应急指挥会每天召开新闻发布会，通报疫情防控进展、新增病例数量、防控措施等信息，让公众了解真实情况，增强信心。

此外，应急指挥还要协调公安等部门加强社会治安管理，打击哄抬物价、制假售假、盗窃抢劫等违法犯罪行为，维护市场秩序和社会稳定。如在自然灾害发生后，部分不法分子可能会趁机哄抬生活物资价格，应急指挥应及时指挥市场监管部门和公安部门进行查处，保障受灾群众的基本生活需求，维护社会的和谐稳定。通过这些措施，应急指挥为应急管理工作营造良好的社会环境，确保应急处置和恢复重建工作的顺利进行。

综上所述，应急指挥在应急管理中凸显出全方位的关键作用。在应急响应时，它作为核心枢纽，主导流程、协调多部门联动，使应急处置有序高效推进；在风险防控与资源调配环节，应急指挥通过精准评估风险、及时发布预警，并科学合理地调配资源，以最大化地发挥资源的效能。在信息与决策层面，应急指挥整合传递关键信息，在复杂情境下凭借多元手段做出科学决策；恢复重建阶段，应急指挥统筹各方力量推动受灾地区重生，同时维护社会秩序稳定，为应急管理营造良好环境。深刻理解应急指挥的这些关键作用，能够为优化应急管理体系提供明确的方向。

第三节　我国应急指挥发展历程回溯

在历史的长河中，各类突发事件层出不穷，随时在考验国家和社会的应对能力。应急指挥作为应对突发事件的核心机制，其发展历程映射着我国在维护人民生命财产安全、保障社会稳定运行方面的不懈探索与持续进步。从新中国成立初期在计划经济体制下的蹒跚起步，到如今在现代化技术与理念推动下的蓬勃发展，我国应急指挥不断适应社会变迁、技术革新与风险演化，历经无数次实战的洗礼与经验的沉淀。

回溯这段发展历程，不仅是对过往成就与挑战的复盘，更是为当下应急指挥体系的完善和未来应急管理事业的创新发展汲取智慧与力量，为更好地应对日益复杂多变的风险与危机筑牢根基。

我国应急指挥发展历程与国家社会发展紧密相连，在不同阶段展现出不同特点，不断适应各类突发事件应对需求，其发展大致经历以下四个关键阶段，如图 2-2 所示。①

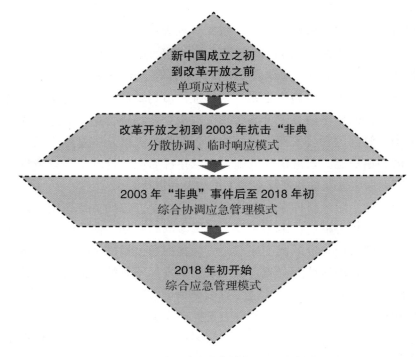

新中国成立之初
到改革开放之前
单项应对模式

改革开放之初到 2003 年抗击"非典
分散协调、临时响应模式

2003 年"非典"事件后至 2018 年初
综合协调应急管理模式

2018 年初开始
综合应急管理模式

图 2-2 我国应急指挥发展历程示意图

一、萌芽与初步探索阶段（新中国成立后—20 世纪 90 年代）

新中国成立之初，百业待举，我国遭遇自然灾害频发、工业事故初现等诸多突发挑战。自那时起，应急指挥便在探索中逐步建立。在 20 世纪 90 年代前，虽处于萌芽与初步探索阶段，却迈出了关键步伐，为后续体系的构建奠定了基础。

（一）计划经济体制下的应急雏形

新中国成立初期，在计划经济体制背景下，我国的应急指挥体系初具雏形。

这一时期的应急指挥主要依托政府行政体系，以指令性计划为主要手段，在资源调配和人员组织上具有较强的集中性。

---

① 江田汉.你知道吗？我国应急管理经过四大发展阶段 [EB/OL].中国应急管理公众号，2018-7-10.

在自然灾害应对方面，如1954年长江流域发生特大洪水，中央政府迅速下达抗洪救灾指令，各级地方政府积极响应，组织大量人力投入抗洪抢险。当时的应急指挥主要通过行政命令层层传达，从中央到地方，各级政府部门明确分工，军队、民兵和群众协同作战，在抗洪一线筑起坚固防线。物资调配由政府统一安排，从粮食、衣物到防汛物资，保障受灾群众基本生活和抗洪工作的开展。虽然应急指挥体系尚不完善，但这种集中力量办大事的模式，为后续应急指挥体系的发展奠定了组织基础。

在工业事故应急方面，随着工业建设的逐步推进，一些企业开始建立内部的事故应对机制。例如，当大型国有企业发生安全生产事故时，企业领导负责指挥救援工作，动员企业内部力量进行抢险与救援，并同步向上级主管部门汇报情况。然而，此时的应急指挥往往缺乏系统性和专业性，更多依赖于经验和行政指令。

（二）早期应急法规与制度的初步建立

在这一时期，我国着手初步构建与应急管理相关的法规及制度体系。1951年，政务院发布《中央人民政府政务院关于人民司法机关必须迅速清理积案的指示》，其中涉及对突发事件引发的法律问题处理原则，可视为应急法律体系的早期萌芽。此后，国家又陆续出台了一些针对自然灾害、公共卫生等方面的通知和规定，虽然较为零散，但逐步规范了应急工作的部分流程。

早期应急法规与制度的建立，为应急指挥提供了初步的法律依据和操作规范，尽管不够完善，但标志着我国应急指挥开始走向规范化的道路。这些法规和制度明确了各级政府在应急工作中的职责，规定了一些应急处置的程序和要求，使应急指挥在一定程度上有章可循，减少了应急工作的盲目性。

二、发展与逐步完善阶段（20世纪90年代—2003年）

进入20世纪90年代，经济迅猛发展，社会转型进程加快，各类风险挑战日趋复杂。此前初步探索所积累的经验，奠定了应急指挥发展的坚实基础。在这一时期，我国应急指挥体系在不断应对新问题中成长，朝着系统化、规范化迈进，逐步走向完善。

（一）市场经济体制下应急指挥的变革

随着我国市场经济体制的逐步确立，社会经济快速发展，突发事件的类型和复杂性也日益增加，对应急指挥提出了新的要求。市场经济的发展促使应急指挥从单纯依靠行政指令向综合运用多种手段转变，更加注重资源的合理配置和效率提升。

在这一时期，政府开始注重应急指挥中市场机制的运用。例如，在应急物资储备方面，除了政府直接储备外，还开始探索与企业合作的模式。通过签订合同等方式，委托企业代为储备部分应急物资；一旦突发事件发生，政府可依据合同约定调用这些物资。这种方式不仅减轻了政府的财政压力，还显著提升了物资储备的效率和灵活性。

同时，应急指挥的组织架构持续优化。各级政府纷纷设立专门的应急管理机构，或明确相关部门的应急职责，从而强化了对应急工作的统筹与协调。例如，一些地方政府设立了防汛抗旱指挥部、森林防火指挥部等专门机构，负责相关领域的应急指挥工作，提高了应急指挥的专业性和针对性。

（二）专项应急预案与专业救援队伍的发展

为有效应对各类突发事件，我国着手启动专项应急预案的制定工作。1998年长江流域再次发生特大洪水后，国家进一步完善了防汛抗洪应急预案，对洪水预警、应急响应、抢险救援、物资调配等环节做出了详细规定，提高了应对洪水灾害的能力。

在公共卫生领域，1999年卫生部颁布了《国家救灾防病预案（试行）》，为应对突发公共卫生事件提供了重要指导。

在专业救援队伍的建设方面，同样取得了显著的进步。消防队伍不断加强专业化建设，配备了先进的消防装备和技术，除了承担火灾扑救任务外，还逐步参与到各类灾害事故的救援中。同时，一些行业着手组建专业的应急救援队伍，例如矿山救援队伍和海上救援队伍等。这些队伍拥有精湛的技能和先进的装备，在各自领域的应急救援工作中发挥了至关重要的作用。应急管理学者李湖生指出："专项应急预案和专业救援队伍的发展，使应急指挥在应对不同类型突发事件时更加科学、高效，提升了应急救援的能力和水平。"[①]

三、快速发展与体系构建阶段（2003—2018年）

2003年的特殊经历，成为我国应急指挥发展的关键转折点。以此为新起点，在随后至2018年的十余年里，面对复杂多样的公共安全挑战，应急指挥以惊人速度迭代升级，开启了全面构建现代化体系的征程，大步迈向成熟。

---

① 李湖生.应急管理阶段理论新模型研究 [J].中国安全生产科学技术，2024（3）：14-15.

（一）"非典"事件推动应急管理体系变革

2003 年的"非典"疫情是我国应急管理发展的重要转折点，对应急指挥体系的完善产生了深远影响。王珉指出："'非典'事件暴露出我国应急管理体系存在的诸多问题，促使政府全面加强应急管理体系建设，应急指挥体系也迎来了快速发展的契机。"[①]

"非典"疫情过后，我国开始全面反思应急管理工作，加大对应急指挥体系建设的投入。2006 年，国务院发布了《国家突发公共事件总体应急预案》，明确了我国应急管理的总体目标、工作原则及组织体系，为应急指挥构建了全面的总体框架。随后，各部门和各地区积极响应，纷纷制定并完善各自的应急预案，最终形成了一个覆盖各类突发事件、多层次且完善的应急预案体系。

同时，应急指挥信息系统的建设亦受到高度重视。政府大幅增加对信息技术的投入，成功搭建了应急指挥信息平台，有效实现了信息的迅速收集、高效传递与全面共享。例如，通过建立疫情监测信息系统，能够实时掌握疫情的传播态势，为应急指挥决策提供科学依据。

（二）多灾种综合应急指挥体系的构建

随着对突发事件认知的不断深化，我国开始重视多灾种综合应急指挥体系的构建。国家减灾委员会专家委员会副主任史培军认为："不同类型的突发事件往往相互关联，构建多灾种综合应急指挥体系能够提高应急指挥的协同性和整体性，更好地应对复杂多变的灾害形势。"

在这一阶段，我国进一步强化了各部门之间的协同合作，成功构建了跨部门的应急协调机制。例如，在应对地震灾害时，地震部门负责监测和灾情评估，消防、医疗、交通等部门在应急指挥的统一协调下，共同开展救援工作；同时，注重发挥社会组织和志愿者的积极作用，引导他们有序参与应急救援及受灾群众的救助工作。

此外，还进一步强化了应急指挥的培训和演练工作。通过定期开展应急演练，旨在检验并提升应急指挥的能力与水平，同时增强各部门之间的协同配合能力。例如，定期组织大规模的地震应急演练和消防应急演练，模拟真实灾害场景，以锤炼应急指挥和救援队伍的实战应对能力。

四、深化改革与现代化提升阶段（2018 年至今）

自 2018 年起，新一轮党和国家机构改革拉开序幕，应急管理领域迎来了深

---

① 王珉. 形势与政策教程 [M]. 杭州：浙江教育出版社，2010.

刻变革。站在新的历史起点上，应急指挥工作聚焦现代化目标，着力破解深层难题，在理念、技术、机制等全方位升级，肩负起守护人民生命财产安全的重任。[①]

（一）应急管理部成立后的应急指挥新变革

2018年，应急管理部的成立标志着我国应急管理迈入崭新阶段，应急指挥也随之迎来了深远变革（如图2-3）。应急管理部的组建，整合了多个部门的应急职责，进一步优化了应急指挥的组织架构。应急管理专家金磊指出："应急管理部的成立，实现了应急指挥的集中统一领导，打破了以往部门之间的条块分割，提高了应急指挥的效率和协同性。"

图2-3　中华人民共和国应急管理部指挥中心

应急管理部成立后，进一步优化了应急指挥的工作机制，构建了统一的应急指挥平台，整合了各类应急资源，实现了应急指挥的信息化与智能化。例如，借助应急管理大数据平台，能够对各类突发事件进行实时监测和分析，为应急指挥决策提供精准的支撑。

同时，政府也加强了应急指挥的法律法规建设，修订和完善了一系列应急管理法律法规，如《中华人民共和国突发事件应对法》等，明确了应急指挥的职责、权限和程序，为应急指挥提供了更加坚实的法律保障。

[①] 《党的二十届三中全会〈决定〉学习辅导百问》编写组. 党的二十届三中全会《决定》学习辅导百问 [M]. 北京：学习出版社，2024.

（二）新时代应急指挥的现代化发展趋势

在新时代背景下，应急指挥朝着现代化方向快速发展。

一方面，着重运用新技术以提升应急指挥能力。例如，借助物联网、大数据、人工智能、卫星通信等先进技术，实现对突发事件的实时感知、精准预警和科学决策。通过物联网技术，能够实时监测各类应急设备和物资的状态，实现智能化管理；借助人工智能技术，深入分析和挖掘海量的应急数据，预测突发事件的发展趋势，为应急指挥提供有力的决策建议。

另一方面，强化应急指挥的国际合作与交流。随着全球化的不断深入，突发事件的影响范围愈发广泛，国际合作的重要性日益凸显。我国积极投身于国际应急救援行动，与其他国家共享应急管理经验与技术，携手应对全球性突发事件的挑战。应急管理学者钟开斌认为："加强国际合作与交流，能够借鉴国际先进经验，提升我国应急指挥的国际化水平，更好地应对跨国界的突发事件。"

我国应急指挥发展历程是一部在挑战中奋进、在变革中成长的奋斗史。从早期依赖行政指令的初步探索，到市场经济下的变革发展，再到体系化构建以及现代化转型，应急指挥不断突破自身局限，逐步走向成熟。"非典"等重大事件成为关键转折点，推动理念革新与体系完善；应急管理部的成立则开启集中统一领导的新篇章，新技术的融入与国际合作的拓展更为其注入新活力。

回顾这段历史，我们不仅积累了宝贵的经验，同时也显示了我们的不足。展望未来，需持续深化改革创新，紧跟时代步伐，进一步提升应急指挥的科学性、协同性与现代化水平，使其在守护国家与人民安全的征程中发挥更为坚实的保障作用。

第四节　应急指挥的核心要素剖析

在应急管理的复杂体系中，应急指挥宛如中枢神经，掌控着应急行动的全局走向。[①] 深入理解应急指挥的关键，在于剖析其核心要素。指挥主体决定着应急行动的决策方向与资源调配，指挥对象承载着应急任务的具体执行，指挥手段则是连接二者、推动应急工作高效开展的关键桥梁。这些要素相互

---

① 伟岸纵横大连.应急指挥中心指挥调度系统的作用是什么 [EB/OL].百度百家号(baijiahao. baidu.com).2024-08-28.

交织、彼此影响，共同构成应急指挥高效运转的基础。剖析它们，能让我们从微观层面洞察应急指挥的内在逻辑，为构建科学、高效的应急指挥体系，应对各类复杂多变的突发事件筑牢根基，提升应急管理的整体效能。

一、应急指挥涉及的相关部门

应急指挥是一项涉及多系统协作的复杂行动，涵盖众多相关部门。以下列举了一些常见的参与部门。

（一）国家层面应急管理部门

应急指挥涉及的国家层面主要包括以下部门：

1. 国务院

国务院是突发公共事件应急管理工作的最高行政领导机构，通过国务院常务会议和国家相关突发公共事件应急指挥机构，全面突发公共事件的应急管理工作。

2. 国务院办公厅

国务院办公厅内设国务院应急管理办公室，负责履行值守应急、信息汇总及综合协调等职责，充分发挥其运转枢纽的功能。

3. 应急管理部

该部门负责组织编制国家应急总体预案和规划，指导各地区各部门应对突发事件工作，推动应急预案体系建设和预案演练等。

4. 国家防汛抗旱总指挥部

该部门负责领导与组织全国的防汛抗旱工作，协调解决防汛抗旱过程中出现的重大问题。

5. 国务院抗震救灾指挥部

在地震发生时，该部门统一领导、指挥和协调全国抗震救灾工作。

6. 国家森林草原防灭火指挥部

该部门负责组织、协调和指导全国森林草原防灭火工作。

7. 国务院安全生产委员会

该部门负责研究部署、指导协调全国安全生产工作，分析安全生产形势，研究解决安全生产中的重大问题。

（二）地方政府应急管理部门

在地方层面，各级人民政府是本行政区域突发公共事件应急管理工作的行政领导机构，相关部门包括公安局、民政局、财政局、生态环境局、交通运输局、卫生健康局、气象局等，在应急指挥中承担着各自的职责。

1. 政府应急管理部门

作为应急指挥的中枢机构，政府部门肩负着统筹协调各类突发事件应对工作的重任，负责制定应急预案，组织应急演练，并在突发事件发生时履行综合协调、指挥调度等关键职责。

2. 公安部门

公安部门负责维护现场秩序，设置警戒区域，疏导交通，防止无关人员进入危险区域，保障救援通道畅通，同时开展案件调查等工作。

3. 消防救援部门

消防救援部门负责火灾扑救、危险化学品泄漏处置、建筑物倒塌救援等任务，是应急救援中的重要力量，具备专业的灭火和抢险救援技能。

4. 卫生健康部门

卫生健康部门负责组织医疗急救队伍，对受伤人员进行现场救治和转运，提供医疗保障，开展卫生防疫工作，防止疫情发生和传播。

5. 交通运输部门

交通运输部门负责保障应急救援物资和人员的运输，调配运输车辆和船舶等交通工具，修复受损的交通设施，确保道路、桥梁等交通要道的畅通。

6. 自然资源部门

在地质灾害等突发事件中，自然资源部门负责提供地质灾害的监测、评估及预警信息，协助制定灾害应对方案，并指导当地开展地质灾害防治工作。

7. 气象部门

气象部门负责提供气象监测和预报信息，包括天气状况、风向、风速等，为应急指挥决策提供气象依据，帮助预测灾害发展趋势。

8. 水利部门

在洪水、干旱等水旱灾害发生时，水利部门承担监测水情的职责，调度水利工程资源，提供防洪、抗旱方面的技术支持，并组织开展水利设施的抢险与修复工作。

9. 生态环境部门

生态环境部门对突发事件可能造成的环境污染进行监测和评估，指导开展污染防控和治理工作，防止环境污染事故的发生和扩大。

10. 通信管理部门

通信管理部门负责确保应急通信的畅通无阻，组织并协调通信运营企业迅速抢修受损的通信设施，提供高效的应急通信保障服务，以保障指挥指令和信息的及时、准确传递。

此外，根据不同的突发事件类型，还可能涉及农业农村、工业和信息化、民政、教育、文化和旅游等多个部门，各部门在应急指挥体系中各司其职，协同配合，共同应对突发事件。

二、应急指挥主体

应急指挥主体作为应急指挥体系的核心，通常由政府相关部门、专业应急救援机构以及其他参与应急处置的组织共同构成。

（一）政府部门：统筹全局的主导力量

政府部门在应急指挥中占据主导地位，是统筹协调各方资源、制定宏观决策的关键主体。[①] 政府凭借广泛的行政权力、丰富的资源调配能力以及权威性，在应急指挥中发挥着不可替代的领导作用，是保障应急处置工作有序开展的核心力量。

在面对重大自然灾害如地震、洪水时，地方政府会迅速成立应急指挥部，由政府主要领导担任指挥长。以 2008 年汶川地震为例，国务院迅速启动国家一级应急响应，成立抗震救灾总指挥部，全面统筹协调各方面救援力量和资源；各级地方政府迅速响应，统筹调配公安、消防、医疗、交通等部门力量，全力投入到抗震救灾工作中。政府部门负责制定周密的救援策略，组织各方力量开展废墟搜救、伤员救治、受灾群众安置等关键任务；同时，积极协调外部救援力量的进驻和物资的合理调配，确保救援工作高效有序地进行。

在日常应急管理工作中，政府部门肩负着制定应急预案、开展风险评估、组织应急演练等多重职责。通过制定科学且合理的应急预案，明确各部门在突发事件中的具体职责与任务，从而有效提升应急响应的效率与协同性。例如，北京市政府定期组织开展大规模的城市防汛应急演练，模拟暴雨洪涝灾害场景，检验和提升政府各部门在应急指挥、协同作战、物资调配等方面的能力。

① 薛泽林.构建中国式应急管理体系 [J].社会科学报.2022-11-11.

（二）专业应急救援机构：高效执行的关键力量

专业应急救援机构，如消防队伍、地震救援队伍、医疗急救队伍等，构成了应急指挥体系中的核心执行力量。这些机构凭借其精湛的专业技能、先进的装备设施以及丰富的实战经验，在应急救援工作中发挥着至关重要的作用，成为实现应急指挥目标的直接执行者。

1. 消防队伍

消防队伍作为应对火灾事故及各类灾害事故的中坚力量，肩负着主力军的重任。在火灾现场，消防队伍在应急指挥的指令下，迅速展开灭火行动，利用消防车、灭火器材等专业装备，采取科学的灭火战术，有效控制火势蔓延，营救被困人员；同时，消防队伍还肩负着抢险救援、社会救助等多项重任。在地震、泥石流等灾害发生时，他们积极参与废墟搜救、人员转移等关键工作。

（1）发展历程。

2018年，依据中共中央颁布的《深化党和国家机构改革方案》，公安消防部队和武警森林部队正式退出现役，整体划归至应急管理部。同年11月9日，国家综合性消防救援队伍的授旗仪式隆重举行，习近平总书记亲自向该队伍授旗并发表训词，此举标志着国家综合性消防救援队伍的正式成立。

（2）领导指挥体系。

应急管理部设立消防救援局和森林消防救援局，分别作为消防救援队伍和森林消防队伍的领导指挥机关。在省、市、县级层面，分别设立消防救援总队、支队和大队；城市和乡镇则根据实际需要，按照标准设立消防救援站；森林消防总队以下的单位维持原有建制不变。

（3）主要职责。

消防队伍承担着防范化解重大安全风险、应对处置各类灾害事故的重要职责，具体包括防火、灭火以及各类应急救援工作，如地震、洪水、泥石流等自然灾害救援，以及危险化学品泄漏、建筑物坍塌等事故灾难救援。

（4）人员构成。

消防队伍主要由消防救援指战员（原现役官兵）、政府专职消防队员和消防文员等组成。其中，消防救援指战员作为队伍的核心力量，肩负一线救援及防火灭火的重任；政府专职消防队员则是由政府招募并财政保障的专业人员，专门从事消防救援工作；而消防文员主要负责消防宣传、档案管理以及行政事务等相关工作。

（5）装备配备。

消防队伍配备有云梯、登高平台等各类型举高救援车辆，大流量泡沫消防车、远程供水系统等灭火攻坚装备，核生化侦检消防车、化学事故抢险救援消防车等特种救援车辆，还配备有生命探测仪、直升机、无人机、机器人等高精尖装备，以满足不同灾害事故的救援需求。

（6）近年来，一方面随着城镇化进程的加快，发生火灾的几率也在逐渐提升，火灾带来危害加剧；另一方面，民众的防火意识有待提升，"电动车起火""吸烟造成的火灾"等事故屡见不鲜。2022 年期间，我国火灾数量创新高，达到了 82.5 万起，而电气仍是引发火灾的首要原因。图 2-4 为我国 2016—2022 年火灾数量状况示意图。

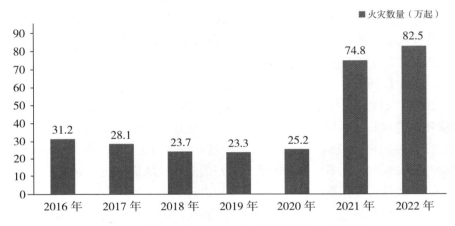

图 2-4　我国 2016—2022 年火灾数量状况示意图

（图片来源：观研报告网）

截至 2023 年底，国家综合性消防救援队伍共接警出动 900 余万起，出动人员 9363 万人次、车辆 1670 万辆次，营救疏散被困群众 295 万余人，在防范化解重大安全风险、应对处置各类灾害事故中作出了突出贡献。2024 年，全国消防救援队伍共接报处置各类警情 235.8 万起，比 2023 年增加 10.1%；共出动消防救援人员 2537.4 万人次、消防车 458.6 万辆次，从灾害现场营救被困人员 21.5 万人，疏散遇险人员 16.6 万人；此外，森林消防队伍扑救森林草原火灾 143 起。[①]

2. 地震救援队伍

地震救援队伍专注于地震灾害的救援工作，配备有生命探测仪、破拆工

---

① 戴云．国家消防救援局：2024 年消防救援队伍共接报火灾 90.8 万起 [EB/OL]．封面新闻．2025-01-24．

具等专业救援设备，具备在复杂废墟环境中进行搜救的能力。在玉树地震、银川地震等灾害中，地震救援队伍迅速抵达现场，争分夺秒地开展救援行动，成功营救了众多被困人员。

以下是一些常见的地震救援队伍及其装备。

（1）中国国际救援队（CISAR）。

中国国际救援队成立于 2001 年 4 月 27 日，由中国地震局的地震专家、解放军某工程部队以及武警总医院的医疗救护人员共同组建。

该救援队的主要职责是，针对地震灾害或其他突发性事件导致的建筑物（或构筑物）倒塌，对被压埋的人员进行紧急搜索与营救。

中国国际救援队多次参与国内外大型灾害救援，如新疆喀什、巴楚、云南大姚地震，以及阿尔及利亚、伊朗等国的地震救援，在国际救援舞台上发挥了重要作用。

（2）地方专业地震救援队伍。

一是省级地震灾害紧急救援队。我国共有 26 支省级地震灾害紧急救援队，在本省及周边地区发生地震等灾害时，能够迅速响应并开展救援工作。

二是基层地震救援队伍。如金寨县地震灾害应急救援队依托当地社会救援队伍成立，主要负责本地地震及地质灾害的应急救援工作；玛曲县地震灾害救援队由县消防大队搜救队员以及县地震局和卫生局的专家组成，承担地震等自然灾害及事故的救援任务。

（3）其他相关救援力量。

一是消防救援队伍。在地震救援过程中，各地消防救援队伍扮演着至关重要的角色。他们拥有专业的救援技能和先进的设备，能够在第一时间迅速抵达现场，高效开展抢险救援工作。

二是卫生健康系统救援队。在地震发生后，国家卫生健康委及地方卫生健康部门会调派专家和紧急医学救援队，如积石山地震抗震救灾卫生救援队，主要负责医疗应急工作，包括伤员救治、现场伤情评估、心理疏导等。

三是民间公益救援组织。像蓝天救援队、公羊救援队等民间公益救援组织，在地震等灾害发生时，也会积极参与救援行动，发挥自身优势，提供救援服务。

（4）地震救援装备。

地震救援装备种类繁多，以下是一些常见的类型。

一是搜索探测装备，如：

生命探测仪涵盖多种类型，如雷达生命探测仪和光学生命探测仪（又称"蛇眼"）。雷达生命探测仪通过电磁波技术，精准探测废墟下的人体信号；而光学生命探测仪则融合声音与视频图像功能，借助光反射原理进行生命探测，能够准确识别并定位被困人员。

无人机，飞行距离远、留空时间长，可对灾区进行侦察，传输实时图像和数据，帮助指挥部掌握灾情，确定救援重点区域。

二是破拆工具，如：

液压破拆工具组，由液压泵、动力源及各类破拆工具构成，包括液压剪、液压钳、液压扩张器等，能够剪断、扩张和挤压障碍物，从而开辟救援通道。

电动破拆工具组则具备便携性和高效性，适用于多种材质的破拆作业。

三是支撑顶升装备，如：

高压起重气垫，利用高压气体将气垫充气，产生强大的顶升力，可用于抬起倒塌的建筑物构件、车辆等重物，为救援人员和被困者提供安全空间。

重型支撑套装，由各种支撑柱、支撑梁等部件组成，可在废墟中搭建稳固的支撑结构，防止二次坍塌。

四是医疗救护装备，如：

医疗方舱，类似集装箱大小，内部配备手术室、病房、急救设备等，可迅速搭建成为临时医院，开展伤员救治工作。

野战高原制氧方舱，针对高原地区地震救援，为缺氧的伤员和救援人员提供氧气支持。

五是运输与保障装备，如：

全地形突击救援车，可变形为推土机、吊车、挖掘机等，到达目的地后还能变成简易医院，配备有夜视系统、防护装甲等，能在复杂地形和恶劣环境下行驶和作业。

直升机，速度快，可在复杂地形和交通不便的区域快速抵达灾区，进行人员和物资运输、空中侦察、伤员转运等任务。

六是个人防护与辅助装备，如：

安全帽，保护救援人员头部免受坠落物伤害。

防尘面罩，防止救援人员吸入废墟中的灰尘和有害气体。

应急灯，提供照明，方便救援人员在黑暗环境中作业。

3. 医疗急救队伍

医疗急救队伍在地震等灾害救援中起着至关重要的作用。医疗急救队伍在应急指挥的协调下，负责对受伤人员进行紧急救治和转运，保障伤员的生命安全。他们具备专业的医疗技能和急救设备，能够在灾害现场和转运途中为伤员提供及时有效的医疗服务。

（1）队伍组成。

一是医生和护士，具备丰富的临床经验和专业知识，包括创伤外科、急诊科、重症医学科等专业背景，能够对各类伤病员进行诊断、治疗和护理。

二是医疗技术人员，如检验技师、放射技师等，负责进行医学检验、影像学检查等，为疾病诊断提供依据。

三是卫生防疫人员，他们负责灾区的卫生防疫工作，涵盖饮用水卫生监测、环境消毒、传染病防控等多个方面，旨在有效防止灾后疫情的发生。

（2）主要任务。

首先，现场急救至关重要。在地震现场，对伤员进行紧急处理，包括止血、包扎、固定骨折以及心肺复苏等措施，以稳定伤员病情，为后续治疗争取宝贵时间。

其次，伤员转运同样不容忽视。需将伤员安全、迅速地转运至后方医院或医疗救治点，并在转运过程中密切监测伤员病情变化，确保整个转运过程的安全无误。

三是医疗救治。在临时医疗救治点或后方医院，对伤员进行进一步的检查、诊断和治疗，包括手术治疗、重症监护等。

四是卫生防疫。对灾区环境进行卫生监测和消毒处理，指导群众做好个人卫生和食品卫生，预防和控制传染病的流行。

（3）常用装备。

一是急救箱，内装各种急救药品、敷料、器械等，如肾上腺素、阿托品、止血带、镊子、剪刀等，用于现场急救。

二是担架，包括普通担架、折叠担架、多功能担架等，主要用于伤员的搬运工作。

三是除颤仪，用于心搏骤停患者的电除颤，恢复正常心律。

四是呼吸机，为呼吸衰竭或呼吸困难的伤员提供呼吸支持。

五是药品和耗材，如抗生素、镇痛药、输液器、注射器等，满足伤员治疗和护理的需要。

（三）社会组织与企业：灵活补充的重要力量

随着社会的不断进步，社会组织和企业在应急指挥中的重要性日渐突出，已然成为应急指挥体系中不可或缺的重要补充力量。社会组织和企业具有灵活性、专业性和创新性等特点，能够在应急指挥中发挥独特优势，与政府部门和专业应急救援机构形成有效协同。

社会组织，诸如红十字会、慈善基金会、志愿者协会等，在受灾群众的救助、心理疏导以及物资分发等多个方面，扮演着不可或缺的重要角色。^①在台风、洪水等灾害发生后，社会组织迅速组织志愿者，深入受灾地区，为受灾群众提供生活物资、食品、饮用水等援助；同时开展心理疏导工作，帮助受灾群众舒缓心理压力。例如，中国红十字会在各类灾害救援中，积极组织救援力量，开展人道救助工作，为受灾群众提供紧急救援物资和医疗服务。

企业在应急指挥中也能发挥重要作用，尤其是一些具备专业技术和资源的企业。在通信、电力、交通等领域，企业能够利用自身的技术和设备优势，保障应急通信畅通、电力供应稳定和交通秩序正常。例如，在地震等灾害发生后，通信企业迅速组织力量抢修通信设施，确保应急指挥中心与灾区之间的通信畅通；电力企业迅速恢复供电，为救援工作及受灾群众的生活提供了可靠的电力保障。此外，一些企业还能够提供技术支持和物资捐赠，协助应急指挥部门开展应急处置工作。

二、应急指挥对象：广泛覆盖的行动群体

应急指挥对象是指在应急指挥过程中，接受指挥主体指令和调度的各类组织和人员，包括参与应急处置的政府部门、专业应急救援队伍、社会组织、志愿者以及受灾群众等。不同的指挥对象在应急处置中肩负着各自的职责与任务，需在指挥主体的统一调度下，协同配合，共同作战。

（一）政府部门间的协同配合

政府部门是应急指挥的重要对象，不同部门在应急处置中承担着不同的职责和任务，需要在应急指挥的统一协调下，实现协同配合。

政府部门间的协同配合是应急指挥高效运行的关键，只有明确各部门职责，加强沟通协调，才能形成强大的应急合力。

在应急物资调配过程中，商务部门负责物资的采购与储备，交通运输部门负责物资的运输工作，民政部门则负责物资的发放。例如，在疫情防控期间，商务部门积极组织货源，大幅增加医疗物资和生活物资的采购力度；交通运输部门开辟绿色通道，确保物资运输畅通无阻；民政部门有序开展物资发放工作，保障物资及时送达抗疫一线及受灾群众手中。在应急指挥的统筹协调下，各部门密切协作，有效保障了物资的稳定供应。

在应急救援行动中，公安部门负责维护现场秩序，消防部门负责灭火和

---

① 孙展.调研非政府组织在应急突发事件中的作用——了解应急组织，守护你我他[EB/OL].华科青年.2024-08-08.

救援工作，医疗部门则负责伤员的救治，各部门之间需紧密协作。例如，在火灾事故救援中，公安部门设立警戒区域，疏导周边交通，为消防部门顺利开展灭火救援工作创造有利条件；消防部门迅速展开灭火行动，全力营救被困人员；医疗部门在现场设立临时医疗点，对受伤人员进行紧急救治。各部门协同作战，有效提升了救援效率。

（二）专业应急救援队伍的行动执行

专业应急救援队伍作为应急指挥的直接执行对象，需要严格按照指挥指令，迅速、有效地开展救援行动。中国安全生产科学研究院的刘铁民研究员认为："专业应急救援队伍的行动执行能力直接关系到应急救援的效果，必须具备高度的纪律性和专业素养。"[①]

在地震救援过程中，地震救援队伍在应急指挥的统一指导下，依据现场实际情况制定科学合理的救援方案，并运用专业救援设备对被困人员进行高效搜救。救援人员必须严格遵守操作规程，在确保自身安全的前提下，最大限度地提升救援效率。例如，在使用生命探测仪时，救援人员需熟练掌握设备操作技巧，精准判断生命迹象的具体位置；在进行破拆作业时，需特别注意避免对被困人员造成二次伤害。

在火灾救援中，消防队伍需要根据火势大小、燃烧物质、周边环境等因素，按照指挥指令采取科学的灭火战术。如在扑救高层建筑火灾时，消防队伍需要利用登高消防车、消防电梯等设备，迅速到达着火楼层，展开灭火和救援行动；同时，要注意与其他救援力量的配合，如与医疗部门协同救治受伤人员，与公安部门共同维护现场秩序。

（三）社会组织、志愿者与受灾群众的有序参与

社会组织、志愿者和受灾群众也是应急指挥的重要对象，他们的有序参与能够为应急处置工作提供有力支持。

中国社会科学院社会学研究所的杨团研究员指出："社会组织、志愿者和受灾群众的积极参与能够充分调动社会资源，提高应急处置的效率和效果，但需要在应急指挥的引导下有序进行。"[②]

社会组织和志愿者在应急指挥的引导下，积极参与受灾群众的救助、物资分发及心理疏导等工作。在受灾群众安置点，他们协助民政部门搭建帐篷、分发生活物资，为受灾群众提供全面的生活援助。同时，他们还开展心理疏导工作，

---

① 刘铁民．新时代应急管理体系建设现状与展望 [J]．中国应急管理．2018（6）:12-14．

② 杨团．中国慈善发展报告（2009）[M]．北京：社会科学文献出版社，2009．

帮助受灾群众缓解因灾害带来的心理创伤。例如，一些心理咨询志愿者团队在灾害发生后，深入受灾地区，为受灾群众提供心理咨询和心理干预服务。

在应急指挥的部署下，受灾群众应主动配合应急处置工作。如在火灾发生时，受灾群众需要按照消防部门和社区工作人员的指挥，迅速撤离现场，避免造成不必要的伤亡；在地震等灾害发生后，受灾群众要听从指挥，有序领取救灾物资，配合救援队伍的搜救工作，共同应对灾害挑战。

三、应急指挥手段：多元融合的行动保障

应急指挥手段是指挥主体在实施应急指挥时所采用的一系列工具和方法，涵盖行政手段、法律手段、技术手段及经济手段等多个方面。

（一）行政手段：高效调度的有力支撑

行政手段是应急指挥中最常用的手段之一，通过行政命令、指示、通知等方式，对指挥对象进行调度和管理。

行政手段具有权威性、强制性和高效性的特点，能够在应急指挥中迅速传达指令，实现资源的快速调配和人员的高效组织。

在突发事件发生后，政府部门会通过发布行政命令，要求相关部门和单位立即启动应急预案，迅速开展应急处置工作。例如，在重大自然灾害发生后，地方政府会发布紧急通知，指令各级政府部门、企事业单位及社会组织等迅速行动，全力投入抗灾救灾工作。行政命令明确界定了各部门的职责与任务，确保应急处置工作能够高效、有序地进行。

此外，行政手段还体现在对资源的调配和人员的组织上。政府部门通过行政指令，调配应急物资、救援队伍等资源，确保资源能够及时到达受灾地区。在应急救援人员的组织方面，政府部门可以根据需要，调用公安、消防、医疗等部门的人员，组成应急救援队伍，开展救援工作。例如，在抗洪救灾中，政府部门可以通过行政命令，调动武警部队参与抗洪抢险，加强抗洪力量。

（二）法律手段：规范保障的坚实后盾

法律手段是应急指挥的重要保障。通过法律法规，明确应急指挥的职责、权限及程序，从而规范应急处置行为。中国人民大学法学院的莫于川教授认为："法律手段为应急指挥提供了明确的法律依据和行为准则，能够保障应急指挥在法治轨道上运行，维护社会公平正义和公民合法权益。"[1]

应急指挥：理论、实践与创新

---

① 韩迪.为新时代高质量开展突发事件应对提供有力法治保障——专家谈《突发事件应对法》的首次大修[J].中国应急管理，2024（7）：24-25.

如《中华人民共和国突发事件应对法》，对突发事件的预防与应急准备、监测与预警、应急处置与救援、事后恢复与重建等方面均作出了明确规定，为应急指挥提供了坚实的法律框架。该法明确了政府部门在应急指挥中的职责与权限，规范了应急响应的程序和措施，确保了应急指挥的合法性和规范性。

此外，还有一系列相关法律法规，如《中华人民共和国消防法》《中华人民共和国防震减灾法》《突发公共卫生事件应急条例》等，针对不同类型的突发事件，对应急指挥和应急处置工作做出了具体规定。

这些法律法规为应急指挥提供了详细的操作指南，确保应急指挥在应对各类突发事件时能够有法可依、依法进行。在应急处置过程中，对于违反法律法规的行为，会依法进行严肃处理，以维护应急处置工作的正常秩序。

（三）技术手段：创新赋能的关键驱动

随着信息技术的不断进步，技术手段已成为应急指挥的重要支撑，为应急指挥注入了创新的动力。

应用技术手段能够实现应急指挥的信息化、智能化和可视化，有效提升应急指挥的效率和科学性，并为应急决策提供精准的数据支撑。如：

卫星通信技术实现了应急指挥中心与现场救援队伍之间的实时通信，无论在偏远山区还是受灾严重的地区，都能够保障信息的畅通。在地震、洪水等灾害发生后，现场救援人员可以通过卫星电话、卫星图像传输设备等，将现场情况实时传输给应急指挥中心，为指挥决策提供第一手资料。

地理信息系统（GIS）技术对突发事件的发生地点、影响范围等进行分析和评估，帮助应急指挥人员直观地了解灾害态势。通过 GIS 技术，可以绘制灾害地图，标注受灾区域、救援力量分布、物资储备点等信息，为应急指挥提供决策参考。例如，在城市内涝灾害中，利用 GIS 技术可以分析积水区域、排水管网情况，合理调配排水设备和救援力量。

大数据技术能够对海量的应急信息进行高效的分析和处理，深入挖掘数据背后的规律与趋势，从而为应急决策提供有力支持。通过对历史灾害数据、气象数据、人口数据等多维度信息的综合分析，可以精准预测突发事件的发生概率及其影响范围，以便提前采取有效的防范措施。此外，大数据技术还能预测救援资源的需求情况，优化资源配置，显著提升救援工作的效率。

（四）经济手段：激励引导的有效方式

经济手段是通过经济政策、资金投入等方式，激励和引导社会力量参与应急处置工作。国家行政学院的张孝德教授认为："经济手段能够充分调动社会资源，激发社会力量参与应急处置的积极性，为应急指挥提供有力的经济支持。"[①]

其一，政府设立应急专项资金，专门用于应急物资储备、应急救援队伍建设以及应急技术研发等多个关键领域。应急专项资金的设立，保障了应急指挥在物资、人员和技术等方面的需求。例如，每年中央与地方政府都会安排大量资金用于储备防汛抗旱物资、消防器材、医疗急救设备等应急物资，提高应急保障能力。

其二，对参与应急处置工作的企业和社会组织给予税收优惠、财政补贴等政策支持，鼓励他们积极参与应急处置。在疫情防控期间，政府针对生产防疫物资的企业实施了税收减免、财政补贴等多项政策扶持，以激励企业增产扩能，确保防疫物资的稳定供应；与此同时，对积极参与疫情防控的社会组织和志愿者也提供了相应的资金补助和物资援助，有效提升了他们投身防控工作的热情与动力。

其三，经济手段亦可借助保险机制，有效分散突发事件引发的经济风险。政府积极倡导企业和个人购置财产保险、人身保险等各类保险产品，以便在突发事件发生时，能够通过保险理赔途径降低损失。例如，面对自然灾害的侵袭，受灾企业和群众可依托保险获得相应的经济补偿，从而减轻经济压力，加速生产生活秩序的恢复。

综上所述，应急指挥的核心要素——指挥主体、指挥对象和指挥手段，在应急管理中各自发挥着不可替代的作用。指挥主体凭借多元协同，政府部门统筹、专业机构执行、社会组织与企业补充，引领应急行动的方向；指挥对象涵盖多方，通过协同配合、高效执行和有序参与，确保应急处置任务的落实。指挥手段融合行政、法律、技术与经济手段，为应急指挥提供权威保障、规范准则、创新驱动与激励引导。这些要素彼此紧密相连，共同构建了应急指挥的运行机制。

未来，随着社会发展和风险演变，不断优化核心要素，提升其协同性与适应性，将是持续完善应急指挥体系、增强应急管理能力的关键路径。

第五节　应急指挥的关键流程梳理

在应急管理的宏大版图中，应急指挥是最为关键的环节，其高效运作直

① 张孝德，等.新时代的复合经济学——经济学范式革命，从单级到复合[M].北京：国家行政管理出版社，2022.

接关乎突发事件应对的成败；而应急指挥的效能，又紧密依赖于一套科学、严谨且有序的关键流程。从风险潜伏时的敏锐洞察，到突发事件爆发后的迅速响应；从救援现场的紧张协调，到事后恢复重建的稳步推进，每一个流程都环环相扣、不容有失。

深入梳理这些关键流程，不仅有助于我们清晰把握应急指挥的内在逻辑和运行规律，更是提升应急指挥能力、完善应急管理体系的重要前提，能够为我们在未来应对各类复杂多变的突发事件时，提供坚实的行动指南与决策依据。

应急指挥的关键流程如图 2-5 所示。

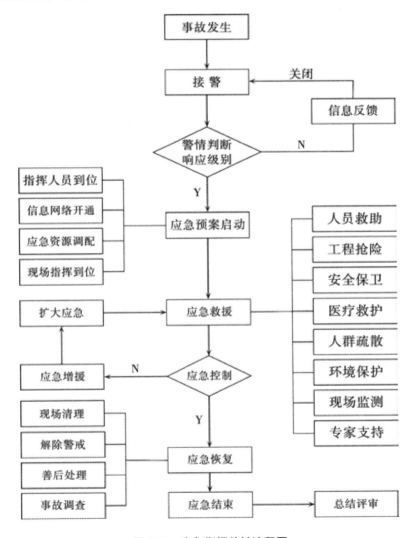

图 2-5　应急指挥关键流程图

一、风险监测与预警发布

在应急指挥体系中，风险监测与预警发布是至关重要的起始环节，犹如为应急行动装上"千里眼"和"顺风耳"。精准的风险监测能够提前洞察潜在危机，而及时有效的预警发布则是将危机信号传递给各方的关键纽带，为后续应急处置争取宝贵时间，筑牢安全防线。

（一）全方位风险监测体系的构建

应急指挥的起点在于对风险的有效监测，构建全方位的风险监测体系至关重要，它能够为后续的预警和决策提供及时、准确的数据支持。[①]

当前，我国综合运用多种技术和手段搭建风险监测网络。

在自然灾害监测方面，借助卫星遥感、气象雷达、地震监测台网等先进设备，对地震、洪水、台风等灾害进行实时监测。例如，风云系列气象卫星可对台风的生成、移动路径、强度变化等进行持续跟踪，获取海量气象数据。通过对这些数据的分析，能够提前预测台风可能登陆的地点和时间，为应急指挥提供关键信息。

在事故灾难监测领域，通过运用物联网技术，实现对生产设备、城市基础设施等的实时监控。在化工企业中，通过在关键设备上安装传感器，实时采集温度、压力、流量等数据，一旦数据超出正常范围，系统立即发出警报，为预防事故发生或在事故初期进行有效处置提供依据。

此外，在公共卫生领域，借助疾病监测系统收集传染病发病数据；在社会安全领域，利用治安监控系统实时掌握社会治安动态，实现对各类风险源的全方位覆盖。

（二）科学预警机制的建立与运行

基于风险监测数据，构建科学的预警机制是应急指挥的关键环节。科学预警机制不仅要能够准确判断风险的严重程度和影响范围，还需确保预警信息及时、有效地传递给相关部门和社会公众。

2025年2月，中共中央、国务院印发了《国家突发事件总体应急预案》，要求各地区各部门结合实际情况认真贯彻落实。

《国家突发事件总体应急预案》是针对突发事件应对的总体制度安排，涵

① 詹承豫.准确把握三个体系之间的关系 [J].中国应急管理报，2022（7）：3.

应急指挥：理论、实践与创新

盖总则、组织指挥体系、运行机制、应急保障、预案管理等多个部分，适用于党中央、国务院应对特别重大突发事件的工作，并对全国范围内的突发事件应对工作提供指导。

我国制定了严格的预警分级标准，依据突发事件的性质、危害程度、可控性及影响范围等因素，将预警级别划分为四级，分别以红、橙、黄、蓝四种颜色标识，具体如图2-6所示。

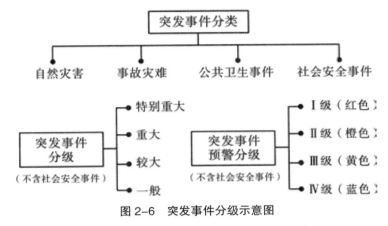

图2-6　突发事件分级示意图

Ⅰ级（特别重大）：用红色表示，预计将要发生特别重大突发事件，事件会随时发生，事态正在不断蔓延。

Ⅱ级（重大）：用橙色表示，预计将要发生重大突发事件，事件即将发生，事态正在逐步扩大。

Ⅲ级（较大）：用黄色表示，预计将要发生较大突发事件，事件已经临近，事态有扩大的趋势。

Ⅳ级（一般）：用蓝色表示，预计将要发生一般突发事件，事件即将临近，事态可能会扩大。

不同类型的突发事件，其具体的预警分级标准各不相同。例如，在气象灾害预警方面，暴雨红色预警可能意味着未来3小时内降雨量将达到100毫米以上；而台风红色预警信号则指示，在6小时内可能或已经受到热带气旋的影响，沿海或陆地平均风力将达到12级以上，或者阵风达到14级以上并可能持续。

预警信息的发布渠道日趋多样化，除了传统的电视、广播、报纸等媒介外，还充分借助手机短信、社交媒体平台、应急广播系统等现代传播手段。如在台风预警发布时，气象部门通过手机短信向预警区域内的民众发送预警信息，同时在微博、微信公众号等社交媒体平台实时更新台风动态；各地还建设了应急广播系统，在偏远山区等信号覆盖不足的区域，通过广播及时传达预警信息，确保预警信息无死角覆盖。

此外，预警发布后并非一劳永逸，还需根据事态发展及时调整预警级别和内容，持续跟踪风险变化，为应急指挥提供动态信息支持。

二、应急响应启动与资源调配

当风险监测发出预警信号，应急指挥立即进入应急响应启动与资源调配阶段。这一环节是从危机察觉到实际应对的关键转折点，直接影响应急行动能否有序进行。精准启动响应、合理调配资源，是把握救援黄金期、有效控制事态的核心，决定着应急处置成效。

（一）应急响应的快速启动

当风险演变为突发事件，迅速启动应急响应是应急指挥的核心任务之一。应急响应的速度直接影响着突发事件的应对效果，因此，建立迅速、高效的响应机制至关重要。

我国建立了完善的应急响应启动流程，一旦收到突发事件报告，应急指挥中心立即核实信息，根据事件的类型和严重程度，按照应急预案规定的程序启动相应级别的应急响应。

在 2020 年初疫情暴发初期，湖北省武汉市卫生健康部门在发现不明原因肺炎病例后，迅速上报。[1] 国家卫生健康委迅速组织专家展开研判，在明确疫情严重性后，立即启动了重大突发公共卫生事件一级响应。各级政府迅速响应，采取交通管制、社区封闭管理、医疗资源调配等一系列有力措施，有效遏制了疫情的扩散。快速启动应急响应机制，能够在最短时间内集结各方力量，全力投入应急处置工作，为控制事态发展赢得了宝贵时间。

（二）精准高效的资源调配

应急响应启动后，资源调配成为应急指挥的核心任务。合理且精准的资源调配是确保应急处置工作顺利开展的关键环节，需全面考虑突发事件的实际需求和资源的分布状况。

应急指挥中心会根据突发事件的类型和规模，制定资源调配方案。

在物资调配方面，国家构建了涵盖中央、省、市、县等多级层次的应急

---

[1]　武汉市卫生健康委.武汉市卫生健康委关于不明原因的病毒性肺炎情况通报 [EB/OL].中华人民共和国卫生健康委员会 (nhc.gov.cn)，2020-01-11.

物资储备体系，涉及医疗物资、生活物资及抢险救援物资等多个类别。在重大自然灾害发生后，应急指挥中心迅速统计受灾地区的物资需求，从临近的物资储备库调配帐篷、食品、饮用水、药品等物资运往灾区。

在人员调配方面，根据救援任务的需要，协调消防、医疗、公安、专业救援队伍等力量奔赴现场。如在地震救援中，应急指挥中心会根据地震的震级、受灾范围等因素，调配相应数量的地震救援队伍、消防队伍和医疗队伍；同时，注重各救援力量之间的协同配合，避免出现资源浪费或重复调配的情况。

通过精确高效的资源配置，确保应急处置工作中所需的人力、物力及财力能够获得及时且充分的保障。

三、现场指挥与救援行动协调

应急响应启动后，所有行动迅速聚焦于现场。现场指挥与救援行动的紧密协调，成为应急指挥系统的"神经中枢"与"作战前线"的直接对接。它将全局规划精准落于实地，让各方救援力量协同配合，是化解危机、拯救生命财产的关键实战环节。

（一）现场指挥的科学决策

现场指挥作为应急指挥在突发事件现场的具体执行环节，科学决策是其核心要素。

现场指挥面临复杂多变的情况，需要指挥者具备丰富的经验、敏锐的洞察力和果断的决策能力。

现场指挥人员抵达现场后，首要任务是迅速掌握现场情况，包括事件的发展态势、人员伤亡状况以及周边环境等因素。通过实地勘查、与一线救援人员沟通以及利用现场监测设备获取信息，为决策提供依据。

如在火灾事故现场，现场指挥需要根据火势大小、燃烧物质、周边建筑分布等因素，制定灭火和救援方案。如果火灾现场有人员被困，指挥者要迅速判断最佳救援路径，调配消防力量进行营救；同时，还要考虑火灾可能引发的次生灾害，如有毒气体泄漏、建筑物倒塌等，提前做好防范措施。

在决策过程中，现场指挥人员全面听取专家意见，并运用科学的决策方法，以确保决策的科学性和有效性。

（二）救援行动的协同协调

应急救援行动通常涉及多个部门和多样化的救援力量，协同协调是保障救援行动高效推进的核心要素。强化救援行动的协同协调，能够有效整合各方资源，凝聚强大的救援合力，显著提升救援效率。应急指挥中心通过构建现场协调机制，明确界定各救援力量的职责与任务，确保救援行动有条不紊地展开。

在大型地震灾害救援中，消防队伍负责废墟搜救和灭火，医疗队伍负责伤员救治，公安部门负责维护现场秩序和交通疏导，通信部门负责保障通信畅通。各救援力量在应急指挥中心的统一协调下，密切配合，高效运作。例如，当消防队伍开展废墟搜救工作时，医疗队伍在现场附近迅速设立临时医疗点，随时准备对救出的伤员进行紧急救治；公安部门则在场外周边设置警戒区域，疏导交通，为救援车辆开辟绿色通道；通信部门及时搭建临时通信设施，确保现场指挥与各救援力量之间的信息传递畅通无阻。通过这种协同协调机制，各救援力量能够充分发挥各自的专业优势，齐心协力，共同高效完成救援任务。

四、后期处置与恢复重建

在紧张的救援工作告一段落后，应急指挥并未随之结束，紧随其后的是后期处置及恢复重建工作的迅速启动。这一阶段承接前期成果，从受灾群众安置、损失评估，到设施重建、社会秩序重塑，每一步都关乎受灾地区长远发展，是抚平创伤、重焕生机的关键进程。

（一）事件评估与损失统计

突发事件应急处置工作结束后，开展事件评估与损失统计是后续工作的基础。准确的事件评估和损失统计能够为恢复重建提供科学依据，总结经验教训，提高未来应对突发事件的能力。

应急指挥中心将调动专业团队，对突发事件的起因、发展过程及影响进行全方位评估。

在自然灾害评估中，要对灾害的类型、强度、受灾范围、人员伤亡和财产损失等进行详细统计和分析，通过卫星遥感、实地勘查等手段，获取准确的数据。

在事故灾难评估过程中，需对事故原因、责任归属以及事故引发的环境影响进行全面调查与细致评估。

在公共卫生事件的评估过程中，需对疫情的传播途径及防控措施的有效性进行全面分析与总结。通过事件评估和损失统计，为后续的恢复重建和改进应急管理工作提供数据支持和决策依据。

（二）恢复重建的有序推进

恢复重建是应急指挥的重要任务之一，关系到受灾地区的可持续发展和社会稳定。国家行政学院的张孝德教授指出："恢复重建需要制定科学合理的规划，整合各方资源，有序推进，确保受灾地区尽快恢复生产生活秩序。"①

应急指挥中心应依据事件评估及损失统计数据，科学制定恢复重建计划。

在基础设施恢复方面，协调交通、电力、通信、水利等部门，优先恢复受损的基础设施，保障受灾地区的基本生活需求。

在房屋重建工作中，协调组织住建部门及相关专业机构，对受损房屋进行全面评估与精准鉴定，进而制定科学合理的重建方案。

同时，应注重受灾群众的生活安置和心理疏导工作，为受灾群众提供临时住所、生活物资等保障，组织心理咨询专家为受灾群众提供心理援助，帮助他们恢复信心。

在恢复重建过程中，应充分考虑防灾减灾因素，提高受灾地区的抗灾能力。例如，在地震灾后重建过程中，提升建筑物的抗震标准，强化地质灾害隐患的排查与治理，从而有效预防次生灾害的发生。通过有序推进恢复重建工作，使受灾地区尽快恢复生机，实现可持续发展。

综上所述，应急指挥关键流程涵盖风险监测与预警发布、应急响应启动与资源调配、现场指挥与救援行动协调以及后期处置与恢复重建等多个重要环节。在风险监测与预警发布阶段，通过精准监测与科学预警，为应急响应争取宝贵时间；在应急响应启动与资源调配环节，务必确保迅速行动和资源的有效供给；在现场指挥与救援行动协调过程中，应力求实现高效救援与协同作战；至于后期处置与恢复重建阶段，则需专注于总结经验并推动受灾地区的重生。这些流程相互关联、层层递进，共同构成了应急指挥的有机整体。唯有不断优化各流程细节，强化流程间的衔接与协同，方能提升应急指挥的整体效能。

未来，随着社会发展和科技进步，应持续完善应急指挥关键流程，将是提升应急管理水平、保障人民生命财产安全和社会稳定的关键所在。

本章小结

本章围绕应急指挥展开多维度探讨，全面且深入地阐述其核心要点，为构建系统的应急指挥知识体系奠定基础。

开篇对其概念与内涵追根溯源，从突发事件应对与应急管理流程双重视

① 王健、张孝德、徐祥临、张占斌. 科学发展主题案例教材专题讲座 [F]. 北京：国家行政学院音像出版社，2022.

角精准剖析定义，点明指挥主体、对象与手段等核心要素，厘清与应急管理、应急救援及日常指挥的区别联系，揭示其在信息化、社会多元化和全球化背景下的时代特征与发展走向，让我们从本质上把握应急指挥。

回溯我国应急指挥发展历程，历经萌芽探索、发展完善、快速体系构建以及深化改革现代化提升阶段，在重大事件推动与社会变革影响下不断演进，积累了丰富经验，为当下应急指挥体系建设提供历史镜鉴。

核心要素剖析，聚焦指挥主体的多元协同，政府、专业机构、社会组织与企业各司其职；指挥对象涵盖多类群体，协同配合落实应急任务；指挥手段融合行政、法律、技术与经济手段，全方位保障应急指挥运行，三者相互作用，共同支撑应急指挥高效运转。

关键流程梳理，从风险监测预警、应急响应与资源调配、现场指挥救援协调到后期处置恢复重建，各环节紧密相连，形成科学有序的应急指挥行动脉络，确保在突发事件应对中实现精准高效的指挥与处置。

总体而言，应急指挥在应急管理中占据核心地位，其理论与实践紧密结合。通过对各部分深入探究，有助于深刻理解应急指挥内在逻辑，为后续研究应急指挥体系建设、提升应急管理效能筑牢根基，助力在未来更从容、科学地应对各类突发事件。

第三章　应急指挥的理论基础探究

应急指挥并非孤立存在，背后有诸多理论作为支撑。应急管理理论、决策理论、信息系统理论以及组织行为理论等，共同构筑起应急指挥的坚实理论基石。深入研究这些理论，有助于洞察应急指挥的内在逻辑与运行机制，为实际应用提供坚实的理论依据。

本章将深入剖析应急指挥的理论基础，涉及应急管理理论、决策理论、信息系统理论以及组织行为理论。通过分析这些理论，揭示应急指挥的内在逻辑和运行机制，为本书提供坚实的理论基础。

第一节　应急管理理论的体系架构与核心要点

应急管理理论作为应急管理领域的知识基石，其体系架构与核心要点对应急管理实践的成效产生深远影响。清晰认知应急管理体系如何搭建组织架构以实现高效协同，把握预防、监测、处置等核心运行机制，了解资源保障与技术支撑的要点，不仅是应急管理从业者的必备素养，更是深入探究应急指挥理论与实践的前置条件。通过剖析这些内容，我们能够洞悉应急管理的内在逻辑，为后续探索应急指挥在这一体系中的独特地位与关键作用奠定坚实基础。

一、应急管理体系的多维架构

应急管理是保障社会稳定、守护人民安全的关键防线，其体系架构的科学性与完备性至关重要。多维架构如同精密齿轮组，从组织架构到运行机制，从法规政策到资源保障，各维度相互关联、协同运作，共同推动应急管理高效开展。

（一）组织架构：层级与协同的交织

应急管理体系的组织架构是其有效运行的基础，呈现出明显的层级性与协同性。合理的组织架构能够确保应急管理工作在不同层级间高效传递指令，同时促进各部门在横向维度的协同合作。[①]

在我国，应急管理的组织架构涵盖国家、省、市、县、镇（区、乡）五个层级，如图 3-1 所示。

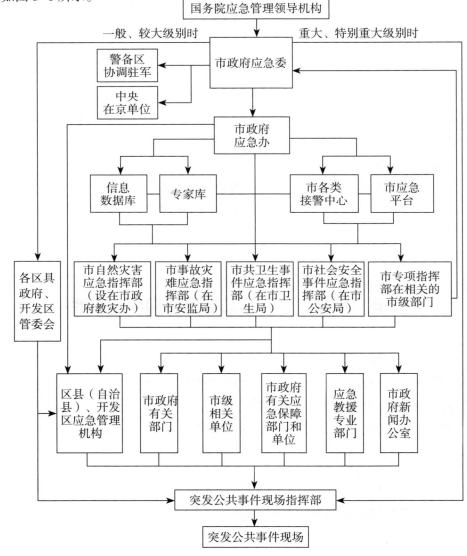

图 3-1　我国应急指挥组织架构图

---

①　李国正.应急管理理论与实践 [M].北京：首都师范大学出版社，2024.

应急指挥：理论、实践与创新

国家层面，应急管理部作为核心统筹机构，负责制定全国性的应急管理政策、规划和标准，协调跨区域、跨部门的重大突发事件应对。例如，在应对跨省级的重大自然灾害时，应急管理部能够整合各方资源，统一指挥调度消防、地震救援等专业力量，确保救援行动的一致性和高效性。

省级及以下地方政府的应急管理部门负责贯彻上级政策，并结合本地实际情况，制定具体的应急预案，组织开展应急演练，以有效应对本地区的突发事件。同时，各层级应急管理部门与同级的其他部门，如公安、卫生健康、交通运输等，建立紧密的协同机制。如在公共卫生事件防控中，应急管理部门会与卫生健康部门密切配合，前者负责物资调配、社会秩序维护，后者专注于疫情监测、医疗救治，通过信息共享和联合行动，形成强大的应急合力。

（二）预案体系架构：分类与分级的结合

应急预案体系是应急管理的行动指南，具有清晰的分类与分级结构。完善的预案体系能够针对不同类型、不同级别的突发事件，提供精准且具可操作性的应对方案。

我国应急预案分为总体应急预案、专项应急预案、部门应急预案、地方应急预案、企事业单位应急预案以及重大活动应急预案等。

总体应急预案是纲领性文件，对全国或地方应急管理的基本原则、组织体系、运行机制等做出总体性规定。

专项应急预案则针对特定类型的突发事件，如自然灾害、事故灾难、公共卫生事件、社会安全事件等分别制定，明确应急处置的具体流程和措施。

在分级方面，根据突发事件的性质、危害程度、可控性和影响范围，划分为四级响应，不同级别的响应对应不同的应急处置措施和资源调配规模。在地震灾害中，当达到一级响应标准时，国家层面将迅速启动最高级别的应急响应，调集全国范围内的优势资源开展救援，包括国家级地震救援队伍、大型救援设备等；而四级响应则主要由事发地的县级政府主导应对，调配本地资源进行初期处置。这种将分类与分级相结合的预案体系架构，使得应急管理工作在针对性和有效性方面得到了显著提升。

二、应急管理的核心运行机制

在应急管理复杂体系里，核心运行机制犹如驱动系统，发挥着关键作用。它串联起监测预警、应急响应、救援处置等关键环节，确保各流程有序衔接、高效运转，精准调控应急行动，是实现应急管理目标、应对各类危机的动力源泉。

（一）预防与准备机制：未雨绸缪的关键举措

预防与准备机制作为应急管理的前置环节，对于降低突发事件的发生概率和减轻其危害程度具有至关重要的作用。完善预防与准备工作，是应急管理的根本之策，能够从源头上有效减少突发事件所造成的损失。

1. 应急预防

应急预防是指在突发事件发生之前，采取一系列措施，旨在预防事件的发生、减轻事件的影响或提升应对事件的能力。以下列举了一些常见的应急预防措施：

（1）制定应急预案。针对可能发生的各类突发事件，须制定详尽且具体的应急预案，明确界定应急组织机构、职责分工、应急响应流程及处置措施等相关内容。

（2）风险评估与监测。对可能诱发突发事件的各种风险因素进行全面评估，明确风险等级及其影响范围；同时，构建监测系统，对关键指标实施实时监控，以便及时捕捉潜在的危机信号。

（3）教育培训与演练。对相关人员进行应急知识和技能的专业培训，以增强其应急意识和提升应对突发情况的能力。定期组织应急演练，模拟突发事件场景，检验和完善应急预案，提高应急队伍的协同配合能力和公众的自救互救能力。

（4）物资储备与保障。建立应急物资储备体系，储备必要的应急物资，如食品、饮用水、药品、防护用品、救援设备等，并确保物资的定期更新和维护，以保证其在紧急情况下能够正常使用。

（5）基础设施建设与维护。加强基础设施建设，提升其抗灾和应急保障能力。同时，定期对基础设施进行维护和检查，及时排除安全隐患。例如，在城市规划中，应对可能存在的洪水和地质灾害风险区域进行明确标注，合理规划建筑物布局，避免在高风险区域建设重要设施。此外，定期开展隐患排查工作，对各类基础设施和企业生产设备进行全面安全检查，及时发现并消除潜在隐患。

（6）公共宣传与教育。通过各种渠道向公众宣传应急知识和技能，提高公众的风险意识和自救互救能力，使公众在突发事件发生时能够正确应对，减少伤亡和损失。

2. 应急准备

应急准备是为了有效应对突发事件而进行的各项准备工作，主要包括以下几个方面：

（1）建立应急组织体系。成立应急指挥中心，负责统一指挥和协调应急处置工作。明确各成员的职责与分工，确保在突发事件发生时能够迅速、高效地开展应急工作。

（2）应急队伍建设。组建由消防、医疗、公安等专业人员构成的应急救援队伍，并强化其培训和演练，以提升应急处置能力。此外，积极鼓励和引导志愿者参与应急救援工作，构建志愿者队伍，充分发挥其在应急救援中的辅助功能。

（3）应急物资与装备准备。除储备各类应急物资外，还要配备必要的应急装备，如消防车、救护车、通信设备等，并定期进行维护和保养，保证其性能良好。

（4）应急资金保障。设立应急专项资金，专项用于应急物资采购、应急队伍建设、应急演练等相关支出。建立健全应急资金管理制度，确保资金的合理配置和及时拨付。

（5）应急通信与信息保障。构建应急通信保障体系，确保在突发事件发生时通信畅通无阻。依托现代信息技术，搭建应急信息管理平台，实时收集、精准分析并高效传递突发事件的相关信息，为应急决策提供有力支持。

（6）避难场所建设与管理。规划和建设应急避难场所，包括公园、广场、学校等，并配备必要的生活设施及应急设备。制定避难场所的管理制度，明确使用流程和责任分工，确保在紧急情况下能够及时开放和使用。

（二）监测与预警机制：信息先导的决策支撑

监测与预警机制作为应急管理的信息中枢，为应急决策提供及时且准确的情报支持。有效的监测与预警能够在突发事件萌芽阶段及时发现并发出警报，为应急响应争取宝贵时间。

目前，我国已构建起全方位的监测网络，综合运用卫星遥感、物联网、传感器等先进技术，对自然灾害、事故灾难、公共卫生事件等进行实时监测。例如，在气象灾害监测方面，通过气象卫星、地面气象站、雷达等设备，实时收集气象数据，实现对台风、暴雨、暴雪等灾害的精准监测。

基于监测数据，我国已构建起科学的预警机制。依据突发事件的危害程度及其发展态势，预警被细分为多个级别，并通过多样化渠道及时发布预警信息；利用电视、广播、手机短信、社交媒体等平台，确保预警信息覆盖广泛。如在台风预警发布时，提前向沿海地区居民发送手机短信，在电视、广播中滚动播出预警信息，提醒居民做好防范措施。同时，建立预警信息反馈机制，及时收集公众对预警信息的接收情况和应对措施落实情况，为后续应急决策提供参考。

以省级通信管理局的应急通信保障指挥中心为例，这是一个从属于工业和信息化部垂直领导的专业部门，其具体工作机制如图3-2所示。按照该组织体系框架，省通信保障应急工作办公室是省通信保障的常设机构，在整个通信保障应急工作中处于重要的位置，起到承上启下的作用，对上与国家通信保障应急指挥中心和省政府应急指挥中心连接，对下与省内基础电信运营企业应急办和省保障应急工作现场指挥部连接，保证整个通信应急指挥渠道和应急信息的畅通，实现高效的应急指挥。

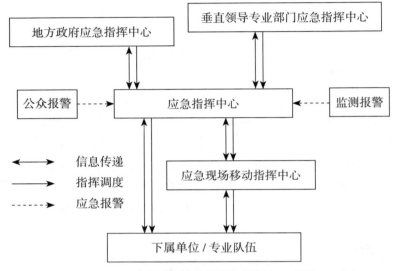

图3-2　我国省级应急通信指挥调度示意图

（三）应急处置与救援机制：高效行动的关键保障

应急处置与救援机制是应急管理的核心环节，直接影响到突发事件的应对效果。高效的应急处置与救援机制能够在最短时间内控制事态发展，最大限度地减少人员伤亡和财产损失。

首先，在应急处置过程中，应严格遵循"统一指挥、分级负责、快速反应、科学救援"的原则。一旦突发事件发生，应急指挥中心需迅速启动应急预案，明确各部门职责，合理调配应急资源。

其次，在救援行动中，应充分发挥专业应急救援队伍的关键作用。例如，消防队伍在火灾事故中负责灭火和救援任务，地震救援队伍在地震灾害中开展废墟搜救工作，医疗队伍则专注于伤员的救治。

最后，重视各救援力量之间的协同配合至关重要。在应对大型事故灾难时，消防、医疗、公安等部门需密切协作，形成强大的救援合力。

此外，积极引入社会力量参与救援，如社会组织、志愿者等，为受灾群众提供生活救助、心理疏导等服务。

三、应急管理的资源保障与技术支撑

应急管理的成效实现，有赖于稳固的资源保障和前沿的技术支持。它们恰似应急管理的"粮草"与"利器"，充足的物资、人力与资金，搭配前沿技术，为监测预警、救援抢险等提供物质根基与技术助力，是应急管理稳步推进的关键要素。[①]

（一）应急资源保障：多元储备与合理调配

应急资源保障是应急管理的物质基石，涵盖应急物资、应急资金及人力资源等多个方面。充足且合理调配的应急资源，是确保应急管理工作顺利推进的关键，能够有效应对突发事件的多样化需求。

在应急物资储备方面，我国构建了多元化的储备体系。除了政府的储备外，还积极鼓励企业参与，通过签订合同等合作方式，与企业共同储备包括医疗物资、生活物资在内的部分应急物资，从而提升物资储备的灵活性和效率。

在应急资金保障方面，政府设立了专门的应急专项资金，主要用于应急物资采购、应急救援队伍建设以及灾后恢复重建等工作；同时，建立了应急资金的快速拨付机制，确保在突发事件发生时，资金能够迅速到位。

在人力资源保障方面，注重应急管理专业人才的培养和应急救援队伍的建设。加强高校应急管理相关专业的建设，培养高素质的应急管理人才；不断提升应急救援队伍的待遇和装备水平，吸引更多优秀人才加入。

（二）技术支撑体系：科技赋能的创新驱动

技术支撑体系是推动应急管理现代化进程的关键力量，通过引入先进技术，有效提升应急管理的科学性和运行效率。中国科学院地理科学与资源研究所的史培军教授认为："现代科技的应用能够为应急管理提供全方位的技术支持，实现应急管理的信息化、智能化和精准化。"[②]

在应急管理领域，广泛运用信息技术，构建高效的应急指挥信息平台，以实现信息的迅速收集、传递与共享。

利用卫星通信技术，可确保在偏远地区或受灾严重区域，应急指挥中心

① 国联浏阳. 应急管理 筑牢"急准备"防线，守护生命与安全 [EB/OL]. 百度百家号（baijiahao.baidu.com）（www.xinhuanet.com），2025-01-12.

② 方伟华，王静爱，史培军. 综合风险防范 [M]. 北京：科学出版社，2011.

与现场救援队伍之间的通信畅通。地理信息系统（GIS）、全球定位系统（GPS）等技术，能够实现应急资源的可视化管理和精准调配。通过 GIS 技术，能够直观展示应急物资储备库的分布、物资种类和数量，根据突发事件的位置和需求，快速规划物资运输路线，实现精准调配。

此外，大数据、人工智能等技术在风险评估、预警预测、应急决策等方面扮演着至关重要的角色。通过大数据分析历史灾害数据，能够预测突发事件的发生概率及其影响范围；借助人工智能技术，可以对海量的应急信息进行高效的分析和处理，从而为应急决策提供坚实的科学依据。

综上所述，应急管理理论的体系架构包括组织架构和预案体系架构。前者通过层级与协同的有机结合，确保各级政府与部门之间的高效联动；后者则通过分类与分级的精准结合，为不同类型和规模的突发事件提供针对性的应对指南。

核心运行机制中，预防与准备机制从源头上降低风险，监测与预警机制为应急决策提供关键信息，应急处置与救援机制则在危急时刻力挽狂澜，应急资源保障确保物资、资金与人力的充足供应和合理调配，技术支撑体系借助科技力量实现应急管理的智能化、精准化。这些要素紧密相连，共同构建起应急管理理论的坚实大厦。

深入理解和灵活运用这些理论，有助于我们在实践中持续优化应急管理体系，增强应对突发事件的能力，从而为社会的稳定与发展提供坚实保障。同时，也为进一步研究应急指挥与应急管理体系的深度融合、挖掘应急指挥在应急管理中的独特价值，提供了丰富的理论依据和实践启示。

第二节 决策理论与应急指挥

在应急指挥的复杂体系中，决策作为核心环节，对突发事件应对的走向和成效产生深远影响。应急情境有别于日常，它充斥着时间的极度紧迫、信息的迷雾重重以及风险后果的不堪设想，这些独特属性使得应急决策成为一项极具挑战性的任务。经典决策理论在常规场景中发挥着重要作用，然而面对应急情境时，却遭遇了诸多困境；同时，新的技术手段与决策方法在应急领域逐渐崭露头角，为优化应急决策带来了曙光。

深入探究决策理论在应急情境下的应用，不仅能够明晰应急决策的内在逻辑，还能为应急指挥实践提供强有力的理论支撑，提升应急管理的整体效能，最大程度降低突发事件对社会的冲击与损害。

一、应急决策的特点与挑战

当危机骤然降临，应急决策成为力挽狂澜的关键所在。与常规决策迥异，它面临时间紧迫、信息繁杂且事态瞬息万变的困境。了解应急决策独特的特点，直面其带来的挑战，是精准施策、化解危机的前提，对保障应急行动的成效至关重要。

（一）时间压力下的快速决策

应急决策，是指在突发事件发生之际，为高效应对危机、最大限度降低损失而迅速制定的一系列决策与行动方案。

应急情境的显著特征是时间紧迫，留给决策者的思考时间极为有限。在突发事件发生时，时间至关重要，应急决策必须迅速果断，否则可能导致事态急速恶化，造成更为严重的损失。

以地震灾害为例，地震发生后的黄金 72 小时被视为救援的关键时段。在这期间，应急指挥者需要迅速判断地震的震级、受灾范围、可能存在的次生灾害等情况，立即做出救援力量调配、物资运输路线规划等决策。每一秒的拖延都可能使被困人员失去生存机会，使灾害损失进一步扩大。

在火灾事故中，火势蔓延迅速，应急决策稍有迟缓，火灾就可能失控，威胁周边建筑和人员安全。消防指挥者需要在到达现场后，短时间内评估火势大小、燃烧物质、周边环境等因素，迅速下达灭火指令，选择合适的灭火战术和消防设备，组织消防队员展开救援行动。

在时间紧迫的压力下迅速做出决策，这要求决策者必须拥有敏锐的洞察力、果断的决策能力以及丰富的经验积累。

（二）信息不对称与不确定性

在应急情境下，信息常常呈现不完整、不准确及不确定的特点，这为应急决策过程带来了极大的挑战。信息不对称和不确定性是应急决策面临的重要挑战，决策者难以在有限的时间内获取全面、准确的信息，从而影响决策的科学性和有效性。[①]

比如在疫情初期，由于对病毒的传播途径、致病机理等了解有限，疫情相关数据统计也存在一定滞后性，决策者难以准确判断疫情的发展态势。在制定防控措施时，面临着诸多不确定性，如封城的范围、时间，物资的调配

---

① 林鸿潮、刘文浩."常规－应急"混合状态对传统应急模式的挑战及其回应 [EB/OL].
西南政法大学中国社会稳定与危机管理研究中心 .2024-1-25.

量等决策都需要在信息不充分的情况下做出。

又如在自然灾害发生后，由于受灾地区基础设施受损，通信中断，应急指挥者难以迅速了解现场的真实情况，包括人员伤亡、房屋倒塌、道路损毁等信息。在缺乏准确信息的情况下，决策者需要依靠有限的线索和经验进行判断，这增加了决策失误的风险。

此外，突发事件的发展态势往往具有不确定性，可能会出现新的情况和问题，这就要求决策者具备灵活应变的能力，及时调整决策方案。

（三）高风险与高后果

应急决策通常涉及高风险和高后果，决策的正确与否直接关系到人民生命财产安全和社会稳定。应急决策一旦失误，可能导致不可挽回的损失，引发严重的社会后果，因此决策者必须充分考虑决策的风险和后果。

例如，在核事故应急中，决策的失误可能导致核泄漏范围扩大，对周边环境和居民健康造成长期的、严重的影响。决策者需要在采取防护措施、组织人员疏散、开展事故救援等方面做出谨慎决策，确保将风险控制在最小范围内。

又如在城市重大基础设施事故中，如地铁塌陷、桥梁垮塌等，决策的不当可能导致大量人员伤亡和财产损失，引发社会恐慌。应急指挥者需要权衡各种因素，选择最优的决策方案，既要考虑救援的效率，又要保障救援人员和周边群众的安全，同时还要尽量减少对城市正常运行的影响。

这种高风险和高后果的特性，对决策者的责任意识和决策能力提出了极高的要求。

二、经典决策理论在应急情境下的应用与局限

在应急指挥领域，决策的准确与否直接关乎成败。经典决策理论为应急决策提供了宝贵的思路和方法借鉴。但应急情境的复杂性、不确定性远超寻常，这些理论在实际应用中既有指导价值，也面临诸多局限。剖析它们，能为优化应急决策带来启示。

（一）理性决策理论：理想与现实的差距

理性决策理论是由美国计算机科学家、心理学家赫伯特·西蒙（Herbert Simon）提出的，旨在全面理解和解决组织中的决策问题。该理论主张决策者在决策过程中应全面收集信息，充分考虑各种可能的方案，通过理性分析和计算，选择最优方案。[①] 然而，在应急情境下，这一理论存在明显的局限性。

---

① 张永胜.信息约束：有限理性决策理论及其发展[J].管理科学，2010（13）：59-60.

应急情境的时间紧迫性和信息不确定性，使得决策者难以完全按照理性决策理论的要求进行决策。

例如，在地震救援中，按照理性决策理论，决策者需要全面了解地震灾区的地形、建筑结构、人员分布等信息，对各种救援方案进行详细的评估和比较，然后选择最优方案。但在实际情况中，地震发生后，救援时间紧迫，通信中断，现场情况复杂，决策者很难在短时间内收集到全面准确的信息，也没有足够的时间对各种方案进行细致的分析。此时，决策者通常需依赖经验和直觉，迅速作出判断。

此外，理性决策理论假定决策者具备完全的理性，能够客观地评估各类方案的优劣。但在应急情境下，决策者可能会受到自身情绪、压力等因素的影响，难以保持完全的理性。在面对重大灾害时，决策者可能会因为担心救援不力而产生焦虑情绪，这种情绪可能会影响其对信息的判断和决策的制定。

（二）有限理性决策理论：更贴近应急现实

有限理性决策理论同样由赫伯特·西蒙提出。该理论指出，决策者在决策过程中受到认知能力、信息获取能力以及时间等因素的制约，无法实现完全理性决策，而只能在有限的条件下寻求相对满意的决策方案。这一理论更贴近应急情境下的实际决策情况。

中国行政管理学会的高小平教授认为："有限理性决策理论为应急决策提供了更具现实指导意义的框架，决策者可以在有限的时间和信息条件下，基于经验和判断，做出相对满意的决策。"[1]

例如，在火灾救援中，消防指挥者在到达现场后，会根据火势大小、周边环境等有限信息，结合自己的经验，迅速制定灭火方案。虽然这个方案可能不是理论上的最优方案，但在当时的情境下，是能够满足救援需求的满意方案。

有限理性决策理论主张，决策者在决策过程中应设定一个满足最低要求的标准，一旦发现符合该标准的方案，即可做出决策，无需执着于寻找最优解。这在应急情境下，能够使决策者在有限的资源和时间条件下，快速做出决策，有效应对突发事件。

（三）渐进决策理论：在应急中的灵活调整

渐进决策理论是由美国政治学家和政策科学家查尔斯·林德布洛姆教授（Charles Lindblom）提出的决策模式。该理论认为，决策是一个逐步推进的过程，

① 高小平.政府生态管理[M].北京：中国社会科学出版社，2007.

决策者在现有政策的基础上，通过持续地调整和完善，逐步达成决策目标。[①]

在应急情境下，渐进决策理论同样具备一定的应用价值。在应急决策过程中，鉴于情况的复杂性和多变性，决策者往往难以一次性制定出完美的决策方案。此时，渐进决策理论能够助决策者一臂之力，使其能够根据事态的演变，持续调整决策方案，从而使其更加契合实际情况。

例如，在疫情防控过程中，随着对病毒认知的持续深化及疫情形势的动态变化，防控政策亦在进行相应的不断调整。从最初的全面封城，到后来的分区分类防控，再到常态化疫情防控措施的制定，都是在不断总结经验的基础上，对防控政策进行渐进式调整。这种渐进式的决策方式，能够使决策者在面对复杂多变的应急情境时，保持决策的灵活性和适应性，避免因决策过于僵化而导致不良后果。

三、应急决策的优化策略与方法

在应急指挥中，决策的优劣直接关乎救援成效与损失控制。由于应急情境的复杂性和不确定性，传统的决策方法通常难以满足实际需求。这里我们将深入探讨应急决策的优化策略与方法，分析如何在信息有限、时间紧迫的情况下，做出科学、高效的决策，提升应急指挥水平。

（一）基于大数据与人工智能的决策支持

随着信息技术的迅猛发展，大数据与人工智能为应急决策提供了强有力的支撑。大数据和人工智能技术能够对海量的应急信息进行快速分析和处理，为应急决策提供精准的数据支持和科学的决策建议。

利用大数据技术，全面收集并整合各类应急信息，涵盖历史灾害数据、实时监测数据以及社会舆情数据等。通过对这些数据进行深入分析，挖掘数据背后的规律与趋势，为应急决策提供有力参考。例如在洪水灾害预警中，通过分析历史洪水数据和实时水位、降雨量等监测数据，预测洪水的发展趋势，为人员疏散和物资调配提供依据。

人工智能技术则可以通过机器学习和深度学习算法，对突发事件进行模拟和预测，为决策者提供多种决策方案，并评估各方案的效果。例如在地震救援中，利用人工智能技术建立地震灾害模型，模拟不同救援方案下的救援效果，帮助决策者选择最优的救援方案。同时，人工智能还可以实现应急指挥系统的智能化，自动识别突发事件类型，快速生成应急预案，提高应急决

① 胡仙丹．渐进决策理论：借鉴、反思及审视［J］．中国集体经济，2011（9）．

策的效率和科学性。

全国人大代表、河南理工大学学术副校长金双根表示，在利用 AI 提升灾害监测效率的同时，需警惕技术依赖导致的系统性风险。他建议，构建"监测—预警—决策"三级智能系统架构，在数据采集层可应用联邦学习技术保障隐私，在预警层采用混合专家模型提升准确性，在决策层保留人工干预通道。[①]

（二）专家咨询与群体决策的有效运用

专家咨询与群体决策是优化应急决策的关键手段。专家凭借其深厚的专业知识和丰富的实践经验，能够为应急决策提供精准的专业建议和有效指导；而群体决策则能够充分汇聚集体智慧，有效规避个人决策中的局限性。

在应急决策过程中，可邀请相关领域的专家组建专家咨询团队，为决策者提供技术支持和决策建议。例如，在制定核事故应急处置方案时，邀请核物理、辐射防护、应急管理等领域的专家，对事故的危害程度、处置措施等进行评估和分析，为决策提供科学依据。

此外，还可采纳群体决策模式，召集相关部门及人员协同参与决策过程。例如，在城市应急管理领域，涉及公安、消防、医疗、交通等多个部门的职责分工。在应对突发事件时，通过召开应急联席会议等方式，让各部门充分发表意见，共同制定决策方案。群体决策有助于信息共享和沟通协调，从而提升决策的科学性与可行性，并强化各部门对决策的认同感和执行力。

（三）情景模拟与预演：提升决策的科学性

情景模拟与预演是一种有效的应急决策优化方法，通过模拟突发事件的发展过程，对不同决策方案进行预演和评估，提高决策的科学性。国家行政学院的李雪峰教授认为："情景模拟与预演能够让决策者提前了解突发事件的可能发展态势，检验决策方案的可行性，为实际决策提供经验参考。"[②]

在制定重大活动应急预案时，通过情景模拟，可以设定不同的突发事件情景，如恐怖袭击、火灾、突发公共卫生事件等，对各种情景下的应急处置方案进行预演。[③]

在预演过程中，可以检验各部门之间的协同配合能力、应急资源的调配

① 肖艳鹏.全国人大代表、河南理工大学学术副校长金双根——警惕技术依赖导致系统性风险 [EB/OL].中国应急管理报 .2025-3-13.

② 李雪峰.中国管理学：融通古今的管理智慧 [M].北京：中国人民大学出版社，2005.

③ 上海哲寻科技.突发事件情景构建与推演 [EB/OL].百度百家号（baijiahao.baidu.com）.2022-10-12.

能力以及决策方案的执行效果。依据预演结果，对决策方案进行精准调整与优化，以提升决策的科学性与实效性。

同时，情景模拟与预演还可以提高应急救援队伍的实战能力和应对突发事件的心理素质，为实际应急处置工作做好充分准备。

综上所述，应急决策在特点与挑战方面，面临时间压力下的快速决策、信息不对称与不确定性以及高风险与高后果等难题，这对决策者提出了极高要求。

在应急理论领域，经典决策理论在应对紧急情境时各自展现出其应用价值与局限性。理性决策理论虽具备理想化的特点，却难以完全契合应急情境中的现实约束；而有限理性决策理论则更为贴近实际情况，为应急决策提供了切实可行的理论框架；渐进决策理论则助力决策者根据事态变化灵活调整方案。

为实现应急决策的优化，基于大数据与人工智能的决策支持提供精准数据和科学建议，专家咨询与群体决策有效汇聚智慧，情景模拟与预演提前检验方案可行性。这些策略与方法相互补充，共同致力于提升应急决策的科学性与有效性。

未来，随着社会发展和技术进步，持续探索和完善应急决策理论与实践，将是增强应急指挥能力、保障社会安全稳定的关键所在，以更好地应对不断变化的各类突发事件。

第三节　信息系统理论与应急指挥

在数字化时代，应急指挥工作面临着前所未有的机遇与挑战，而信息系统理论正逐渐成为应对这些挑战的关键支撑。应急指挥场景中，从自然灾害的突发，到事故灾难的紧急应对，再到公共卫生事件的防控，海量信息的快速、准确处理至关重要。

信息系统犹如应急指挥的神经中枢，通过数据的流通，串联起各个环节与部门，为科学决策提供不可或缺的依据。理解其架构组成、发挥的关键作用以及未来的发展趋势，是深入掌握应急指挥理论基础、提升应急指挥效能的核心要义。它不仅能帮助我们在复杂多变的应急场景中，打破信息壁垒，实现高效协同，还能助力我们精准把握风险，做出及时且正确的决策，最大程度降低突发事件带来的损失。

一、应急指挥信息系统的架构与组成

应急指挥信息系统是一种用于应对突发事件的综合性信息管理平台，分为感知层、传输层与处理层三大组成部分，具体内容如图 3-3 所示。

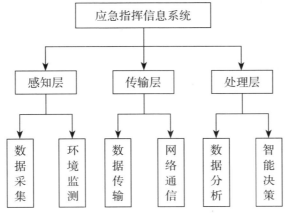

图 3-3　应急指挥信息系统的组成示意图

在应急指挥领域，信息无疑是决策的核心要素，而应急指挥信息系统则扮演着信息流通与决策支持的关键角色。它犹如应急指挥的"智慧大脑"，融合多源数据，为决策者提供全面且精准的态势感知。接下来，我们将深入剖析其架构与组成，揭开应急指挥的"信息密码"。

（一）应急指挥信息系统的组成

1. 硬件设备

硬件设备，涵盖服务器、存储设备、通信设备、监控设备以及显示设备等，为系统的顺畅运行提供坚实的物理支撑。

2. 软件系统

软件系统涵盖多种类型，包括操作系统、数据库管理系统、地理信息系统（GIS）以及应急指挥调度软件等。这些系统共同实现了数据管理、分析处理和指挥调度等关键功能。

3. 数据资源

数据资源，包括基础地理数据、人口数据、应急资源数据以及事件相关数据等，是系统运行和决策的重要依据。

4. 人员队伍

人员队伍，涵盖系统管理员、数据维护人员、指挥调度人员等，负责系

统的日常运行、维护及应急指挥工作。

（二）感知层：数据采集的前沿触角

应急指挥信息系统的感知层是数据采集的关键部分，如同人体的感官，负责收集来自各类突发事件现场的原始数据。感知层是应急指挥信息系统的基础，其采集数据的全面性、准确性和及时性，直接影响后续的数据处理和决策质量。

例如，在自然灾害监测方面，地震监测台网通过传感器实时采集地震波数据，精确测定地震的震级、震中位置和发震时间；气象卫星利用各种遥感仪器，获取气象云图、温度、湿度、气压等气象要素，为气象灾害预警提供数据支持。

又如，在城市安全管理中，遍布大街小巷的摄像头、智能交通传感器以及各类环境监测设备，实时收集社会治安、交通流量、空气质量等信息，为城市应急指挥提供多维度数据。

这些感知设备不仅分布广泛，而且持续朝着智能化和微型化的方向迈进。例如，新一代智能传感器能够自动识别和分类监测数据，具备自我诊断和自适应调整功能，有效提高数据采集的效率和可靠性。[1] 同时，物联网技术的广泛应用，实现了各类感知设备的互联互通，形成庞大的数据采集网络，使应急指挥中心能够实时获取更全面、更准确的现场信息，为后续决策提供坚实的数据基础。

（三）传输层：数据流通的高速通道

传输层是连接感知层与处理层的桥梁，负责将采集到的数据快速、稳定地传输至信息系统的核心处理部分。[2] 高效可靠的传输层是应急指挥信息系统的血脉，确保数据在不同层级、不同区域之间的顺畅流通，对于应急指挥的及时性和准确性至关重要。

在应急通信领域，卫星通信因其广泛的覆盖范围和不受地理条件限制的独特优势，成为偏远地区及受灾严重区域应急通信的关键手段。在地震、洪水等自然灾害导致地面通信设施损毁时，卫星电话、卫星图像传输设备等能够迅速建立起应急指挥中心与灾区现场的通信链路，及时传递救援需求、人员伤亡和现场情况等关键信息。

---

[1] 中科精工.浅谈中国智能传感器行业 [EB/OL].百度百家号（baijiahao.baidu.com).2025-01-13.

[2] 梨漾.物联网技术概论：从基础到应用 [EB/OL].—CSDN 博客（https://blog.csdn.net/).2024-10-18.

同时，5G 技术的兴起为应急指挥信息传输带来了革命性变化。5G 具有高速率、低时延、大连接的特点，能够实现海量数据的快速传输，满足应急指挥对高清视频实时回传、远程指挥控制等业务的需求。在火灾救援现场，借助 5G 网络，现场消防员能够将火灾现场的高清视频图像实时传输至应急指挥中心。指挥人员借此可直观掌握现场火势、建筑结构等重要信息，从而做出更为精准的救援决策。

此外，传统的光纤通信、微波通信等技术在应急指挥信息传输中依然发挥着重要作用，与卫星通信、5G 等技术相互补充，共同构建起全方位、多层次的数据传输网络。

（四）处理层：数据分析与决策支持的核心大脑

处理层作为应急指挥信息系统的核心，肩负着对采集数据的分析、处理及挖掘的重要职责，为应急指挥决策提供坚实可靠的科学依据。处理层通过运用先进的数据处理技术和算法模型，能够从海量的原始数据中提取有价值的信息，将数据转化为知识和决策建议，是应急指挥信息系统实现智能化决策的关键。

在处理层面，大数据分析技术得到了广泛应用。通过对历史灾害数据、实时监测数据、社会舆情数据等多源数据的整合与分析，能够发现数据之间的关联和规律，预测突发事件的发展趋势。例如，在疫情防控期间，通过大数据分析疫情传播路径、人员流动轨迹及物资需求状况，为疫情防控决策提供有力的数据支撑。

人工智能技术，如机器学习、深度学习等，在处理层面发挥着日益重要的作用。机器学习算法能够基于历史数据训练模型，对突发事件进行有效分类和精准预测；深度学习模型则能够自动识别图像、语音等非结构化数据，实现对灾害现场的智能感知和分析。例如在地震救援中，利用深度学习算法对卫星图像进行分析，快速识别倒塌建筑区域和可能存在的生命迹象，为救援队伍提供精准的救援目标。

此外，处理层还具备数据可视化功能，将复杂的数据以直观的图表、地图等形式展示出来，便于应急指挥人员快速理解和掌握关键信息，做出科学决策。

二、信息系统在应急指挥中的关键作用

在应急指挥的复杂体系中，信息系统宛如中枢神经，发挥着无可替代的关键作用。从精准预警，为应急行动争取宝贵时间，到整合多元数据辅助科学决策；从助力指挥调度实现高效协同，到推动资源合理调配，它贯穿应急处置全过程，是提升应急指挥效能的核心要素。

（一）实时信息共享，打破信息孤岛

应急指挥涵盖众多部门和单位，信息共享是实现协同作战的基石。应急指挥信息系统能够打破部门之间的信息壁垒，实现实时信息共享，使各参与方在同一信息平台上协同工作，提高应急处置效率。[①]

在应对突发事件时，公安、消防、医疗、交通等部门需紧密协作。借助应急指挥信息系统，各部门能够实时共享现场状况、救援进展、物资储备等关键信息。例如，在火灾事故救援中，消防部门可以将火灾现场的火势、燃烧物质等信息及时共享给公安部门，以便公安部门合理设置警戒区域和疏导交通；同时，将伤员情况及时共享给医疗部门，以便其提前做好救治准备工作。

信息共享还应贯穿于不同层级的应急指挥机构之间。上级应急指挥中心能够实时掌握下级机构的应急处置进展，及时提供指导与支持；而下级机构也能迅速了解上级的决策部署及资源调配情况，确保应急处置工作实现上下联动、协同一致。例如，在省级应急指挥中心与市级应急指挥中心之间，借助信息系统实现信息共享；省级中心可根据各地市的受灾状况，统筹调配全省应急资源，从而提升资源利用效率。

（二）精准风险评估与预警，争取应对先机

准确的风险评估和及时的预警是应急指挥的重要环节，信息系统为此提供了强大的技术支持。借助信息系统的数据分析和模型预测能力，能够实现对突发事件的精准风险评估和预警，为应急指挥争取宝贵的时间，降低灾害损失。

信息系统通过收集和分析历史灾害数据、实时监测数据及地理信息等，构建风险评估模型。例如，在洪水灾害风险评估中，结合流域内的降雨量、水位、地形地貌等数据，可利用水文模型预测洪水的淹没范围和深度，评估不同区域的受灾风险。

基于风险评估结果，信息系统能够自动触发预警机制，通过多种渠道及时发布预警信息，可利用手机短信、社交媒体、应急广播等平台，将预警信息精准推送至可能受灾的区域和人群。例如，在台风预警中，气象部门通过信息系统实时监测台风的路径和强度变化，提前向沿海地区居民发送手机短信预警，在社交媒体平台发布台风动态和防范指南，通过应急广播系统反复播放预警信息，提醒居民做好防范准备。

---

① 北京讯一融合通信.借助应急指挥系统，提升应急救援"战斗力"[EB/OL].百度百家号（baijiahao.baidu.com），2024-07-09.

精准的风险评估和及时的预警，能够使社会公众提前采取防范措施，减少人员伤亡和财产损失，为应急指挥争取应对先机。

（三）辅助决策，提升决策科学性

在应急指挥过程中，决策的科学性直接影响应急处置的效果，信息系统为决策提供了全面且多维度的辅助支持。研究领域研究专家指出："应急指挥信息系统能够整合多源数据，运用数据分析和模拟预测技术，为决策者提供多种决策方案，并评估各方案的效果，从而提升决策的科学性和准确性。"[①]

在突发事件发生后，信息系统能够迅速收集现场情况、资源储备、救援力量分布等信息，通过数据分析和模型计算，为决策者提供多种救援方案。例如在地震救援中，信息系统会根据地震的震级、受灾范围、人员分布等信息，结合救援队伍的位置和装备情况，制定出不同的救援路径和资源调配方案。

同时，借助模拟仿真技术，能够对各类决策方案进行预演与评估。通过构建灾害场景模型，可模拟不同救援方案下的实际效果，预测潜在的问题与风险。决策者依据模拟结果，可直观对比各方案的优劣，从而选定最佳决策方案。

此外，信息系统还具备提供决策知识库的功能，能够为决策者提供包括相关法律法规、应急预案、历史案例等在内的参考信息，从而有效辅助决策者做出科学且合理的决策。

三、应急指挥信息系统的发展趋势与挑战

在信息技术迅猛发展的当下，应急指挥信息系统在应急管理中的地位愈发关键。它承担着数据流通和决策支持的重要职责，在复杂多变的应急场景中发挥着核心作用。然而，随着应急形势的不断演变，其发展也面临着诸多新趋势和挑战，亟需深入探讨。

（一）智能化发展趋势：人工智能与大数据的深度融合

随着人工智能与大数据技术的迅猛发展，应急指挥信息系统正逐步向智能化方向转型升级。人工智能与大数据的深度融合将为应急指挥信息系统带来质的飞跃，实现更精准的预测、更智能的决策和更高效的应急处置。

在智能化应急指挥信息系统中，人工智能技术将贯穿数据采集、分析、

---

① 柯力云鲸工业物联网.应急管理平台系统：构建安全防线的智慧大脑 [EB/OL].百度百家号（baijiahao.baidu.com），2025-03-12.

决策等各个环节。

在数据采集环节，利用智能传感器和无人机等设备，可实现对灾害现场的自主感知和数据采集，提高数据采集的效率和准确性。

在数据分析环节，借助机器学习和深度学习算法，能够对海量数据进行自动分类、关联分析及模式识别，从而揭示数据背后的潜在规律与趋势。

在决策环节，人工智能可以根据实时数据和历史经验，自动生成决策建议，并通过模拟仿真技术对决策方案进行评估和优化。例如，在城市应急管理中，利用人工智能技术建立城市安全风险智能预警系统，实时监测城市中的各类安全隐患，如火灾隐患、燃气泄漏、交通事故等。当发现异常情况时，系统自动进行风险评估和预警，并为应急指挥人员提供相应的处置建议，实现城市应急管理的智能化和自动化。

（二）与物联网、5G 等新兴技术的融合拓展

物联网和 5G 等新兴技术的发展，为应急指挥信息系统的功能拓展和应用场景创新提供了新的机遇。中国通信学会的余晓晖指出："物联网和 5G 技术的融合，将使应急指挥信息系统实现更广泛的设备连接、更高速的数据传输和更实时的交互控制，极大提升应急指挥的效能。"[①]

物联网技术能够实现各类应急设备和设施的互联互通，将应急指挥信息系统的触角延伸到每一个角落。在应急物资管理过程中，通过在物资上安装物联网标签，能够实现对应急物资的实时定位、库存管理和状态监测。当应急物资需要调配时，信息系统可迅速查询物资的具体位置和数量，确保精准调配。

5G 技术凭借其高速率、低时延和大连接的优势，为应急指挥信息系统拓展了更为丰富的应用场景。在远程应急指挥中，利用 5G 技术实现高清视频实时回传和远程控制，应急指挥人员可以远程沉浸式地了解灾害现场情况，如同亲临现场进行指挥。在无人机应急救援中，5G 技术能够实现无人机的高速数据传输和精准控制，使无人机能够在复杂环境下执行物资投递、侦察测绘等任务。

物联网和 5G 等新兴技术与应急指挥信息系统的融合，将推动应急指挥向更加智能化、高效化的方向发展。

（三）面临的数据安全与隐私保护挑战

随着应急指挥信息系统对数据依赖性的日益增强，数据安全与隐私保护

---

① 余晓晖.加强极端场景应急通信能力建设，加快构建国家大应急通信框架 [EB/OL]. 中国信通院 CAICT，2025-01-25.

已成为亟需解决的关键性问题。中国信息安全测评中心的刘权认为："应急指挥涉及大量敏感信息，如人员伤亡、受灾群众信息、关键基础设施数据等，保障数据安全和隐私保护是应急指挥信息系统正常运行的前提。"[①]

在数据安全领域，应急指挥信息系统正面临着诸如网络攻击、数据泄露等多重风险。例如，黑客可能利用系统漏洞实施攻击，窃取关键数据，进而干扰应急指挥的顺畅运行。为应对这些风险，需要加强信息系统的网络安全防护，采用防火墙、入侵检测系统、加密技术等手段，保障数据的保密性、完整性和可用性。

在隐私保护方面，应急指挥信息系统在收集和使用个人信息的过程中，必须严格遵循相关法律法规，确保个人信息的合法、正当且必要的使用。例如在疫情防控期间，收集的个人健康信息、行程轨迹等需要严格保密，防止个人信息被滥用。

同时，还需要建立健全数据安全和隐私保护管理制度，明确数据采集、存储、传输、使用等各环节的安全责任，加强对数据全生命周期的管理和监督，确保应急指挥信息系统在安全可靠的环境下运行。

信息系统理论在应急指挥领域构建了一个涵盖数据采集至决策支持的完整体系。感知层、传输层与处理层各司其职，共同保障数据流通，为应急指挥奠定坚实基础。在应急指挥实践中，信息系统凭借实时信息共享、精准风险评估与预警以及辅助决策等关键作用，显著提升了应急处置的效率与科学性。

展望未来，尽管智能化发展与新兴技术融合带来了广阔前景，但数据安全与隐私保护等挑战也不容忽视。应急指挥信息系统的持续完善，需紧跟技术前沿，在创新发展中筑牢安全防线。只有不断优化信息系统，才能让其在应急指挥中发挥更大效能，从容应对各类突发事件，切实保障人民生命财产安全与社会稳定。

第四节　组织行为理论与应急指挥

在应急指挥体系中，团队协作的成效直接关乎突发事件应对的成败，而组织行为理论则为理解和优化这种协作提供了不可或缺的理论基石。从个体

① 余刘权.风险治理视角下的个人信息保护路径[J].比较法研究，2024（2）：16-18.

在应急场景下的行为动机，到群体互动形成的协作模式，再到组织文化潜移默化的深远影响，组织行为理论贯穿应急指挥团队运作的方方面面。在自然灾害、事故灾难等紧急状况下，应急指挥团队需迅速响应、协同作战，组织行为理论能帮助我们洞察团队成员的行为规律，进而有效整合团队力量，提升应急处置的效率与效果，在关键时刻守护生命财产安全，维护社会稳定。

一、组织行为理论概述

在应急指挥体系中，团队协作是关键，而组织行为理论正是其坚实的理论根基。它从人际关系、组织结构设计、人员心理等多维度，为应急指挥中的团队协作提供了理论支撑与实践指导。

（一）组织行为理论的起源与发展

组织行为理论诞生于 20 世纪初，随着工业化进程的加速和企业规模的不断扩大，人们开始关注组织内部的行为规律。

早期的组织行为理论以美国科学管理创始人弗雷德里克·温斯洛·泰勒（F.W. Taylor）的科学管理理论为典型代表，着重强调通过标准化的工作流程和严密的监督机制来显著提升生产效率。然而，这种理论将人视为单纯的"经济人"，忽视了人的社会性和心理需求。随后，美国哈佛大学教授梅奥的霍桑实验开启了人际关系学说的时代，发现了员工的工作态度、人际关系等因素对生产效率有着重要影响，将人看作"社会人"，组织行为理论开始注重人的因素。

中国人民大学劳动人事学院的孙健敏教授指出："从科学管理到人际关系学说，再到现代组织行为理论的发展，是一个不断深化对组织中人性认识的过程，为理解组织内部团队协作提供了丰富的理论视角。"①

随着时间的推移，组织行为理论不断融合心理学、社会学、人类学等多学科知识，逐渐形成了包括个体行为、群体行为、组织变革与发展等多个研究领域的综合性理论体系，为组织管理和团队协作提供了坚实的理论基础。

（二）组织行为理论的核心要素

组织行为理论包含多个核心要素，其中个体行为、群体行为、组织文化、领导行为是关键组成部分。

---

① 孙健敏，李原．组织行为学 [M]．上海：复旦大学出版社，2006．

1. 个体行为

在个体行为层面，组织行为理论着重指出，个体的动机、能力及价值观等要素对工作行为具有显著影响。北京大学光华管理学院的张志学教授认为："个体的动机是其行为的内在驱动力，了解个体动机有助于管理者激发员工的积极性和创造力，从而提升团队协作效果。"[①] 例如，在应急指挥团队中，不同成员的动机可能各不相同，有的出于责任感，有的渴望自我实现，管理者应根据这些动机差异，合理分配任务，满足成员需求，提高个体工作效率。

2. 群体行为

在群体行为领域，组织行为理论着重研究群体的凝聚力、沟通模式及决策方式等因素。凝聚力强的团队，其成员间相互信任、协作默契，能更有效地应对复杂任务。在应急指挥场景中，救援团队必须紧密协作、高效沟通，并迅速做出决策。优质的沟通模式可确保信息在团队内部准确传递，从而避免误解与冲突。

3. 组织文化

组织文化是指组织成员共享的价值观、信仰和行为规范，它构建了组织的氛围与风格，对团队协作具有深远的影响。积极向上的组织文化能够增强成员的归属感和认同感，促进团队协作，而不良的组织文化则可能阻碍团队的发展。

4. 领导行为

领导行为探讨聚焦于领导者的特质、行为风格以及领导方式对组织成员和组织绩效所产生的深远影响。高效的领导者具备激励员工的能力，并能引领团队坚定地朝着组织目标迈进。以变革型领导为例，其通过激发员工的高层次需求，有效推动组织的变革与持续发展。

5. 组织设计与结构

组织设计与结构涵盖组织的架构、部门配置及职责划分等多个方面。合理的组织设计与结构不仅能提升组织的运行效率，还能促进信息的顺畅流通与各部门间的协调配合。例如，采用扁平化的组织结构，可以有效减少管理层级，加速信息传递，从而增强组织的灵活性和快速响应能力。

二、组织行为理论在应急指挥团队中的应用

应急指挥工作复杂且充满挑战，需多部门协同作战，组织行为理论的科

---

① 张志学，张建君.中国企业的多元解读 [M].北京：北京大学出版社，2010.

学应用尤为关键。该理论从团队成员的个体行为、团队协作模式，到组织整体的结构与文化，为应急指挥提供了全面的理论支持。

（一）个体行为与应急指挥团队成员的角色定位

1. 了解成员特点

在应急指挥团队中，个体行为会直接影响团队的整体效能，因此明确成员的角色定位至关重要。应急指挥团队成员应根据自身的专业技能、经验和性格特点，找准在团队中的角色定位，发挥最大价值。

以地震救援团队为例，团队中既有具备专业地震救援技能的救援人员，也有负责协调沟通的联络人员，还有提供医疗支持的医护人员。救援人员凭借精湛的专业技能，在废墟中展开搜索与营救工作；联络人员负责与外界保持畅通联系，协调资源调配；医护人员则时刻待命，对受伤人员进行及时救治。每个成员都承担着独特的角色和职责，只有明确自身定位，才能在团队中实现高效协作。

同时，团队成员的性格特征亦会对他们在团队中的表现产生显著影响。性格开朗、擅长沟通的成员更适宜承担联络协调的角色，而性格沉稳、技术精湛的成员则更适宜负责核心救援任务。管理者需全面把握成员的个性差异，合理调配工作任务，以此激发成员的工作热情，进而提升团队在应急处置方面的综合能力。

2. 激励成员

管理者可通过物质奖励和精神激励相结合的方式，如在应急处置后对表现突出的成员给予表彰和奖金，激发成员工作积极性，使其在面对高强度、高压力的应急工作时保持良好状态。

（二）群体行为与应急指挥团队的协作模式

群体行为理论为应急指挥团队构建高效协作模式提供了指导。应急指挥团队必须建立健全的沟通机制、协调机制和决策机制，以确保在紧急状况下能够迅速、高效地展开工作。

1. 沟通机制

在沟通方面，应急指挥团队通过建立多渠道、及时准确的沟通网络，包括面对面交流、对讲机通信、信息系统共享等。例如，在火灾救援现场，消防队员通过对讲机实时汇报火势情况、救援进展，指挥官会根据这些信息及时调整救援策略。

2. 协调机制

协调机制则是为了确保团队成员之间的工作相互配合，避免出现冲突和重复劳动；规范群体行为，建立明确的团队规范和工作流程，如制定应急响应标准和操作程序，确保成员在应急处置中行动一致、协调有序，避免混乱和失误。

应急指挥工作需多部门协同作战，为此，必须着力培养团队成员间的合作意识和默契配合。可通过组织团队建设活动、开展联合演练等方式，让成员熟悉彼此工作流程和沟通方式，如消防与医疗团队在演练中模拟灾害现场救援，提高协同救援能力。例如，在大型自然灾害救援中，各救援队伍之间需要协调行动，如消防队伍负责灭火和救援，医疗队伍负责伤员救治，交通部门负责保障救援通道畅通，各部门之间明确分工，密切协作。

3. 决策机制

决策机制方面，应急指挥团队应根据事件的紧急程度和复杂程度，采用灵活的决策方式。在紧急情况下，指挥官必须迅速做出决策，以争取宝贵的救援时间；而在情况较为复杂时，则可通过团队讨论和专家咨询等途径，制定出科学且合理的决策。

（三）组织文化对应急指挥团队的影响

组织文化是应急指挥团队的灵魂，对团队的凝聚力、战斗力和创新能力产生深远影响。积极向上的组织文化能够塑造团队成员的价值观和行为规范，激发团队成员的责任感和使命感，从而提升团队的整体效能。

1. 营造积极的组织文化

在应急指挥团队中，以"生命至上、勇于担当、团结协作"为核心价值观的组织文化至关重要。这种文化能够让团队成员深刻认识到自身工作的重要性，将保护人民生命财产安全作为首要任务。在面对困难和危险时，成员们凭借强烈的责任感和使命感，勇往直前，毫不退缩。

2. 增强组织凝聚力

通过宣传团队的使命和价值观，举办纪念活动等方式，增强成员对组织的认同感和归属感。如在应急指挥中心设立荣誉墙，展示团队在历次应急任务中的成果和成员风采，激发成员的自豪感和团队荣誉感。

同时，营造团结协作的文化氛围，有助于成员之间相互支持、密切配合，从而凝聚成强大的团队合力。例如，在抗洪救灾中，全体救援人员秉持着团结协作的精神，共同奋战在抗洪一线，有的负责加固堤坝，有的负责转移群众，有的负责物资运输，大家心往一处想、劲往一处使，最终成功抵御洪水灾害。

此外，积极的组织文化还能够激发团队成员的创新意识，鼓励成员在应急处置中探索新的方法和技术，提高救援效率。

（四）领导行为管理

在应急指挥团队的领导行为管理中，包括以下几个重要方面：

1. 选择合适的领导风格

应急指挥中，领导者需根据具体情况灵活选择领导风格。在突发事件初期，采用权威型领导风格快速决策、下达指令，确保应急工作迅速展开；在后期处理复杂问题时，采用民主型领导风格，广泛听取团队成员的意见，充分激发团队智慧。

2. 提升领导能力

领导者需持续增强自身的应急管理能力、沟通能力及决策能力。通过参加专业培训、学习先进经验等方式，提高应对复杂局面的能力，在应急指挥中树立权威，有效带领团队完成任务。

3. 有效沟通

（1）清晰传达指令。领导者要以简洁明了的方式将应急处置的目标、任务和要求传达给团队成员，确保每个人都清楚自己的职责和行动方向。

（2）积极倾听反馈。鼓励成员反馈现场信息和意见，认真倾听他们的声音，及时了解实际情况和问题，以便调整决策和指挥策略。

4. 树立榜样

（1）展现专业素养。在应急处置过程中，领导者要展示出扎实的专业知识和丰富的经验，对突发事件的性质、发展趋势有准确的判断，为成员提供可靠的指导。

（2）保持冷静自信。面对复杂严峻的应急局面，领导者要保持冷静，以自信的态度感染团队成员，稳定大家的情绪，增强团队应对危机的信心。

5. 团队发展

（1）关注成员成长。了解成员的职业发展需求，为其提供针对性的培训和学习机会，助力成员提升应急处置能力，从而更有效地应对各类复杂情况。

（2）打造学习型团队。激励团队成员积极分享经验和知识，携手共进，共同学习与提升。例如，在每次应急任务结束后，组织复盘会议，总结经验教训，促进团队整体能力的提升。

（五）组织设计与结构优化

在应急指挥团队中，组织设计与结构优化对于提升应急处置的效率具有至关重要的作用。

1. 构建合理的组织架构

应急指挥团队应建立扁平化、灵活高效的组织架构，减少管理层级，确保信息快速传递和指令有效执行。如设立现场指挥组、信息联络组、资源调配组等，明确各小组职责和权限，使团队在应急处置中能够快速响应、协同作战。

（1）矩阵式结构。采用矩阵式组织架构，以应急事件类型和职能部门为维度进行交叉管理。[1] 例如，在应对地震灾害时，成立专门的地震应急指挥小组，小组成员来自救援、医疗、交通等不同职能部门，既保证了各部门的专业优势，又能针对特定事件进行高效协同。

（2）模块化设计。这种设计是将应急指挥团队细分为多个功能模块，包括指挥决策模块、现场处置模块、信息保障模块等；每个模块相对独立，有明确的职责和任务，可根据不同应急事件的需求灵活组合和调配，提高组织的适应性和灵活性。

2. 优化工作流程

根据应急指挥工作的特点，设计科学合理的工作流程，如信息收集与分析流程、决策流程、资源调配流程等，提高团队整体运行效率，确保应急处置工作有条不紊地进行。

3. 明确职责与权限

（1）制定岗位说明书。为每个岗位制定详尽的岗位说明书，清晰界定各岗位在应急指挥中的职责、权限及工作流程。例如，规定现场指挥官有权根据实际情况调配现场救援力量，而信息分析员负责收集和分析各类信息并及时上报给指挥决策层。

（2）建立分级授权机制。依据应急事件的级别及性质，构建相应的分级授权机制。在一般突发事件中，基层指挥人员可根据既定程序和授权自主决策；对于重大突发事件，高层领导进行统筹协调和决策，但也要给予现场指挥人员一定的临机处置权，以便快速应对复杂多变的现场情况。

---

[1] 每日甘肃.构建"微矩阵"助力"大应急"助推全民安全防灾信息公开扩面增效［EB/OL］.百度百家号（baijiahao.baidu.com），2023-03-23.

4. 优化信息流通与协调机制

（1）建立信息共享平台。搭建统一的信息共享平台，整合各类应急信息资源，涵盖现场实时数据、地理信息、资源分布等内容。各部门和岗位可通过该平台实时获取并更新信息，确保信息的及时性、准确性和共享性，有效避免信息孤岛和重复劳动。

（2）加强部门间协调。设立专门的协调岗位或小组，负责强化不同部门间的沟通与协作。定期组织协调会议，及时化解部门间的矛盾和问题，促进各部门在应急处置中的高效协同。例如，在火灾应急情况下，协调小组需确保消防部门与供水、供电等部门的工作衔接无缝顺畅。

三、基于组织行为理论提升应急指挥团队协作的策略

应急指挥的高效开展离不开团队的紧密协作，组织行为理论为提升协作水平提供了有力的理论依据。在前文了解理论及其应用后，如何基于此提出切实可行的策略，让团队在复杂多变的应急状况下配合无间，是亟待探索的关键。

（一）优化团队成员选拔与培训

选拔合适的团队成员并进行针对性培训，是提升应急指挥团队协作能力的基础。科学合理的选拔机制能够确保选拔出具备专业技能、团队协作精神和应急处置能力的成员，而系统的培训则可以进一步提升成员的综合素质和团队协作能力。

在成员选拔过程中，应全面考量候选人的专业背景、工作经验、沟通能力及心理素质等多方面因素。对于应急指挥团队来说，成员不仅要具备扎实的专业知识和技能，还应具备良好的团队协作精神和应对突发事件的能力。

在培训方面，应依据团队成员的岗位需求及能力短板，量身定制个性化的培训计划。培训内容涵盖专业技能培训、应急处置流程培训以及团队协作培训等多个方面。通过专业技能培训，有效提升成员的业务水平；借助应急处置流程培训，使成员全面熟悉应急指挥的各个环节与操作规范；通过团队协作培训，显著增强成员间的沟通协作能力及团队凝聚力。例如，定期组织团队拓展训练，通过多样化的团队合作项目，培育成员间的信任与默契，进一步提升团队的整体协作能力。

（二）建立有效的激励机制

有效的激励机制能够激发团队成员的工作积极性和创造力，提升团队协作效率。激励机制应涵盖物质激励和精神激励，两者相辅相成，方能充分发挥激励效应。

在物质激励方面，可以设立绩效奖金、专项奖励等，依据成员在应急处

置工作中的表现，给予相应的物质奖励。对于在救援工作中表现卓越的成员，授予奖金、荣誉证书等奖励，以此激发成员的工作热情。

在精神激励方面，注重对成员的认可与表扬，提供职业发展机会和晋升空间。及时肯定和表扬成员的工作成果，让成员感受到自身工作的价值与被尊重；为成员提供培训、学习和晋升的机会，鼓励其不断提升自我，实现个人价值与团队目标的融合。此外，通过树立榜样，激励其他成员向优秀成员看齐，营造积极向上的工作氛围。

（三）促进团队沟通与知识共享

良好的沟通与知识共享是提升应急指挥团队协作能力的关键。畅通的沟通渠道和积极的知识共享氛围，能够有效促进团队成员间的信息交流与经验分享，从而显著提高团队的应急处置能力。

团队应建立多样化的沟通渠道，除了传统的会议沟通、面对面沟通外，还应充分利用现代信息技术，如即时通讯工具、应急指挥信息系统等，实现信息的实时传递和共享。

在应急指挥信息系统中，设置专门的知识共享模块，成员可以将自己在工作中积累的经验、案例、技术等知识上传到系统中，供其他成员学习和参考；定期组织经验交流会议，邀请成员分享在应急处置工作中的心得体会及成功案例，以促进成员间的相互学习和整体水平的共同提升。此外，还可以开展跨部门、跨团队的交流活动，拓宽成员的视野，丰富成员的知识储备，提升团队的整体协作能力。

综上所述，组织行为理论在应急指挥团队协作中具有不可替代的重要价值。通过个体行为分析明确成员角色定位，依据群体行为构建高效协作模式，借助组织文化凝聚团队力量，为应急指挥团队应对复杂任务提供了系统的理论指导。基于该理论提出的优化团队成员选拔与培训、建立有效激励机制、促进团队沟通与知识共享等策略，是提升团队协作能力的关键路径。然而，应急指挥场景复杂多变，未来需持续深入研究组织行为理论在其中的应用，不断完善团队协作机制。只有这样，才能让应急指挥团队在面对各类突发事件时，实现更紧密的协作、更高效的决策和更有力的执行。

第五节　多理论融合下应急指挥机制解析

应急指挥是一项复杂且极具挑战的系统性工程，单一理论难以全面支撑其高效运作。在现实中，各类突发事件的突发性、复杂性和不确定性，要求应急指挥机制必须具备高度的科学性、灵活性与协同性。决策理论、信息系统理论、组织行为理论以及应急管理理论等多学科的融合，为深入剖析应急指挥机制提供了全新的视角。它们相互交织、相互补充，如同精密的齿轮组，共同驱动应急指挥体系的高效运转。① 通过融合这些理论，我们能够挖掘出应急指挥各环节的内在联系，找到优化和创新的关键路径，使应急指挥在面对危机时，能够迅速、精准地做出反应，最大程度降低损失，维护社会稳定与人民安全。

一、应急指挥中的决策理论与信息系统理论融合

应急指挥是一项复杂的系统工程，决策与信息紧密相连。决策理论为应急指挥提供方向指引，而信息系统理论则为决策提供坚实支撑。两者相辅相成，能够使应急指挥在信息洪流中实现精准判断和快速反应。接下来，我们将深入探讨这两大理论在应急指挥中的融合应用。

（一）数据驱动决策，信息系统为决策提供精准依据

在应急指挥过程中，决策的科学性与及时性直接关乎应急处置的效果；信息系统理论与决策理论的深度融合，则为应急指挥决策带来了全新的变革。

应急指挥决策需要大量准确、及时的信息支持，信息系统能够高效收集、整理和分析数据，为决策提供坚实的数据基础。随着信息技术的飞速发展，应急指挥信息系统能够实时采集来自各种传感器、监测设备以及现场报告的海量数据。在自然灾害应急中，气象卫星、地震监测台网、水文监测站等设备源源不断地传输数据，信息系统对这些数据进行整合和分析，能够精确地预测灾害的发展趋势，如台风的路径、洪水的水位变化等。

应急指挥者依据这些数据，结合决策理论中的理性分析方法，能够制定出更加科学合理的应对策略。如在台风来临前，根据信息系统提供的台风强度、移动速度和预计登陆地点等数据，指挥者可以准确地判断哪些区域需要紧急疏散居民，调配多少救援物资和救援力量，从而避免决策的盲目性，最大程度地减少灾害损失。这种基于数据的决策模式，使得应急指挥决策更加精准和高效，充分展现了信息系统理论与决策理论相结合的显著优势。

（二）决策模型与信息系统的交互优化

决策模型是决策理论的核心内容之一，而信息系统的发展为决策模型的

① 龚维斌. 新时代中国应急管理的根本遵循和行动指南 [J]. 学习与研究,2025(3):14-15.

优化和应用提供了强大的技术支持。将决策模型与信息系统相融合，能够实现双方的交互优化，有效提升应急指挥决策的质量与效率。

在应急指挥中，常见的决策模型如风险评估模型、资源分配模型等，需要大量的数据输入来进行运算和分析。信息系统不仅能提供丰富的数据来源以支持决策模型，还能借助数据挖掘和机器学习技术，持续优化决策模型的参数与算法。

例如，在某建筑大厦的火灾应急救援中，利用信息系统收集的火灾现场火势大小、燃烧物质、周边建筑布局等数据，输入到火灾风险评估模型中（具体模型及参数如表3-1所示），模型可以快速计算出火灾的风险等级和可能的蔓延范围；同时，信息系统依据实际救援状况及反馈数据，对风险评估模型进行动态调整与优化，以使其更贴近现实情况。

这种决策模型与信息系统的交互优化，使得决策过程更加智能化，能够快速适应复杂多变的应急场景，为应急指挥提供更加科学、有效的决策支持。

表 3-1　某建筑大厦火灾风险评估模型

目标层	准则层	权重值	评价指标	权重值
某高层大厦的火灾风险评价 A	建筑防火 B_1	0.384	防火间距 C_1	0.667
			防火分区 C_2	0.333
	安全疏散 B_2	0.253	安全出口 C_3	0.376
			疏散距离 C_4	0.149
			疏散走道 C_5	0.475
	消防设施 B_3	0.252	火灾自动报警系统 C_6	0.211
			消防给水系统 C_7	0.139
			消火栓系统 C_8	0.111
			自动喷水灭火系统 C_9	0.266
			防排烟系统 C_{10}	0.176
			气体灭火系统 C_{11}	0.097
	安全管理 B_4	0.111	消防安全制度 C_{12}	0.387
			消防控制室管理 C_{13}	0.188
			安全疏散设施管理 C_{14}	0.316
			宣传教育与培训 C_{15}	0.109

（图表来源：田文青，安笑蕊，胡家源，马子超.某建筑大厦火灾消防评估研究.中国安全生产，2023-02）

二、组织行为理论与应急管理理论在指挥中的协同

在应急指挥领域，组织行为理论与应急管理理论的协同作用至关重要。组织行为理论专注于研究个体和群体在组织中的行为规律，而应急管理理论则着重探讨应对突发事件的策略与方法。二者的协同，为应急指挥提供了更全面的理论支持，有助于提升应急指挥的效率和效果。

（一）团队协作优化应急响应流程

组织行为理论强调团队协作和个体行为对组织绩效的影响，而应急管理理论关注应急响应的全过程和整体效能。两者的协同作用，可以有效优化应急指挥中的团队协作，从而显著提升应急响应流程的整体效率。

应急指挥是一个复杂的系统工程，需要各个部门和人员紧密协作，组织行为理论为优化团队协作提供了理论指导，有助于提高应急管理的整体水平。

在应急响应过程中，涉及多个部门和专业的救援队伍，包括消防、医疗、公安等单位。根据组织行为理论，通过明确各部门和人员的角色定位、建立有效的沟通机制和协调机制，可以增强团队的凝聚力和协作能力。例如，在地震救援中，消防队伍负责废墟搜救和灭火，医疗队伍负责伤员救治，公安部门负责维护现场秩序和交通疏导。各队伍之间通过应急指挥信息系统进行实时沟通和协调，根据组织行为理论中的团队协作原则，合理分配任务，避免出现职责不清、重复劳动等问题，从而使应急响应流程更加顺畅，提高救援效率。

（二）组织文化塑造应急管理价值观

组织文化作为组织行为理论的核心构成要素，对组织成员的价值观和行为规范产生着深刻且长远的影响。

在应急管理中，积极的组织文化能够塑造统一的应急管理价值观，增强应急指挥团队的使命感和责任感。中国行政管理学会的高小平教授认为："应急管理需要一种以人民为中心、勇于担当、团结协作的价值观，组织文化的建设能够将这种价值观深入人心，促进应急管理工作的顺利开展。"[①] 在应急指挥团队中，通过培育和传播积极的组织文化，如强调生命至上、快速响应、无私奉献等理念，可以使团队成员形成共同的价值追求。

例如，在疫情防控的关键时期，广大医护人员、社区工作者及志愿者坚定秉持"生命至上、举国同心、舍生忘死、尊重科学、命运与共"的抗疫精神，

---

① 李永杰."活力广州·韧性城市"学术研讨会在华南理工大学举行[EB/OL].中国社会科学网，2022-05-2.

积极投身于抗疫斗争之中。这种精神正是应急管理价值观的具体体现，而组织文化的塑造使得这种价值观得以在团队中传承和弘扬，激励着每一位成员为抗击疫情贡献力量。通过组织文化与应急管理理论的协同，能够提升应急指挥团队的精神境界，增强团队的战斗力和执行力。

三、多理论融合对应急指挥机制创新的推动

在应急指挥的发展进程中，多理论融合正成为推动应急指挥机制创新的强大动力。不同理论各有所长，它们的有机融合，能为应急指挥机制注入新活力，解决传统机制的短板，从信息流通、资源调配到决策制定等方面，全方位提升应急指挥的科学性与高效性。

（一）技术创新提升指挥效能

多理论融合为应急指挥机制创新提供了强大的动力，其中技术创新是提升指挥效能的关键因素。在决策理论、信息系统理论和其他相关理论的指导下，不断推动技术创新，能够实现应急指挥的智能化、精准化和高效化。

随着大数据、人工智能、物联网等前沿技术的持续进步，应急指挥信息系统不断迭代升级，成功实现了数据的深度挖掘与智能化分析。

利用大数据技术，对历史灾害数据、实时监测数据和社会舆情数据进行综合分析，能够提前预测突发事件的发生概率和影响范围，为应急指挥提供预警信息。

人工智能技术则可以实现应急指挥决策的自动化和智能化，通过机器学习算法，自动生成应急预案和决策方案，并根据实际情况进行实时调整。

物联网技术使得应急指挥系统能够实时感知各类应急资源的状态和位置，实现资源的精准调配。例如，在城市应急管理中，通过智能传感器和物联网技术，实时监测城市基础设施的运行状态，如桥梁、隧道、供水供电系统等；一旦发现异常情况，信息系统立即发出警报，并自动启动应急预案，指挥相关部门进行处置，大大提高了应急指挥的效率和响应速度。

（二）机制创新优化指挥流程

除了技术创新之外，多理论融合亦有效推动了应急指挥机制的创新，进一步优化了指挥流程。多理论融合促使我们重新审视应急指挥的各个环节，通过机制创新，打破传统的部门壁垒，实现资源的优化配置和协同作战。

在多理论融合的背景下，应急指挥机制的创新体现在多个维度。

在决策机制层面，引入专家咨询、群体决策及动态决策等先进理念，有效提升了决策的科学性与灵活性。

在资源调配机制方面，依托信息系统，实现了资源的可视化管理和实时调配。

针对突发事件的具体需求，能够迅速、精准地将应急资源调配至最急需的地点。

在协同机制方面，打破部门间的界限，构建跨部门、跨区域的协作机制。在应对重大自然灾害时，各地区、各部门的应急救援力量通过统一的指挥平台，实现信息共享和协同作战。

通过机制创新，应急指挥流程更加简洁高效，各环节之间的衔接更加紧密，能够更好地应对复杂多变的突发事件，提升应急指挥的整体效能。

多理论融合对应急指挥机制的优化与创新产生了深远影响。决策理论与信息系统理论相融合，实现数据驱动型决策，并优化决策模型与信息系统的交互，从而使应急指挥决策更加科学和精准；组织行为理论与应急管理理论协同，通过优化团队协作提升应急响应流程效率，借助组织文化塑造统一的应急管理价值观，增强团队使命感。

在多理论融合推动下，技术创新提升了指挥效能，机制创新优化了指挥流程，使应急指挥体系在面对复杂多变的突发事件时更加高效灵活。然而，应急指挥面临的挑战也在不断变化，未来需持续深化多理论融合研究与实践，不断完善应急指挥机制，提升应急管理能力。

本章小结

本章围绕应急指挥的理论基础展开了多维度、系统性的探讨，深入剖析了应急指挥决策在应急管理体系中的核心地位及重要意义。

本章围绕应急指挥的理论基础展开全面阐述，为深入理解应急指挥提供了坚实的理论支撑。

应急管理理论构建起体系架构，点明核心要点，让我们明晰应急管理全流程与关键环节。

决策理论聚焦应急情境下的抉择依据，为指挥者在复杂多变、时间紧迫的状况下做出科学决策指明方向。

信息系统理论着重数据流通与决策支持，凸显准确及时的数据对高效应急指挥的重要性。

组织行为理论从团队协作层面出发，剖析个体与群体行为，夯实应急团队协同作业的理论根基。

多理论融合下的应急指挥机制解析，更是将各理论有机结合，揭示它们协同对应急指挥机制的优化与创新作用。

应急指挥的理论基础构成了一个有机的整体，其中各部分之间不仅相互关联，而且相互影响。深入理解并掌握这些理论知识，对于提升应急指挥水平、有效应对各类突发事件具有至关重要的指导意义，为后续的应急管理实践提供了坚实的理论支撑。

第四章　应急指挥体系架构的运行与完善

完善的体系架构是应急指挥高效运行的关键所在，指挥机构、人员配置及运行机制等核心要素相互关联，共同构筑起一个协同高效的应急指挥体系。

本章全面剖析应急指挥体系的构成要素，包括指挥机构、人员、场所和设施设备，并详细阐述其运行机制，如预警响应、应急决策、指挥调度、协同联动等。同时，探讨不同层级应急指挥体系的职责划分与协同模式，助力打造科学合理、协同高效的应急指挥体系。

第一节　指挥机构的组织架构与职能分工

在复杂多变的应急管理领域，应急指挥体系是关键所在，而指挥机构则是这个体系的核心枢纽。从国家级到基层，不同层级的组织架构搭建起应急响应的桥梁，各有侧重又紧密相连。清晰合理的职能分工，如同精密仪器的齿轮，驱动着应急行动高效运转。无论是面对自然灾害的侵袭，还是突发事故灾难的打击，应急指挥机构都需迅速响应、科学决策。深入剖析其组织架构与职能分工，不仅有助于理解应急指挥体系如何运作，更能为提升应急管理效能提供理论支撑与实践方向，让我们在面对危机时，能够迅速组织力量，精准调配资源，守护人民生命财产安全与社会稳定。

一、应急指挥机构的层级式组织架构

在应急管理领域，构建合理且高效的组织架构是确保应急指挥有序运作的坚实基石。应急指挥机构的层级式组织架构，犹如精密齿轮，层层相扣、协同运转。下面将深入剖析其如何在不同层级间明确权责、传递指令，以保障应急行动迅速且精准地推进。

（一）国家级应急指挥机构的统筹引领

国家级应急指挥机构在整个应急指挥体系中占据核心领导地位，肩负着统筹全国应急管理工作及应对重大突发事件的重责大任。国家级应急指挥机构的科学决策与高效协调，是确保全国应急管理工作有序开展、提升国家整体应急能力的关键。

以我国应急管理部为例，该部门整合了原先多个部门的应急管理职责，构建起一套统一的应急管理领导体制。在应对诸如疫情这样的重大公共卫生事件时，国家级应急指挥机构迅速启动应急响应机制，统筹协调全国医疗卫生资源、物资调配以及疫情防控策略制定；通过建立全国性的疫情监测网络、制定统一的防控标准和指南，指导各地科学有序开展疫情防控工作；同时，协调各部门联动，如工信部保障医疗物资生产供应，交通运输部确保物资运输畅通，公安部维护社会秩序，形成强大的抗疫合力，展现出国家级应急指挥机构在重大危机面前的统筹引领能力。

应急管理部于 2018 年 3 月正式成立，作为国务院的组成部门，肩负着重要使命。该部门整合了原国家安全生产监督管理总局，以及国务院办公厅、公安部、民政部等 13 个部门的相关职责，涵盖了安全生产、自然灾害、救援救助等多个领域的管理工作。

应急管理部的组织架构包括议事机构、机关司局、派驻机构和部属单位。其中，议事机构包括国家防汛抗旱总指挥部、国务院抗震救灾指挥部、国务院安全生产委员会、国家森林草原防灭火指挥部、国家防灾减灾救灾委员会。机关司局则包括办公厅（党委办公室）、应急指挥中心（国家消防救援局指挥中心）、人事司（党委组织部）等。

自成立以来，应急管理部不断致力于完善体系建设。2020 年，其非煤矿山安全监管职责及相应编制等进行了调整；2023 年，消防救援局和森林消防局职责划转，内设机构也有相应变动。如今，应急管理部通过 22 个内设机构、5个议事机构，协同派驻机构与部属单位，全力推进应急管理工作，守护人民生命财产安全。①

（二）省市级应急指挥机构的承上启下

省市级应急指挥机构是连接国家级与基层应急指挥的重要枢纽，发挥着承上启下的关键作用。省市级应急指挥机构一方面要准确贯彻落实国家级的

---

① 百科词条.中华人民共和国应急管理部 [EB/OL].百度百科，2020-10-10.

应急决策部署，另一方面要结合本地实际情况，灵活调配资源，组织开展有效的应急处置工作，具体指挥体系架构如图4-1所示。

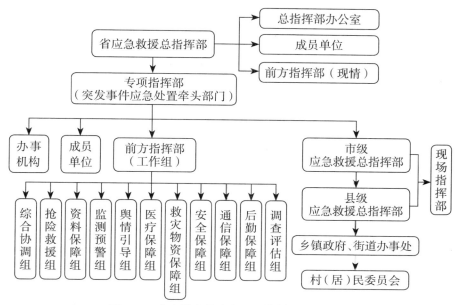

图4-1 省突发事件应急组织指挥体系结构图

（图片来源：《2021年河南省突发事件总体应急预案（试行）》）

在省级层面，省应急管理厅负责全面统筹全省的应急管理工作，并依据国家政策，制定相应的省级应急预案及实施细则。在面对大型自然灾害如洪涝灾害时，省级应急指挥机构迅速响应，协调省内各地市的救援力量和物资，根据受灾地区的具体情况进行精准调配。

市级应急指挥机构更加贴近基层，负责具体实施本地区的应急救援行动，并直接指挥现场救援工作。例如，在城市火灾事故中，市级应急指挥中心应迅速调度消防、医疗、公安等部门，明确各部门职责，确保救援工作有序高效地进行；同时，及时向上级汇报救援进展及现场情况，为上级决策提供准确、可靠的信息。

（三）基层应急指挥机构的现场执行

基层应急指挥机构包括县级、乡镇级和街道级应急指挥单位，是应急指挥体系的末梢神经，承担着直接面对突发事件现场、执行具体应急任务的重要职责。基层应急指挥机构的高效执行力和迅速反应能力，直接关乎应急处置的成效，构成保障人民群众生命财产安全的坚实第一防线。

在基层，县级应急管理局在接到突发事件报告后，应立即组织救援力量迅速赶赴现场。如在地震灾害中，县级应急指挥机构应第一时间启动应急预案，组织当地的消防、武警、民兵等力量开展救援工作，同时组织社区工作人员和志愿者进行群众疏散、安置和生活保障工作。

乡镇和街道各级应急指挥机构则深入到社区和村庄，负责组织群众自救互救，及时发现并报告现场情况，协助上级救援力量开展工作。他们熟悉当地的地理环境和人员情况，能够快速组织起有效的应急响应，在突发事件初期发挥着至关重要的作用。

二、应急指挥机构的职能分工

应急指挥绝非单一环节的行动，而是涵盖多方面职能的复杂系统。在应急指挥机构里，不同部门和岗位有着明确的职能分工，它们如同精密仪器的各个部件，各自承担关键职责，协同配合，推动应急指挥体系高效运转，以妥善应对各类突发事件。

（一）综合协调职能：打破部门壁垒

综合协调职能是应急指挥机构的核心职能之一，旨在打破各部门之间的壁垒，实现资源的优化配置和协同作战。应急指挥过程中，涉及多个部门和领域，只有通过有效的综合协调，才能避免出现职责不清、推诿扯皮的现象，形成强大的应急合力。

应急指挥机构通过构建统一的指挥平台和协调机制，对参与应急救援的各个部门进行统筹调度。例如，在××市发生的重大交通事故应急救援行动中，应急指挥机构协调交警部门负责现场交通管制及事故勘察，消防部门负责灭火和救援被困人员，医疗部门负责伤员的救治工作，交通运输部门则负责物资运输和道路抢修。各部门的具体职责分工详见表4-1。应急指挥机构通过明确各部门的职责和任务，建立信息共享和沟通机制，确保各部门之间紧密配合，协同完成应急救援任务。

同时，应急指挥机构还负责协调外部资源，如社会组织、志愿者和企业的参与，充分发挥各方力量在应急救援中的作用。

表4-1　××市应急指挥部主要成员单位职责分工列表

市生态环境局	负责开展现场污染状况的应急监测和跟踪监测，确定污染物种类、浓度及污染范围，根据监测数据科学分析污染变化趋势，为指挥部决策提供技术支持；监督责任单位开展现场泄漏污染物的后续处置工作，使污染的持续危害减小到最低程度；参与事故调查处理
市交通运输局	负责组织运输单位实施突发事故现场抢险物资、抢险人员和疏散人员的运送

市水利局	做好事发地水源地的保护工作，配合市环保局做好水污染应急处理，提出启动应急响应以及加强或撤销控制措施的建议和意见。根据污染情况，完善调水供给方案。组织协调相关应急处置工作，参加现场调查，参与善后的环境恢复等工作，及时通报突发性水污染事件现场情况以及应急处置情况
市卫健委	确定受伤人员专业治疗与救护定点医院，培训相应医护人员；指导定点医院储备相应的医疗器材和急救药品；负责调配医务人员、救护车辆、医疗器材、急救药品，实施现场救护及伤员转移；负责统计伤亡人员情况
市安监局	负责组织或参与生产安全事故的调查处理，并监督事故查处的落实情况
市质监局	制定事故现场压力容器、压力管道等特种设备的处置方案；参与事故调查处理
市气象局	负责发布全市气象灾害预警信息，提供事故现场风向、风速、温度、气压、湿度、雨量等气象资料
市总工会	负责参与事故调查处理；参与对伤亡人员及家属的安抚、抚恤等善后处理和社会稳定工作

（二）决策指挥职能：科学决策与高效执行

决策指挥职能是应急指挥机构的关键职能，要求在复杂多变的应急情况下，迅速做出科学合理的决策，并确保决策得到高效执行。

应急指挥决策的科学性和及时性，直接关系到应急救援的成败，决策指挥者需要具备丰富的经验、敏锐的洞察力和果断的决策能力。

在突发事件发生后，应急指挥机构迅速收集现场信息，包括事件的性质、规模、危害程度等，结合专家意见和应急预案，制定科学合理的应急救援方案。例如，在火灾救援中，指挥者根据火势大小、燃烧物质、周边环境等因素，迅速制定灭火战术，确定救援力量的部署和物资调配方案；同时，通过建立高效的指挥系统，确保决策能够迅速传达给各救援队伍，并监督执行情况，及时调整决策方案，以适应现场变化的情况。

决策指挥者还需要具备良好的沟通能力和领导能力，能够有效地组织和激励救援人员，提高救援队伍的执行力和战斗力。

（三）资源调配职能：保障应急需求

资源调配职能是应急指挥机构确保应急救援工作高效运转的关键保障，负责对应急物资、人员、资金等资源进行科学合理的调配。

充足的应急资源和合理的调配是应急救援的物质基础，应急指挥机构需

应急指挥：理论、实践与创新

要建立完善的资源调配机制，确保资源能够及时、准确地到达需求地点。

应急指挥机构构建了完善的应急物资储备体系，涵盖中央、省、市、县等多个层级的储备库，储备了丰富的应急物资，包括食品、饮用水、药品、帐篷及各类救援设备等。在突发事件发生后，根据现场需求，迅速启动物资调配程序，通过多种运输方式，将物资快速送达受灾地区；同时，对应急救援人员进行合理调配，根据救援任务的需要，组织消防、医疗、公安等专业队伍赶赴现场。

在资金调配方面，应急指挥机构协调财政部门，确保应急资金及时到位，保障应急救援工作的物资采购、人员培训和设备维护等费用支出。

三、应急指挥机构的部门、小组职能分工

应急指挥机构涵盖不同的部门，下设不同的小组，其具体职能分工如图4-2所示：①

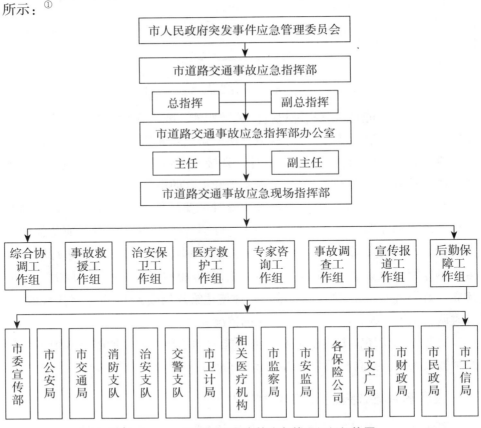

图4-2　××市道路交通事故应急管理组织机构图

① 刘铁民.应急管理：中国特色应急体系建设[M].北京：中国劳动社会保障出版社，2019.

1. 指挥决策层

（1）全面统筹。全面负责应急处置工作的领导和统筹，制定应急处置的总体策略与目标，协调各方资源和力量。

（2）决策指挥。根据现场情况和专家建议，做出关键决策，下达应急处置指令，指挥各部门和单位开展应急救援、抢险救灾等工作。

2. 信息综合组

（1）信息收集。收集来自各个渠道的信息，包括事件现场信息、相关部门和单位的报告、社会舆情等，确保信息的全面性和准确性。

（2）信息分析。对收集到的信息进行分析、评估和整理，提取关键信息，为指挥决策层提供决策支持。

（3）信息发布。及时且准确地向社会公众、相关部门及单位发布应急事件的相关信息和处置进展，积极回应社会关切，有效引导舆论导向。

3. 抢险救援组

（1）制定方案。根据应急事件的类型及现场具体情况，制定切实可行的抢险救援方案与措施。

（2）组织实施。组织和指挥专业救援队伍和力量，开展现场抢险救援工作，如解救被困人员、排除危险隐患、控制灾害蔓延等。

4. 医疗救护组

（1）医疗救援。迅速组建医疗急救队伍奔赴现场，对受伤人员进行紧急救治及转运，确保受伤人员能够获得及时且有效的医疗救助。

（2）卫生防疫。负责应急事件现场及周边区域的卫生防疫工作，防止传染病疫情的发生和传播，保障公众的身体健康。

5. 后勤保障组

（1）物资供应。负责应急物资的采购、储备、调配及供应，确保抢险救援、医疗救护等工作所需的物资器材、设备设施等及时到位。

（2）生活保障。为应急救援人员和受灾群众提供全面的生活保障，涵盖食品、饮用水、住宿及衣物等基本生活必需品的供应。

6. 治安交通组

（1）治安维护。负责维护应急事件现场及其周边区域的治安秩序，设置警戒区域，防止无关人员进入，确保现场安全。

（2）交通管制。实施交通管制措施，确保应急救援通道畅通，保障各种救援车辆和物资运输车辆能够快速、安全地抵达现场。

7. 专家咨询组

（1）提供技术支持。为应急指挥机构提供专业的技术咨询与建议，针对应急事件的性质、发展趋势及处置措施进行全面分析与评估。

（2）参与方案制定。参与制定应急处置方案和技术措施，为科学决策提供坚实依据，确保应急处置工作的科学性和有效性。

四、应急指挥机构组织架构与职能分工的优化策略

应急指挥机构的组织架构与职能分工，是决定应急响应效率和灾害处置成效的关键因素。但在实践中，现有架构与分工暴露出协调不畅、职责不清等问题。为使应急指挥更加科学高效，有必要探索优化策略，以适应复杂多变的应急管理新形势。

（一）强化协同联动机制建设

建立和完善协同联动机制，是打破应急指挥体系内部壁垒、实现资源共享与优势互补的关键举措。

首先，需构建统一的应急指挥信息平台，确保信息的实时共享与互联互通。通过该平台，不同层级和部门的应急指挥机构能够及时了解突发事件的进展情况、资源调配情况和救援工作动态，便于协同作战。

其次，制定明确的协同联动规则和流程，明确各部门在应急救援中的职责和任务，避免出现职责不清、推诿扯皮的现象。在重大自然灾害应急救援中，制定详细的部门协同作战方案，明确各部门的行动步骤和配合方式，确保救援工作有序进行。

此外，还应加强应急演练，通过模拟不同类型的突发事件，检验和提高各部门之间的协同配合能力，不断完善协同联动机制。

（二）提升人员专业素养与应急能力

应急指挥机构的人员专业素养和应急能力直接影响应急指挥的效果，因此需要加强人员培训和能力建设。

打造一支高素质的应急管理人才队伍，是提升应急指挥机构履职能力的核心任务。[①]

---

① 应急管理部编写组.深入学习贯彻习近平关于应急管理的重要论述 [M].北京：人民出版社，2023.

一方面，应当强化应急管理领域的专业教育，在高等院校设立相关专业及课程，培育具备系统化应急管理知识与技能的专门人才。

另一方面，应加强对应急指挥人员的在职培训，定期组织业务培训、案例分析和应急演练，提高其应急决策能力、组织协调能力和现场处置能力。在培训内容上，不仅要涵盖应急管理的理论知识，还要注重实践技能的培养，如救援技术、信息分析、沟通协调等。

除此之外，还应构建应急管理人才的激励机制，以吸引和留住优秀人才，从而提升应急管理队伍的整体素质。

（三）完善法律法规与制度保障

完善的法律法规和制度保障是应急指挥机构有效履行职责的重要依据，需要进一步加强相关法律法规和制度建设。

中国政法大学的王敬波教授认为："健全的法律法规和制度体系，能够明确应急指挥机构的职责权限、工作流程和行为规范，为应急指挥工作提供有力的法治保障。"[1]

首先，要制定和完善与应急管理相关的法律法规，明确应急指挥机构在应对突发事件过程中的权利与义务，规范应急救援行为。同时，建立健全应急指挥机构的内部管理制度，包括决策制度、信息发布制度、资源调配制度等，确保应急指挥工作有章可循。

其次，要强化对法律法规和制度执行情况的监督检查，对违反规定的行为进行严厉惩处，确保法律法规和制度的权威性不受侵犯。

第三，要根据实际情况及应急管理工作的发展需求，及时修订和完善相关法律法规和制度，使其更好地适应新形势下应急指挥工作的实际需要。

综上所述，应急指挥机构的组织架构与职能分工，是一个有机结合、相互影响的整体。层级式的组织架构从国家级的统筹引领，到省市级的承上启下，再到基层的现场执行，构建起了全面且高效的应急指挥网络，综合协调、决策指挥与资源调配等职能分工，确保应急工作在各个环节都能有条不紊地推进。

然而，为适应不断变化的应急形势，仍需持续优化应急指挥机构的组织架构与职能分工，强化协同联动机制建设，打破部门与层级间的壁垒，促进

---

[1] 法治政府研究院.校园突发事件应急体系建设国际学术研讨会在京召开[EB/OL].法大新闻网，2012-10-19.

信息与资源的高效流通；提升相关人员的专业素养和应急能力，为应急指挥注入专业力量；完善法律法规及制度保障，为应急指挥工作奠定坚实的法治基础。通过不断完善，应急指挥机构将在应急管理中发挥更大作用，切实增强全社会抵御各类突发事件的能力。

第二节　应急指挥岗位人员的专业素养与职责分配

应急指挥体系作为应对各类突发事件的核心机制，其高效运转离不开每一位参与者的紧密协作。无论是核心决策层的战略把控，还是专业技术人员的精准支持；无论是前线救援人员的勇敢冲锋，还是后勤保障人员的无私奉献，每个岗位都发挥着不可或缺的重要作用。他们的专业素养、职责履行程度，不仅决定了应急处置的效率，更关乎受灾群众的生命财产安全与社会秩序的稳定。

深入探究应急指挥体系中的人员构成，明晰不同岗位的专业素养要求与职责分配，有助于构建更加科学、高效的应急指挥体系，在面对危机时能够迅速且有序地做出反应，将损失降到最低限度。

一、应急指挥核心决策人员的素养与职责

在应急指挥体系中，核心决策人员处于中枢位置，肩负着把控全局、引领走向的重任。他们的综合素质与肩负的职责，直接影响应急行动的成败。接下来将深入探讨应急指挥核心决策人员须具备怎样的素养，又该如何精准履行职责，以确保在危急时刻做出最优决策。

（一）深厚的专业知识储备与战略眼光

应急指挥核心决策人员在整个应急处置过程中处于关键地位，他们的决策直接关乎应急行动的成败。

核心决策人员必须具备深厚的应急管理专业知识，对各类突发事件的特点、发展规律有深入了解，才能在复杂的情况下做出科学合理的决策。例如面对地震灾害，核心决策人员不仅要知晓地震的震级、震源深度等基本参数对灾害破坏程度的影响，还需掌握地震引发的次生灾害，如山体滑坡、火灾等的应对策略。这就要求他们熟悉地质构造、建筑结构力学等多领域知识，以便准确判断灾害形势，制定救援方案。

同时，核心决策人员需具备长远的战略眼光。在应急指挥中，决策人员不能仅局限于眼前的救援行动，要从战略高度考虑全局，协调各方资源，兼顾短期救援与长期恢复。例如在疫情防控初期，核心决策人员不仅迅速组织医疗力量开展患者救治，还从战略层面布局，协调物资生产与调配，考虑疫情防控对社会经济、民生保障等多方面的长期影响，制定封控策略、复工复产计划等，确保疫情防控工作与社会稳定、经济发展相平衡。

（二）强大的心理素质与果断决策能力

应急指挥往往面临巨大压力和复杂多变的情况，核心决策人员必须具备强大的心理素质。

在危急时刻保持冷静和镇定，是核心决策人员应有的基本素质，慌乱和焦虑只会导致决策失误。例如，在重大火灾事故现场，火势迅猛、情况危急，核心决策人员要在紧张的氛围中保持清醒头脑，不被现场的紧张情绪所干扰。

毫无疑问，果断的决策能力同样至关重要。当面临紧急情况，没有足够时间进行全面分析时，核心决策人员需凭借经验和敏锐的判断力迅速做出决策。在洪水灾害中，当水位快速上涨威胁到下游群众生命安全时，核心决策人员要果断决定是否采取分洪措施。尽管这一决策可能带来一定损失，但为了保障更多人的生命安全，必须迅速抉择；犹豫不决可能延误最佳救援时机，进而引发严重后果。

二、专业技术人员的关键作用与职责

当突发事件发生，应急指挥系统高速运转，专业技术人员便是其中不可或缺的一环。他们凭借独有的专业知识和技能，为应急行动注入关键力量。下面将深入剖析专业技术人员在应急指挥中发挥的关键作用，以及他们所肩负的重要职责。

（一）各领域专业技术支持

应急指挥体系涵盖多种突发事件，需要不同领域的专业技术人员提供支持。

在自然灾害救援中，气象专家能准确预测天气变化，为救援行动提供气象信息，帮助救援人员提前做好应对恶劣天气的准备；地质专家则在地震、山体滑坡等地质灾害中，对地质状况进行评估，分析灾害风险，为救援选址、挖掘作业等提供专业建议，避免因地质不稳定造成二次灾害。

在事故灾难方面，化工专家在化学物品泄漏事故中发挥关键作用，他们熟悉化学物质的性质、危害和处理方法，能够指导救援人员采取正确的防护措施和处置手段，防止泄漏物质对环境和人员造成更大危害；建筑结构专家在建筑物坍塌事故中，通过对建筑结构的分析，判断废墟中可能存在的生存空间，为救援行动提供科学依据，提高救援效率。

（二）技术设备操作与维护

专业技术人员还承担着应急救援过程中各类技术设备的操作及维护工作。随着科技的发展，应急救援设备日益先进和复杂，如生命探测仪、无人机、大型抢险救援机械等，这些设备的有效运用对救援效果有着重要影响。

熟练操作和维护先进的技术设备，是专业技术人员的重要职责，能够提高救援行动的精准性和效率。操作人员必须接受严格培训，熟练掌握各种设备的性能及操作方法。例如，在地震救援中，生命探测仪操作人员要熟悉设备的工作原理，能够准确判断生命迹象的位置，为救援人员提供精确的救援目标。

同时，专业技术人员需负责设备的日常维护与故障排除，定期对设备进行检查和保养，以确保设备在关键时刻能够稳定运行。在救援现场，若设备出现故障，技术人员必须迅速展开抢修，保障救援行动的顺利进行。如无人机在执行侦察任务时出现故障，技术人员要及时进行维修，使其尽快恢复工作，为指挥中心提供实时的现场图像和信息。

三、一线救援人员的素养要求与职责

应急现场，一线救援人员直面危险，他们是离受灾群众最近、最能给予希望的力量，其素养与职责关乎救援效率和受灾者安危。

（一）过硬的身体素质与救援技能

一线救援人员是应急救援的直接执行者，面对危险和艰苦的工作环境，过硬的身体素质是基础。中国安全生产科学研究院的刘铁民研究员强调："在高温、寒冷、缺氧等恶劣条件下，一线救援人员需要具备良好的体能和耐力，才能完成救援任务。"[①] 例如在火灾现场，高温和浓烟对救援人员的体能是巨大考验，消防员需背负沉重的装备，在高温环境中进行灭火和救援行动，没有强健的体魄很难坚持下来。

① 刘铁民. 应急体系建设和应急预案编制 [M]. 北京：企业管理出版社，2004.

救援技能是每一位一线救援人员不可或缺的核心能力，精湛的救援技能更是确保救援任务成功的关键所在。消防队员必须熟练掌握灭火战术、绳索攀爬、破拆救援等关键技能；而地震救援人员则需精通废墟搜索、生命探测、伤员搬运等专业技术。一线救援人员应通过定期的专业培训和实战演练，持续提升自身的救援技能水平，以应对各种复杂救援场景。例如在泥石流灾害救援中，救援人员要熟练运用专业工具，快速清理堵塞河道的泥石，解救被困群众。

（二）高度的责任感与团队协作精神

一线救援人员肩负着拯救生命的重任，高度的责任感不可或缺。每一次救援行动都关乎受灾群众的生命安全，绝不容许丝毫懈怠。例如，在洪涝灾害救援中，救援人员不顾个人安危，跳入湍急的水流中转移被困群众，这种无私奉献和高度的责任感是救援行动顺利进行的精神支柱。

团队协作精神同样至关重要。在应急救援过程中，通常需要多个救援队伍协同作战，一线救援人员必须与队友紧密配合。在大型事故灾难救援中，消防、医疗、公安等队伍共同参与，消防队员负责抢险救援，医疗人员负责救治伤员，公安人员负责维持秩序，各队伍之间通过有效的沟通和协作，形成强大的救援合力。例如在交通事故救援中，消防队员破拆车辆解救被困人员，医疗人员立即对伤员进行紧急救治，各环节紧密衔接，体现了团队协作的力量。

四、后勤保障人员的重要性与职责

应急行动的顺利进行，离不开各岗位的紧密协同。在这其中，后勤保障人员虽未直接冲锋在救援一线，却扮演着不可或缺的重要角色。从物资调配到设备维护，他们的工作是应急指挥体系正常运转的坚实后盾。

（一）应急物资的储备与调配

后勤保障人员负责应急物资的储备与调配，是应急救援工作的重要支撑。充足的应急物资储备和合理的调配，构成了保障应急救援顺利进行的物质基础。

后勤保障人员需根据不同类型突发事件的特点和具体需求，科学制定物资储备计划。例如，在地震灾害发生前，储备帐篷、食品、饮用水、药品等生活物资，以及千斤顶、电锯、生命探测仪等救援设备。

在突发事件发生后，应迅速启动物资调配机制，根据现场救援需求，合理安排运输方式和路线，确保物资及时送达。例如，在疫情防控期间，后勤保障人员协调各方资源，保障口罩、防护服、检测试剂等医疗物资的供应；同步调配各种生活物资，确保封控区域群众的生活需求得到满足，为疫情防控工作提供坚实的物资保障。

（二）生活保障与信息沟通协调

后勤保障人员还负责为救援人员和受灾群众提供生活保障，为救援人员提供饮食、住宿、休息场所等，确保他们有充足的体力和精力投入救援工作。

在长时间的救援行动中，后勤保障人员应及时为救援人员提供热饭、热水，并安排临时休息点，确保他们能够得到充分的休息和恢复。

同时，后勤保障人员还肩负着信息沟通与协调的重要职责。他们与指挥中心、救援队伍、物资供应商等各方保持紧密联系，及时传递物资需求、运输情况及生活保障等相关信息。在救援过程中，后勤保障人员迅速向指挥中心反馈物资储备和调配情况，为指挥决策提供有力依据；在受灾群众安置点，他们深入了解群众需求，及时协调解决各类问题，确保受灾群众的基本生活得到有效保障，从而维护社会稳定。

应急指挥体系中的人员构成是一个有机整体，各岗位人员凭借自身独特的专业素养履行职责，共同推动应急处置工作的顺利开展。其中，核心决策人员凭借深厚知识与战略眼光把握全局，在关键时刻果敢决断；专业技术人员凭借其精湛的专业技能，为救援行动提供坚实的技术支持，确保各项设备稳定运行；一线救援人员凭借过硬的身体素质和强烈的责任感，勇往直前，守护生命安全；后勤保障人员则全力以赴，精心做好物资调配与生活保障工作，为救援行动奠定坚实基础。

然而，随着社会发展与风险演变，应急工作面临新挑战，需持续提升人员专业素养，优化职责分配。因此，应通过加强培训、完善制度，使各岗位人员不断适应新形势，进一步增强应急指挥体系的整体效能，为应对各类突发事件提供坚实的人力保障。

第三节　应急指挥体系的运行机制

在应急指挥体系架构中，运行机制是核心枢纽，直接关乎应急处置的成效。预警响应作为应急行动的前哨，精准的预警能为我们争取宝贵的应对时间，引导社会提前做好防范准备，将损失遏制在萌芽状态。而应急决策流程则是整个应急行动的大脑，科学的决策能让我们在复杂的危机情境中，合理调配资源、组织救援力量，有序开展救援行动。预警响应与应急决策流程紧密相连、相辅相成，共同构成了应急指挥体系高效运转的关键环节。深入剖析它们的运作逻辑，对提升应急指挥效能、保障人民生命财产安全以及维护社会稳定意义重大。

一、预警机制

预警机制在应急指挥体系中具有至关重要的作用，堪称应急管理的首要防线。它通过对各类风险隐患的实时监测、数据分析与研判，提前捕捉危险信号，为后续应急响应争取宝贵时间。从自然灾害到安全生产事故，预警机制精准的信息传递，能有效降低灾害损失，其运行效能直接关乎应急管理的成败。

（一）多源信息采集与监测

预警机制作为应急指挥体系的第一道防线，其核心在于精准的信息采集与全方位的监测。全面、准确的信息是有效预警的基础，多源信息采集能够从不同维度捕捉突发事件的早期迹象。

例如，在气象灾害预警领域，气象部门通过气象卫星、地面气象观测站、雷达等多种设备，收集温度、湿度、气压、风速、降水等海量气象数据。这些设备分布广泛，形成了一个庞大的气象监测网络，能够实时监测天气变化。同时，水利部门对河流水位、流量等水文信息进行监测，为洪水灾害预警提供关键数据。

2025年4月，国家气象局印发《气象灾害风险预警能力提升行动方案（2025—2027年）》，提出到2027年，建成基础牢固、技术先进、分工明确、体系完备的国省一体化气象灾害风险预警业务新格局，气象灾害风险预警能力有效提升，为防灾减灾决策指挥和行业赋能提供精准支持。

而在地震监测方面，地震监测台网会通过传感器实时捕捉地震波信号，监测地壳运动情况，及时发现地震活动异常。

此外，伴随着物联网技术的不断进步，越来越多的智能设备被广泛应用于信息采集领域。在城市安全监测中，智能摄像头、传感器等设备能够实时采集城市交通流量、空气质量、能源供应等信息，为城市运行安全预警提供数据支持。通过整合这些来自不同部门、不同领域的多源信息，预警系统能够更全面、更准确地掌握突发事件的发展态势，为后续的预警发布和应急响应提供有力依据。

（二）数据分析与风险评估

数据的准确收集只是开端，高效的信息分析与评估才是预警机制的关键。专业的分析团队运用统计学方法、数学模型和人工智能算法，对收集到的海量信息进行深度挖掘和科学研判。

也就是说，监测系统采集到的多源信息需要经过深入的数据分析和科学的风险评估，才能转化为具有实际价值的预警信息。数据分析与风险评估是预警机制的核心环节。通过科学方法对信息进行处理，能够准确判断突发事件的风险等级及其可能影响范围。借助大数据分析技术，可对历史灾害数据、实时监测数据以及社会经济数据等进行全面综合分析。例如，在台风灾害预警中，通过分析历年台风路径、强度变化以及受灾情况等历史数据，结合当前台风的实时监测信息，运用气象模型和数据分析算法，可以预测台风的登陆地点、路径和可能造成的影响范围。

风险评估是在数据分析的基础上，对突发事件可能引发的风险进行量化评估。[①] 风险评估专家通过采用风险矩阵、层次分析法等方法，综合考虑灾害的可能性、影响程度、暴露人口、财产价值等因素，确定风险等级。例如，在化工园区安全预警中，会对化工企业的生产工艺、设备状况、周边环境等进行全面评估，分析可能发生的泄漏、爆炸等事故的风险等级，为制定相应的预警措施和应急响应预案提供科学依据。

通过精准的数据分析和全面的风险评估，预警系统能够及时且准确地发布预警信息，提醒相关部门及社会公众提前做好防范措施。

（三）预警信息发布与传播

预警信息的及时发布与高效传播是预警机制有效运作的核心要素。预警信息只有快速、准确地传递到公众手中，才能真正实现预警的目的，提高公众的防范意识和应对能力。

建立多元化的预警信息发布渠道至关重要，可利用手机短信、电视、广播、社交媒体、应急广播等多种渠道发布，确保预警信息能够覆盖不同群体。例如，在重大气象灾害预警中，气象部门会通过手机短信向公众发送预警信息，同

---

① 范维澄，等.公共安全科学导论[M].北京：科学出版社，2013.

时在电视、广播等媒体上滚动播出预警内容，在社交媒体平台上发布详细的预警信息和防范指南；应急广播系统则在农村地区和偏远山区发挥重要作用，通过广播及时向村民传达预警信息。

为了提升预警信息的传播效果，还需进一步优化其表达方式。预警信息应做到简洁明了、通俗易懂，尽量避免使用专业术语和复杂的表述。在预警信息中，要明确告知公众灾害的类型、可能影响的时间和区域、防范措施等关键信息，使公众能够快速理解并采取相应的行动。

此外，加强对预警信息传播效果的评估和反馈，及时调整传播策略，确保预警信息能够有效传达给目标受众，提高全社会的应急防范能力。

二、应急响应机制

应急响应机制作为应急指挥体系运行机制的核心组成部分，是应对突发事件的核心环节。它旨在针对自然灾害、事故灾难、公共卫生事件、社会安全事件等不同类型突发状况，迅速做出反应，通过标准化流程与分级响应策略，保障公众生命财产安全，将损失降到最低。

（一）响应级别的确定与启动

应急响应机制是指在预警信息发布后，依据突发事件的严重程度及其影响范围，迅速启动相应级别的应急响应行动。科学合理地确定应急响应级别并迅速启动，能够确保应急救援工作有序且高效地开展，最大限度地减少灾害损失。应急响应级别通常划分为四级，从低到高依次为Ⅳ级、Ⅲ级、Ⅱ级和Ⅰ级，各级别对应不同的灾害严重程度及相应的应急响应措施。[①]

在确定响应级别时，应急指挥机构根据预警信息、风险评估结果以及现场反馈情况，综合判断突发事件的发展态势。

例如，在地震灾害发生后，应急指挥机构根据地震的震级、震中位置、受灾人口等因素，确定应急响应级别。如果是较小规模的地震，可能启动Ⅳ级响应，主要由当地政府组织救援力量进行应急处置；如果是大型地震，可能启动Ⅰ级响应，由国家层面统筹协调全国的救援力量和资源进行抢险救灾。一旦确定响应级别，应急指挥机构将立即启动相应的应急预案，明确各部门及单位的职责与任务，确保应急救援工作迅速、高效地展开。

---

① 全国人大常委会.中华人民共和国突发事件应对法（第十四届全国人民代表大会常务委员会第十次会议修订）[EB/OL].中国政府网，2024-6-28.

（二）救援力量调配与现场指挥

应急响应启动后，迅速调配救援力量并进行有效的现场指挥是关键环节。合理调配救援力量，确保救援人员和物资及时抵达现场，并在现场实施科学指挥，是提升应急救援效率的核心所在。

根据突发事件的类型和现场需求，应急指挥机构应迅速组织调配消防、医疗、公安、武警及专业救援队伍等各方救援力量。例如，在火灾事故中，消防部门需迅速调集消防车辆和消防员赶赴现场，依据火势大小和燃烧物质特性，采取相应的灭火战术；医疗部门则应组织医疗救援队伍，携带急救设备和药品前往现场，对受伤人员进行紧急救治；公安部门负责维护现场秩序，疏导交通，确保救援通道畅通无阻。

在现场指挥方面，建立统一的现场指挥体系至关重要，需明确现场指挥人员的职责和权限。现场指挥人员应根据实际情况，制定救援方案，协调各救援队伍的行动，确保救援工作有序高效进行。例如，在大型自然灾害救援现场，现场指挥人员可通过应急指挥信息系统，实时掌握救援进展和现场动态，及时调整救援策略，合理调配救援资源，以提升救援效率。同时，应强化现场指挥与后方应急指挥中心的沟通协调，确保信息畅通，构建高效的应急救援指挥体系。

（三）部门协同与资源整合

应急响应过程中，会涉及多个部门和单位，加强部门协同与资源整合是提高应急救援效能的重要保障应急救援工作需要各部门密切配合、协同作战，打破部门壁垒，实现资源的优化配置和共享。

在应急响应过程中，须构建跨部门的协同工作机制，明确划分各部门的职责与任务，并强化信息共享及沟通协调。例如在疫情防控期间，卫生健康部门负责疫情防控的技术指导和医疗救治工作，工信部门负责医疗物资的生产和供应，交通运输部门负责物资运输和人员转运，公安部门负责维护社会秩序和交通管制，各部门之间密切配合，形成强大的疫情防控合力。[①]

同时，应强化应急资源的整合与调配，构建完善的应急物资储备体系，涵盖中央、省、市、县等多级储备库，储备各类应急物资。在突发事件发生后，可根据现场实际需求，迅速调拨应急物资，确保物资及时、高效地送达受灾地区。

---

① 中共中央、国务院. 国家突发事件总体应急预案 [EB/OL]. 中国政府网，2025-02-25.

此外，整合社会资源的同时，还需积极鼓励社会组织、志愿者及企业共同参与应急救援工作。社会组织和志愿者在受灾群众救助、心理疏导等方面发挥重要作用，企业则可以提供技术、设备和资金等方面的支持，共同提高应急救援的能力和水平。

三、应急决策流程：科学决策与动态调整

在应急指挥体系中，应急决策流程扮演着至关重要的角色。面对复杂多变的突发事件，科学决策是保障应急行动高效、精准的基石，动态调整则是让决策契合实际情况的关键。从信息收集、方案拟定，到权衡抉择、适时修正，每一步都考验着应急指挥者的智慧与决断力。

（一）信息收集与分析

应急决策流程的首要步骤是信息收集与分析，准确且全面的信息构成科学决策的坚实基础。在应急决策中，迅速收集各类信息，并进行深入分析，能够为决策者提供准确的决策依据，避免决策失误。

应急指挥机构通过多种渠道收集信息，包括现场救援人员的报告、监测设备的数据、社会舆情等。例如，在突发事件发生后，现场救援人员迅速向指挥中心汇报现场状况，包括人员伤亡情况、灾害损失程度及救援进展情况；监测设备则实时传输各类关键数据，如气象数据、水文数据和地震数据等；此外，还需密切关注社会舆情，以了解公众的需求和关注焦点。

接下来，需对收集到的信息进行系统分类、细致整理和深入分析，提炼出关键信息，并借助数据分析技术，对海量信息进行高效筛选与精准处理，以挖掘信息间的内在关联和潜在规律。例如在洪水灾害应急决策中，通过分析水位、流量、降雨等数据，预测洪水的发展趋势，为制定防洪抢险方案提供依据。

此外，还要对社会舆情进行分析，了解公众对救援工作的满意度和建议，及时调整救援策略，提高公众的认可度和支持度。

（二）方案制定与评估

基于信息分析，可以制定多样化的应急决策方案，并对这些方案进行全面的评估与比较。制定科学合理的决策方案，需要充分考虑各种因素，综合运用多种决策方法，确保方案的可行性和有效性。

首先，应根据突发事件的类型、发展态势及资源状况，制定相应的应急

预案。例如，在火灾事故救援中，在制定灭火方案时，需要考虑火势大小、燃烧物质、周边环境等因素，制定多种灭火战术方案，如强攻灭火、堵截灭火、冷却灭火等。

其次，对制定的方案进行全面评估和比较，从多个维度深入分析方案的优劣。运用成本效益分析、风险评估等科学方法，精准评估方案的实施成本、预期效果及潜在风险。在评估过程中，可邀请专家学者、一线救援人员等参与研讨，广泛听取各方意见。通过系统的评估和比较，筛选出最优决策方案，确保应急决策的科学性与合理性。

（三）决策执行与动态调整

决策执行是将决策方案转化为实际行动的过程，而动态调整则是根据实际情况对决策进行优化和完善决策执行过程中，要密切关注现场情况的变化，及时调整决策方案，确保决策的有效性和适应性。

首先，在决策执行过程中，必须建立有效的执行监督机制，以确保决策方案能够准确、及时地得以实施。

其次，需明确各部门和单位的执行职责，强化对执行过程的跟踪与监督，及时发现并解决执行过程中出现的问题。

同时，应根据现场情况的动态变化，对决策进行灵活调整。鉴于突发事件的不确定性，在应急救援过程中，可能会面临新的情况和挑战，例如次生灾害的发生或救援力量的变动等。应急指挥机构要及时掌握这些变化，对决策方案进行调整和优化。例如，在地震救援中，当发现废墟中存在新的生命迹象时，需及时调整救援方案，增加救援力量和设备，确保被困人员能够得到及时救援。

通过决策执行与动态调整，确保应急决策能够更有效地适应复杂多变的应急救援环境，从而提升应急救援的成功率。

应急指挥体系的预警响应与应急决策流程，是一个有机协同、动态发展的系统。① 其中，预警机制凭借多源信息采集、科学的数据分析与风险评估以及广泛有效的信息发布，为应急响应筑牢了坚实的前哨防线，提前唤起全社会的防范意识；应急响应机制通过明确响应级别、高效调配救援力量以及强化部门协同与资源整合，迅速且有序地开展救援行动，最大程度减少灾害损失；应急决策流程在信息收集分析的基础上，制定并评估方案，再到执行与动态调整，确保决策科学合理且能灵活适应复杂多变的应急场景。

① 王祥喜.坚持改革创新推动应急管理事业高质量发展[EB/OL].理论网，2025-03-14.

然而，随着社会发展和风险环境的变化，应急指挥体系的运行机制仍需不断优化。未来，应持续提升预警的精准度和时效性，加强应急响应的协同性与灵活性，深化应急决策的科学性与前瞻性，从而全面提升应急指挥体系的整体效能，从容应对各类潜在的突发事件。

第四节 应急指挥体系的硬件基础与功能布局

在应急指挥体系架构中，场所设施作为不可或缺的硬件基础，是应急响应行动得以有效开展的关键依托。从肩负核心调度重任的应急指挥中心，到争分夺秒开展救援的现场设施，再到提供物资保障的储备库，它们在空间布局、功能设计以及设备配置上的合理性与先进性，直接影响着应急指挥的效率与成效。

完善的应急场所设施是实现科学决策、高效救援的物质前提。面对日益复杂多变的灾害风险与事故隐患，深入剖析这些场所设施的功能布局与发展需求，对于提升应急指挥体系的整体效能、筑牢安全防线具有重要意义。

一、应急指挥中心

应急指挥中心作为应急指挥体系的核心枢纽，承载着信息汇聚、决策制定、资源调配与行动指挥等关键职能。在面对各类突发灾害与紧急事件时，它整合多部门信息，联动各方力量，是实现快速响应、高效救援的关键所在，其重要性不言而喻。

（一）指挥中心的空间布局与设计理念

应急指挥中心作为应急指挥体系的核心枢纽，其空间布局与设计理念至关重要。合理的空间布局能够提高指挥中心的工作效率，保障信息流通的顺畅，而先进的设计理念则能满足应急指挥的特殊需求。[1]

应急指挥中心通常划分为多个功能区域，具体包括指挥决策区、信息处理区以及会商研判区等。指挥决策区位于中心位置，配备先进的可视化指挥系统，方便指挥官实时掌握现场情况，做出科学决策。信息处理区则集中了大量的计算机设备和专业技术人员，负责收集、整理和分析各类应急信息。

---

[1] 李纲，叶光辉.智慧应急决策情报支持[M].北京：科学出版社，2022.

会商研判区是多方协同研讨的关键场所，配备高清大屏与远程会议设备，能让专家、各部门负责人围坐一处，在灾害地图、数据模型等资料辅助下，针对应急信息与态势，共同分析研判，为指挥决策提供专业依据，确保决策科学、精准。

在设计理念上，指挥中心注重开放性与灵活性。开放性体现在各功能区域之间的无障碍沟通与协作，确保信息能够迅速传递；灵活性则是指空间布局能够根据不同的应急场景进行灵活调整。例如，在应对自然灾害时，可以扩展信息处理区，以便高效处理大量的灾情监测数据。在应对公共卫生事件时，能够迅速调整会商研判区，满足专家远程会诊和疫情防控策略讨论的需求。

此外，指挥中心的设计还注重舒适性和安全性，为工作人员提供良好的工作环境，确保在长时间高强度的应急工作中保持高效状态。

（二）关键技术设备与系统集成

应急指挥中心配备了一系列关键技术设备，这些设备是实现高效应急指挥的硬件基础。先进的技术设备和系统集成能够提升应急指挥中心的信息化水平，增强其应对复杂突发事件的能力。

其一，通信系统是指挥中心的"神经"，包括卫星通信、数字集群通信、应急广播等多种通信方式，确保在任何情况下都能与现场救援人员、上级部门和其他相关单位保持畅通的联系。例如在地震等自然灾害导致地面通信设施受损时，卫星通信能够迅速发挥作用，保障指挥中心与受灾地区的通信。

其二，可视化指挥系统同样是关键设备之一，涵盖大屏幕显示技术、地理信息系统（GIS）及视频会议系统等组件，能够将各类应急信息以直观的方式呈现给应急指挥官。例如在城市应急管理中，利用 GIS 技术可以实时展示城市的地理信息、人口分布、基础设施等情况，结合现场视频监控画面，指挥官能够快速了解突发事件的位置和周边环境，合理调配救援力量。

此外，应急指挥中心还整合了应急管理信息系统、数据分析系统等关键模块，旨在实现对各类应急数据的集中管控与深度剖析，从而为决策层提供坚实的科学支撑。

二、应急救援现场设施

应急救援现场设施是应急指挥体系伸向灾难核心的触角，是一线救援行动的物质支撑。从临时搭建的指挥帐篷，到各类抢险救援设备，它们在现场恶劣环境中迅速就位，为被困人员开辟生命通道，肩负着化解危机、减少损失的重任，是应急处置的关键依托。

（一）临时指挥场所的搭建与功能实现

在应急救援现场，临时指挥场所作为组织和协调救援行动的关键阵地，发挥着至关重要的作用。快速搭建功能齐全的临时指挥场所，能够确保救援现场的指挥有序，提高救援效率。

临时指挥场所通常采用可移动的方舱、帐篷等设施，具备基本的通信、办公和会议功能。例如，在火灾事故现场，消防部门迅速搭建临时指挥方舱，配备通信设备、办公桌椅和照明设施等。现场指挥官通过卫星通信设备与后方应急指挥中心保持联系，接收上级的指示和相关信息，同时指挥现场的灭火和救援行动。

此外，临时指挥场所还应具备信息搜集与发布的功能。例如在地震救援现场，工作人员通过现场勘查、无人机侦察等方式收集灾情信息，如人员被困位置、建筑物损毁情况等，及时将这些信息传递给临时指挥场所。临时指挥场所再将救援进展、安全注意事项等信息通过应急广播、现场公告等方式传达给救援人员和受灾群众，确保信息在救援现场的有效流通。

（二）现场救援设备与设施的布局

现场救援设备与设施的合理配置，直接关系到救援行动的高效展开。科学合理的设备设施布局能够提高救援效率，减少救援时间，为挽救生命争取更多机会。

在大型事故灾难现场，会根据救援任务的不同，划分为不同的设备设施区域。[①] 例如在建筑物坍塌事故中，将生命探测设备布置在靠近废墟的位置，以便快速探测生命迹象；将破拆设备和救援车辆集中放置在便于操作和调度的区域，确保在发现被困人员后能够迅速开展救援工作。

此外，还要考虑现场救援设备与设施的配套性。例如，在洪水灾害救援中，冲锋舟、橡皮艇等水上救援设备需要与码头、临时停靠点等设施相配套，确保救援人员能够迅速登船开展救援行动；现场还需设立专门的医疗救治区域，配备齐全的急救设备和药品，以便对受伤人员实施及时有效的救治。

通过合理布局现场救援设备与设施，形成一个高效协同的救援体系，以提高救援行动的成功率。

① 李春娟. 突发事件应急管理知识系统演化研究 [D]. 秦皇岛：燕山大学，2015.

三、应急物资储备库

应急物资储备库，堪称应急指挥体系坚不可摧的"后勤堡垒"。在突发事件来临时，它扮演着关键角色，储备着各类救援抢险物资、生活保障物资，从救灾工具到民生补给，一应俱全，随时待命奔赴一线，为受灾群众送去希望，为救援行动提供坚实支撑。[①]

（一）储备库的选址与规模确定

应急物资储备库的选址和规模，直接影响到应急物资的调配效率与保障能力。科学合理的选址能够确保应急物资在最短时间内送达受灾地区，而合适的规模则能满足不同类型突发事件的物资需求。

在选址过程中，通常需综合考虑交通便利性、地理位置的安全性以及辐射范围等多重因素。一般来说，应优先选择邻近交通干线的位置，以便于物资的高效运输和调配；同时，需避免在易受自然灾害侵袭的区域进行选址，例如洪水淹没区、地震断裂带等高风险地带；同时，根据不同地区的风险特点和人口分布，确定储备库的辐射范围，确保能够覆盖周边地区的应急物资需求。

在规模确定上，需要综合考虑多种因素，需要分析历史上各类突发事件的物资消耗情况，结合未来的风险预测，确定储备库的物资储备量；对于自然灾害频发的地区，要加大帐篷、食品、饮用水等生活物资以及抢险救援设备的储备规模；对于传染病防控的重点区域，应加大医疗防护物资及药品的储备力度。

通过科学的选址和合理的规模确定，共同提高应急物资储备库的保障能力。

（二）物资分类存储与信息化管理

应急物资储备库需对物资进行分类存储，以便于管理和调配。合理的物资分类存储能够提高物资管理效率，确保在紧急情况下快速找到所需物资，通常将应急物资分为生活保障类、医疗救护类、抢险救援类、通信电力类等。

生活保障类物资涵盖食品、饮用水、帐篷、棉被等；医疗救护类物资则包括药品、医疗器械、防护用品等；抢险救援类物资涉及消防车、起重机、挖掘机、生命探测仪等；通信电力类物资则包含卫星电话、对讲机等通信设备，以及应急发电车、移动电源、配电箱等电力设备。对各类物资进行分区存储，并设置醒目的标识牌，以便快速查找和取用。

此外，还需运用信息化管理手段，以提升物资管理的精准度和效率。具体措施包括建立应急物资管理信息系统，对物资的入库、出库、库存盘点等进行实时监控和管理，如图 4-3 所示；通过物联网技术，对物资的存储环境进行监测，如温度、湿度等，确保物资的质量和安全。在突发事件发生后，通过信息系统能够迅速了解物资的库存情况，根据需求进行快速调配，提高应急物资的保障能力。

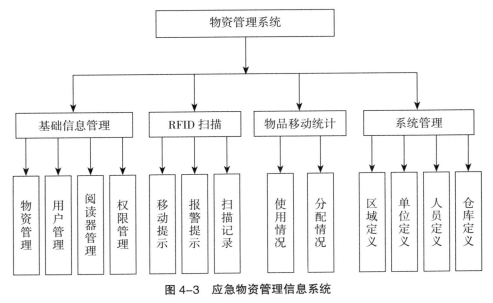

图 4-3 应急物资管理信息系统

（图片来源：苏州新导智能科技有限公司官网，2022-06-28）

四、场所设施的优化策略与发展趋势

应急指挥体系的场所设施，构成了应急行动得以有效落地的物理基础。无论是应急指挥中心，还是救援现场的相关设施及物资储备库，其布局设计与功能配置均至关重要。在复杂多变的灾害形势下，如何优化现有场所设施，顺应时代把握发展趋势，成为提升应急指挥效能、守护人民安全的关键命题。

（一）智能化升级与技术融合

随着科技的持续进步，应急指挥场所设施的智能化升级与技术融合已成为不可逆转的趋势。智能化技术的应用不仅能提升应急指挥的自动化水平，还能增强决策的科学性，从而确保应急指挥的高效运转。[①]

① 雷霆，孙骞，王孟轩．基于 5G 的智慧应急指挥平台 [J]．指挥与控制学报，2020，6(4)：19-23.

首先，在应急指挥中心，引入人工智能、大数据分析和云计算等前沿技术，能够实现对海量应急信息的自动分析与处理。借助人工智能算法，可以预测灾害的发展趋势，为指挥官提供精准的决策建议；通过大数据分析技术，挖掘历史应急数据，总结经验教训，进一步优化应急指挥流程。

其次，在应急救援现场，智能化设备的应用显著提升了救援效率和安全性。智能生命探测仪能够更精准地探测生命迹象，而智能救援机器人则可以替代救援人员进入危险区域执行任务。

最后，加强不同技术间的深度融合至关重要。例如，将通信技术与定位技术相结合，能够实现对救援人员和物资的实时定位与跟踪，从而大幅提升救援行动的协同效率。

（二）标准化建设与通用性提升

为了提升应急指挥场所设施的建设及管理水平，强化标准化建设与通用性提升显得尤为关键。中国标准化研究院周倩认为："标准化建设能够规范应急指挥场所设施的设计、建设和运行，提高设施的质量和可靠性，而通用性提升则能增强设施的适应性和兼容性。"[1]

首先，制定统一的应急指挥中心建设标准，包括空间布局、技术设备配置、通信系统要求等，确保各地的应急指挥中心在功能和性能上保持一致。

其次，制定应急物资储备库的建设标准及物资储备标准，明确规范物资的储备种类、数量及相关管理要求。

最后，在通用性提升方面，推广采用通用的接口和协议，实现不同厂家的技术设备之间的互联互通。在应急通信系统中，采用通用的通信协议，确保不同通信设备之间能够相互兼容，避免出现通信不畅的情况。

通过标准化建设和通用性提升，提高应急指挥场所设施的整体水平，降低建设和维护成本。

综上所述，应急指挥体系中的场所设施，从应急指挥中心、应急救援现场设施到应急物资储备库，各自承载独特功能，共同构成应急行动的硬件支撑网络。其中，应急指挥中心凭借科学的空间布局与先进技术设备，成为应急决策的大脑中枢；应急救援现场的设施需快速搭建并合理布局，以确保一线救援工作的高效开展；应急物资储备库则通过科学选址、分类存储及信息

---

① 周倩　秦挺鑫.我国应急避难场所标准化现状及问题分析 [EB/OL].中国标准化研究院公共安全标准化研究所，2022-09-16.

化管理，为应急行动提供坚实的物资保障。

然而，随着时代的进步与技术的不断发展，应急场所设施既面临新的挑战，也迎来新的机遇。智能化升级与技术融合成为提升效率、精准度和决策科学性的必由之路，标准化建设与通用性提升则能规范建设、增强设施兼容性与适应性。持续优化场所设施，将会有力推动应急指挥体系向更高效、更智能、协同方向发展，为应对各类突发事件提供更坚实保障。

本章小结

本章围绕应急指挥体系架构的运行与完善展开深入探讨，旨在构建一个系统性、综合性的知识框架，助力读者透彻理解应急指挥体系的构成与运行机制，为高效开展应急指挥工作奠定坚实基础。

在指挥机构方面，清晰梳理了组织架构，明确各部门职能分工，构建起职责明晰、协同高效的指挥中枢，确保应急工作有序开展。

在应急指挥岗位方面，深入探究应急指挥体系中的人员构成，明晰了不同岗位的专业素养与职责分配。

运行机制上，着重剖析应急响应机制、应急决策流程等关键内容，为应对突发事件提供标准化、科学化的流程指引，保障在危急时刻快速反应、科学决策。

硬件基础与功能布局部分，对应急指挥中心、应急救援现场设施、应急物资储备库等进行阐述，它们是应急行动的物质支撑，决定着救援效率与效果。

总之，应急指挥体系架构各环节紧密相连，组织架构与职能分工是核心，岗位人员是关键，运行机制是脉络，硬件基础与功能布局是保障，只有协同完善，才能全面提升应急指挥能力，有效应对各类突发状况。

通过本章的阐述，我们清晰地认识到应急指挥体系架构是一个复杂而精密的系统，各要素、各机制相互关联、相互作用。只有深入理解并不断优化这一体系架构，加强各环节的协同配合，才能在面对各类突发事件时，实现快速响应、科学决策和高效处置，最大程度降低灾害损失。

第五章　应急指挥决策方略解析

应急指挥决策直接影响着突发事件应对的成败。应急指挥决策以时间紧迫性、高风险性和动态调整性为显著特征，这些特点相互交织，构成了应急指挥决策的复杂图景。

在复杂多变的应急场景下，了解决策的特点、类型与方法，分析影响因素并探索优化策略，是提高决策科学性与有效性的关键，对提升应急指挥水平至关重要。

第一节　应急指挥决策的类型

在应急管理的复杂体系中，应急指挥决策无疑是核心环节，承担着化解危机、保障人民生命财产安全以及维护社会稳定的重要职责。与常规决策不同，应急指挥决策诞生于突发事件的混沌与紧迫之中，每一项指令都关乎重大利害。

不同类型的决策如同精密仪器的各个部件，各自发挥独特功能，共同构建起应急指挥决策体系。从宏观把控方向的战略决策，到现场灵活调配资源的战术决策；从紧急关头力挽狂澜的危机决策，到日常夯实应急基础的常规决策，它们在各自的应用场景中展现价值。

正如罗伯特·希斯在《危机管理》中所强调，理解应急指挥决策的类型，是科学应对危机的前提。[①] 深入剖析这些决策类型，有助于我们把握应急指挥决策的精髓，提升应急管理的科学性与有效性，在危机来临时做出更精准、更有力的回应。

---

① 　罗伯特·希斯．王成，炳辉，金瑛　译．危机管理 [M]．北京：中信出版社，2001.

一、战略决策

所谓战略决策，是指企业或组织为了实现长期目标和愿景，在对外部环境和内部资源进行全面分析和评估的基础上，所做出的关于整体发展方向、重大方针政策以及资源分配等方面的根本性、全局性、长远性的决策。

如图 5-1 所示，在应急指挥体系中，战略决策犹如定海神针。它超越了对一时一事的简单应对，着眼于宏观局势与长远发展。

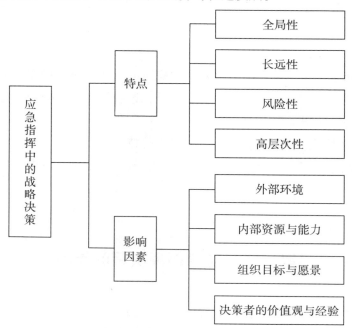

图 5-1　应急管理中战略决策的特点与影响因素

（一）战略决策的内涵与特点

战略决策在应急指挥决策体系中占据着宏观引领的关键地位，是对整个应急管理方向、目标和重大资源配置的长远规划。[①] 具体而言，战略决策具备以下特性：

1. 全局性

战略决策关乎应急管理的全局，其核心在于从宏观层面明确应急行动的总体目标、资源分配的基本框架以及长期的应对策略。这种决策具有高度的前瞻性和全局性，旨在为应急管理提供一个长期稳定的指导框架。

① 郭雪松，朱正威. 中国应急管理中的组织协调与联动机制研究 [M]. 北京：中国社会科学出版社，2016.

战略决策注重全局而非局部，深入考量决策对整个组织或系统的广泛影响，协调各部分之间的内在联系，旨在实现整体最优化的目标。

2. 长远性

战略决策着眼于未来较长时期的发展，通常会考虑几年甚至几十年后的情况，追求长期的利益和可持续发展。

在应对重大自然灾害时，战略决策体现在对灾害应对的整体布局上。以地震灾害为例，从全国或区域层面制定长期的地震灾害防御规划，包括确定地震重点防御区，规划建设抗震救灾物资储备体系，以及制定提升全社会抗震减灾能力的长期战略，如开展地震科普宣传、推动建筑抗震标准的提升等。这些决策并非针对某次具体地震灾害的即时应对，而是着眼于未来数年甚至数十年，通过系统性的规划和资源投入，提升整体的抗震减灾能力。

3. 风险性

战略决策的特点还在于其决策过程的复杂性，需全面考量政治、经济、社会、环境等多维因素。鉴于其面向未来的特性，战略决策面临众多不确定性因素，因此往往伴随着较高的风险。这就要求决策者对各种潜在情况进行精准预测与细致评估。

4. 高层次性

战略决策一般由组织的高层管理者做出，他们需要综合考虑组织的使命、愿景、资源、能力等多方面因素，从宏观角度把握组织的发展方向。

（二）战略决策在大型灾害中的应用

在大型灾害，如特大山洪泥石流灾害的应对中，战略决策发挥着不可替代的作用。

面对大型灾害，战略决策能够整合各方资源，协调各部门行动，为灾害应对提供坚实的战略支撑。[①] 如在地质灾害中，在灾害发生前，战略决策体现为对山洪泥石流灾害风险的评估与防范规划，通过地质勘察、气象监测等手段，识别易发生山洪泥石流的区域，制定并实施一系列的防范措施，如修建防洪堤坝、开展水土保持工程、建设灾害预警系统等。

灾害发生后，战略决策聚焦于恢复重建和防灾能力提升，如确定受灾地

---

① 张云霞.全面提升国家综合防灾减灾救灾能力[EB/OL].新华网，2024-11-12.

区的重建规划，包括城镇布局调整、基础设施的抗震加固和升级等；同时，从战略高度总结经验教训，加大对灾害监测预警技术研发的投入，加强专业救援队伍建设，提高全社会对山洪泥石流灾害的防范意识和应对能力。例如，在某地区发生严重山洪泥石流灾害后，政府做出了将部分受灾严重且地质条件不稳定的村落整体搬迁至安全区域的战略决策，并投入资金建设新的安置点，完善基础设施配套，提升了当地居民抵御未来灾害的能力。

（三）战略决策的影响因素

1. 外部环境

影响战略决策的外部环境涵盖诸多因素，其中既包括政治、经济、社会、技术等宏观环境要素，也涉及行业竞争态势、市场需求变化等微观环境因素。

2. 内部资源与能力

影响战略决策的内部资源与能力涵盖组织自身的人力、物力、财力资源，以及技术研发、生产运营、市场营销等方面的能力，这些要素构成了制定战略决策的坚实基础。

3. 组织目标与愿景

明确的组织目标和愿景为战略决策提供了清晰的方向和有力的指引，确保决策与组织的长期发展方向高度一致。

4. 决策者的价值观与经验

决策者的个人价值观、风险偏好以及过往的决策经验，在一定程度上会对战略决策的制定产生影响。

二、战术决策

所谓战术决策，是指在应急指挥等特定情境下，为了实现战略决策所确定的目标，针对具体的现场情况和短期任务，在较短时间内做出的关于行动方案、资源调配、人员安排等方面的具体决策。

在应急指挥体系中，战术决策犹如神经末梢，精准且迅速地将指挥中枢的指令传递至现场每个行动单元。[①] 它聚焦现场实际状况，着重解决应急处置中的具体问题，在资源调配、行动步骤规划等方面发挥着关键作用，直接决定应急行动的效率与成效。

---

① 刘菲. 应急指挥决策机制再思考[EB/OL]. 中国指挥与控制学会，2024-11-12.

（一）应急指挥战术决策的概念与特性

应急指挥战术决策，是在战略决策的指导下，针对具体应急救援行动进行的现场指挥和资源调配的决策。[①]战术决策直接关乎应急救援行动的效率和效果，它强调根据现场实际情况，灵活、快速地调配资源，组织救援力量，以实现应急救援的具体目标。

战术决策重点关注组织内特定部门、业务或项目等局部范围内的问题，旨在优化局部的资源配置和工作流程，以支持整体战略目标的实现。

战术决策具有很强的针对性和时效性，是对现场复杂多变情况的即时响应。战术决策通常针对当前或近期的具体任务和情况进行决策，决策的影响期限相对较短，一般在一年以内甚至更短。

例如在火灾事故救援中，消防指挥官需要根据火势大小、燃烧物质、建筑物结构以及周边环境等现场信息，迅速做出战术决策：确定采用何种灭火战术，是直接灭火、间接灭火还是采取堵截、冷却等战术；如何调配消防车辆、消防人员以及灭火器材等资源，以确保灭火行动的高效开展。

战术决策是对战略决策的细化和落实，专注于如何具体执行以实现战略目标，更加注重决策的可操作性和执行效果。它需要根据实际情况的变化，及时进行调整和优化，以适应不断变化的环境和任务要求，具备较强的灵活性和应变能力。

此外，战术决策还需考虑现场救援人员的安全，依据火灾现场的危险程度，合理规划救援人员的行动路线和防护措施。这类决策通常需在短时间内做出，并需根据现场情况的动态变化及时作出调整。

（二）战术决策在事故灾难救援中的体现

在化工企业爆炸事故等灾难性事件的救援过程中，战术决策的至关重要性尤为显著。化工爆炸事故具有复杂性和危险性，科学合理的战术决策是减少人员伤亡和财产损失的关键。

在事故发生后，现场指挥人员首先要对事故现场进行快速侦察，了解爆炸物质的种类、性质、泄漏情况，以及周边是否存在其他危险化学品等信息，根据这些信息，制定救援战术。如果存在有毒气体泄漏，首要任务是组织力量进行堵漏，同时疏散周边群众，并调配专业的防化救援队伍和装备进行洗

① 岳军，吕建军，卢春峰.关于应急指挥体系和能力建设的实践与思考[J].江苏应急管理.2023（12）:33-34.

消作业，防止有毒气体扩散。

在资源调配方面，根据救援任务的需求，应迅速调集消防、医疗、公安等多部门的力量：消防部门负责灭火和抢险救援，医疗部门在现场设立临时医疗点，对受伤人员进行紧急救治，公安部门负责维护现场秩序和交通管制；同时，合理调配救援物资，如灭火药剂、防护装备、急救药品等，确保救援工作的顺利进行。

在救援过程中，随着现场情况的变化，如火势扩大、新的危险点出现等，战术决策需要及时调整，以适应不断变化的救援需求。

（三）战略决策和战术决策的区别

战略决策和战术决策在多个方面存在区别，具体如下：

1. 决策层次不同

战略决策是由高层管理者负责的决策，具有宏观性和全面性，直接关系到组织的整体发展方向和长远利益。

而战术决策则主要由中层或基层管理者制定，在战略决策的指导下，针对具体业务或局部问题进行决策。

2. 决策范围不同

战略决策涵盖组织的全局范畴，涉及明确组织使命、设定目标、挑选业务领域以及规划资源配置等多个关键环节。

战术决策侧重于组织内部特定部门或业务环节，如生产计划安排、市场营销策略制定等。

3. 决策时间跨度不同

战略决策着眼于长远，通常涵盖数年甚至更长时间，着重考虑组织的未来发展趋势及其长期利益。

战术决策则聚焦于短期，一般在一年以内，更侧重于当前具体任务的圆满完成和短期目标的顺利实现。

4. 决策风险不同

战略决策因涉及众多不确定性因素，对组织的影响深远且风险较高；一旦出现失误，可能导致组织在市场竞争中陷入劣势，甚至危及生存。相比之下，战术决策的风险相对较低，影响范围较为局限；即便决策失误，通常也能通过及时调整，在局部范围内有效解决。

5. 决策依据不同

战略决策基于宏观环境分析、行业发展趋势、组织的资源和能力等因素，更加注重对外部环境的精准把握以及组织长期发展潜力的培育。

战术决策依据具体的业务数据、市场反馈、现场实际情况等，更关注当前的具体问题和实际操作中的细节。

三、危机决策

在应急指挥的核心环节中，危机决策无疑扮演着至关重要的角色。当突发事件如暴风雨般袭来，时间紧迫、资源受限，每一秒都关乎生死存亡。此时，危机决策成为破局关键，它不仅考验决策者的智慧与勇气，更决定着应急行动的走向和最终成效。

（一）危机决策的定义与要点

危机决策，是指在突发事件引发的紧急状态下，为了避免事态恶化、减少损失而做出的关键决策。[①]

危机决策具有高度的时间紧迫性和信息不确定性，决策者需要在有限的时间和信息条件下，迅速做出能够扭转局势的决策。危机决策往往面临巨大的压力和风险，一旦决策失误，可能导致严重的后果。

在突发公共卫生事件中，如新型传染病疫情的初期，危机决策尤为关键。当疫情刚出现时，对病毒的传播途径、致病机理等信息了解有限，但疫情传播迅速，对公众健康和社会稳定构成巨大威胁。此时，政府需迅速做出危机决策，如是否启动重大突发公共卫生事件应急响应、是否采取封城、隔离等严格的防控措施。这些决策需在短时间内权衡利弊，既要考虑疫情防控的迫切需求，又要兼顾对社会经济、民生保障等方面的影响。

此外，危机决策不仅具有高风险性，还表现出非程序性的特征。危机决策的结果对组织或社会的影响巨大，一旦决策失误，可能会造成人员伤亡、财产损失、社会动荡等严重后果，因此决策风险极高。危机事件往往具有独特性和突发性，没有固定的决策程序和模式可遵循，需要决策者根据具体情况灵活应对。

---

① 郭定平. 突发事件中应急指挥体系的实践与思考 [J]. 工程建设 (2630-5283).2024（11）22-24.

（二）危机决策的方法和原则

有效的危机决策过程，需要遵循科学的方法和原则。

首先，快速评估，在危机发生初期，迅速收集和分析有限信息，对危机的性质、规模、影响范围和发展趋势做出大致判断，为后续决策提供基础。例如，在化学品泄漏事故中，迅速评估泄漏物质的毒性及其扩散范围。

其次，多方案制定。尽管时间紧迫，仍应尽可能提出多种可行的应对方案，对各方案的利弊进行初步权衡。然后是果断抉择，决策者要在充分考虑各种因素的基础上，迅速选定最佳方案并付诸实施，避免犹豫不决。

最后，动态调整。在危机发展过程中，应依据新出现的情况和反馈信息，及时对决策进行必要的修正和完善。

（三）危机决策在危机事件中的应用

2008 年汶川地震发生后，湔江沿线形成了多个堰塞湖，其中唐家山堰塞湖的危险性最为显著，直接威胁到下游 100 多万群众的生命财产安全。由中央政府高层、地方领导和专家组成的应对小组紧急处理，在执行中形成泄流槽和爆破堰塞体大坝两种方案，同时根据时间紧迫和天气变化不断调整应对预案，疏散居民工作复杂艰难。[①]

在疫情防控过程中，危机决策则体现在对医疗资源的调配和疫苗接种策略的制定上。

根据疫情的发展态势，合理调配口罩、防护服、检测试剂等医疗物资，优先保障重点地区和关键岗位的需求。

在疫苗成功研发之后，需立即着手制定详尽的疫苗接种计划，明确接种人群的优先顺序，有序推进疫苗的大规模接种工作，逐步构建起坚实的群体免疫屏障。

这些危机决策在疫情防控中发挥了关键作用，体现了危机决策在应对公共卫生事件中的重要性和复杂性。

四、常规决策

常规决策是应急指挥决策体系中在日常应急管理阶段进行的决策活动。

---

① 汪延，王圣志．聚焦唐家山堰塞湖抢险最新方案：艰难的抉择 [EB/OL]．中国政府网（www.gov.cn），2008-02-09．

与危急时刻的紧迫决策不同，常规决策在应急指挥中就像稳健的基石。它虽不似危机决策扣人心弦，却在日常应急管理进程里有条不紊地运转，依据既定流程与丰富经验，为应急工作提供常态化支撑，保障整体运作有序。

（一）常规决策的范畴与意义

常规决策主要涵盖应急管理的日常性工作，具体包括应急预案的制定与修订、应急演练的组织安排以及应急物资的储备管理等方面。常规决策是应急管理的基础工作，通过科学合理的常规决策，能够提升应急管理的规范化、制度化水平，为应对突发事件做好充分准备。

应急预案的制定是常规决策的重要组成部分。针对不同类型突发事件的特点及其潜在的发展态势，制定详尽的应对预案，明确各部门在应急响应中的职责、任务及行动流程。应急预案还应定期进行修订，以适应不断变化的新的风险和形势。

应急演练的组织也是常规决策的范畴，通过模拟不同类型的突发事件，检验和提升各部门之间的协同配合能力、应急响应速度以及应急处置能力。

应急物资的储备管理同样依赖于常规决策，包括确定物资的储备种类、数量、储备地点以及轮换更新机制等，确保应急物资在关键时刻能够发挥作用。

（二）常规决策在日常应急管理中的实践

在日常应急管理中，常规决策的实践体现在各个方面。

以某城市的应急管理为例，市政府定期组织专家对城市面临的风险进行全面评估，并根据评估结果及时修订应急预案。在应急预案中，明确规定了在发生火灾、地震、洪水等不同灾害时，消防、地震、水利等部门的职责和具体行动步骤。

同时，应急部门每年会组织多次大规模的应急演练，涵盖消防演练、地震应急疏散演练、防汛演练等。演练过程中，一旦发现问题，立即进行总结，并对应急预案和应急管理工作进行针对性的改进。

在应急物资储备管理方面，该城市构建了完善的应急物资储备体系。依据城市的人口规模、灾害风险等因素，科学确定应急物资的储备种类和数量，包括食品、饮用水、帐篷、医疗物资等。设立多个应急物资储备库，合理分布在城市的不同区域，确保物资能够迅速调配到所需地点。此外，制定应急物资轮换更新制度，定期对应急物资进行检查和更新，以保障物资的质量和可用性。

这些常规决策的实践，有效提升了城市的应急管理能力，为应对突发事件奠定了坚实的基础。

应急指挥决策类型丰富多样，其中，战略决策立足长远，为应急管理指明方向，在大型灾害的整体布局与长期规划中发挥关键作用；战术决策聚焦现场，根据实际情况灵活调配资源，在事故灾难救援中决定着救援效率与成败；危机决策于紧急状态下力挽狂澜，在公共卫生事件等危机场景中有效遏制事态恶化；常规决策夯实了日常应急管理的基础，通过制定应急预案、组织应急演练以及管理应急物资储备，为有效应对突发事件奠定了坚实基础。

随着社会发展和风险环境变化，应急指挥决策需不断优化。未来，应进一步强化不同决策类型间的协同配合，借助先进技术提升决策的科学性与时效性，持续完善应急指挥决策体系。

第二节　应急指挥决策的方法

应急指挥决策是应急管理的核心环节，其质量直接关乎应急行动的成败以及灾害损失的控制程度。决策方法作为达成科学决策的工具，在应急场景中意义重大。从依赖过往经验与专业智慧的传统方法，到借助前沿科技与数据洞察的现代手段，每一种方法都在特定情境下发挥着关键作用。深入理解并合理运用这些决策方法，是提升应急指挥效能的关键。

随着时代发展与技术进步，应急管理面临的挑战日益复杂，梳理传统与现代决策方法，能为应急指挥决策提供更丰富的思路与更坚实的支撑，助力在危急时刻做出精准且有效的决策。

一、传统决策方法

在应急指挥决策的庞大体系中，方法是连接理论与实践的关键桥梁。传统决策方法作为应急指挥决策的基石，历经岁月沉淀，蕴含着深厚的经验与智慧。它在长期的应急实践中逐步形成，为后续决策方法的发展提供了基础和思路。

一般来说，在实施应急指挥决策时，都应遵守一定的流程，如图5-2所示。

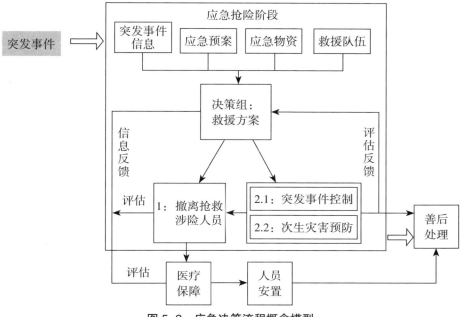

图 5-2　应急决策流程概念模型

（一）经验决策法

经验决策法，是应急指挥决策中最古老且应用广泛的方法之一，它基于决策者以往处理类似问题的经验进行决策。经验决策在一定程度上是一种实践智慧的传承，决策者凭借长期积累的知识和经历，能够快速判断局势并做出决策。[①]

例如，在火灾事故的初期应对中，经验丰富的消防指挥官依据过往处置火灾的经验，迅速判断火势大小、燃烧物质种类以及可能的蔓延方向，进而决定采取何种灭火战术。比如，面对油类火灾，指挥官凭借经验，便能知道不能用水直接灭火，而应采用泡沫灭火剂，利用泡沫覆盖隔绝氧气的原理来灭火。

经验决策法的优势在于其决策过程高效迅速，尤其在紧急情况下，能够迅速做出反应。例如，在地震救援现场，救援人员根据以往参与地震救援的经验，会快速判断废墟中哪些区域可能有幸存者，优先展开救援。

然而，经验决策法亦有其局限性。伴随着突发事件复杂性与多样性的持续提升，过往经验或许难以完全契合新的情境。在新型化工原料泄漏事故中，由于缺乏对该原料特性的了解，传统的泄漏处置经验可能无法有效应对，这就需要结合其他决策方法进行综合判断。

---

① 詹承豫.中国特色应急管理能力现代化：概念、特征与政策建议[J].贵州省党校学报，2023（6）：16–24.

（二）专家咨询法

专家咨询法，是通过征询相关领域专家的意见和建议，借助其专业知识和丰富经验，以辅助决策过程。专家咨询法能够汇聚各领域的专业智慧，为应急指挥决策提供科学、全面的依据。[①]

首先，在制定城市防洪应急预案时，政府会邀请水利专家、气象专家、地质专家等共同参与。水利专家凭借对河流湖泊水文特征的了解，提供关于洪水流量、水位变化等方面的专业意见；气象专家依据气象数据和模型，预测洪水发生的概率及其规模；地质专家则对城市周边的地质条件进行深入分析，评估洪水可能触发的地质灾害风险。

其次，在公共卫生事件中，专家咨询法的作用尤为突出。在疫情防控初期，医学专家凭借专业知识，为政府提供关于病毒传播途径、防控措施等方面的建议。专家们通过对疫情数据的分析和研究，提出"早发现、早报告、早隔离、早治疗"的防控策略，为疫情防控工作提供了重要指导。

然而，专家咨询法也存在一定问题，如专家之间可能存在意见分歧，且专家的判断可能受到知识局限和信息不全面的影响。

（三）头脑风暴法

头脑风暴法，是一种通过组织相关人员进行自由讨论，激发创新思维，寻求多种解决方案的决策方法。头脑风暴法能够打破常规思维定式，鼓励参与者提出各种新颖的想法和建议，为应急指挥决策提供更多的思路和选择。[②]

在应对城市交通拥堵引发的应急事件时，政府会组织交通管理部门、城市规划专家、交通工程学者以及市民代表等进行头脑风暴。参与者们从不同角度提出解决方案，如优化交通信号灯配时、开辟临时应急通道、推广智能交通系统、鼓励公共交通出行等。

在制定自然灾害救援方案时，同样可以采用头脑风暴法。应急指挥部门会召集救援专家、一线救援人员及受灾群众代表，共同探讨救援策略。一线救援人员凭借实际救援经验，能够提出一些切实可行的现场救援方法；而受灾群众则能从自身需求出发，提供关于被困位置和周边环境等关键信息，有助于完善救援方案。

①　高文静.山东省正式颁布《山东省应急管理专家管理办法》[EB/OL].中国安全生产网，2024-10-09.

②　[美]塞缪尔·W.富兰克林 著，王筱蕾，谢璐 译.解构创造力：百年狂热史[M].北京：社会科学文献出版社，2025.

尽管头脑风暴法能激发创新思维，但需注意控制讨论节奏，防止讨论偏离主题；同时，对提出的方案应进行科学评估，确保其具备可行性。

二、现代决策方法

随着时代的迅猛进步与科技的不断创新，应急指挥决策领域经历了深远的变革。现代决策方法，以科技赋能与数据驱动为核心，打破传统局限，借助先进技术与海量数据，为应急指挥决策注入新活力，开辟全新路径，提升决策的科学性与精准性。

（一）大数据分析法

大数据分析法是一种借助海量、多样且快速变化的数据，运用特定技术和工具，深入挖掘其中蕴含的有价值信息的方法。它融合了数学、统计学、计算机科学等多学科知识，通过数据收集与整理、存储与管理、分析与建模等环节，揭示数据间的隐藏关系和趋势，为决策提供依据，广泛应用于商业、医疗、交通等多个领域。

随着信息技术的迅猛发展，大数据分析法在应急指挥决策中得到了广泛应用，具体如图 5-3 所示。该方法能够对海量的应急数据进行高效收集、系统整理和深入分析，挖掘数据背后的规律与趋势，为应急指挥决策提供精准且全面的信息支持。[①]

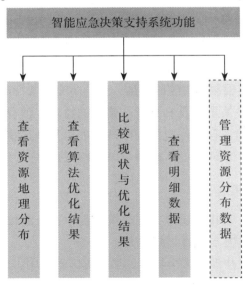

图 5-3　智能应急决策支持系统功能

① 　马奔、毛庆铎.大数据在应急管理中的应用 [J].中国行政管理，2015（3）:47-48.

在气象灾害预警中，通过收集气象卫星、地面气象观测站、雷达等设备获取的海量气象数据，运用大数据分析技术，可以更准确地预测灾害的发生时间、地点和强度。例如，通过对历史气象数据和实时监测数据的分析，能够提前预测台风的路径和登陆地点，为沿海地区的防灾减灾提供预警信息。

在城市应急管理中，大数据分析法可以整合交通、能源、环境等多领域的数据，实现对城市运行状态的实时监测和风险预警。通过深入分析交通流量数据，及时发现交通拥堵节点，并提前采取有效的疏导措施；通过精准监测能源消耗数据，预测能源供应短缺风险，确保城市能源安全。

尽管大数据分析法具备强大的功能，但也面临着数据安全、隐私保护及数据质量等方面的挑战，亟需构建健全的数据管理机制以妥善应对。

（二）人工智能辅助决策

人工智能辅助决策，是指运用机器学习、深度学习等人工智能技术，对复杂的应急场景进行模拟与剖析，从而为决策者提供精准的决策建议。[①]

人工智能辅助决策能够高效处理海量数据，模拟各类决策方案的实施效果，助力决策者做出更加科学、合理的决策。

在地震救援中，利用人工智能算法对地震监测数据进行分析，可以快速确定地震的震中位置、震级以及可能的受灾范围；同时，通过对建筑物结构数据的分析，预测哪些区域的建筑物可能倒塌，为救援力量的部署提供依据。

在疫情防控过程中，人工智能技术能够通过深入分析疫情传播模型及人员流动数据，精准预测疫情的发展趋势，从而为制定科学有效的防控措施提供有力参考。例如，利用人工智能算法模拟不同防控措施下疫情的传播情况，评估隔离、社交距离限制等措施的效果，帮助决策者选择最优的防控方案。

人工智能辅助决策虽然具有高效、精准的特点，但目前人工智能技术的发展日新月异，目前还存在一定的局限性，如对复杂环境的适应性不足、决策过程缺乏可解释性等问题，需要进一步研究和改进。

（三）多目标决策法

多目标决策法，是指在应急指挥决策过程中，全面权衡多个相互冲突的目标，以探寻最优解决方案的一种方法。

应急指挥决策往往涉及多个目标，如在灾害救援中，既要考虑救援效率，又要保障救援人员安全，还要尽量减少财产损失，多目标决策法能够在这些

① 滕召旭.浅谈智慧应急[J].湖南安全与防灾，2021(11)：58-60.

目标之间进行权衡，做出科学合理的决策。[①]

又如，制定城市供水系统应急抢修方案时，需要考虑多个目标，一方面，要尽快恢复供水，保障居民生活和城市正常运转；另一方面，必须确保抢修过程的安全性，以防止二次事故的发生；与此同时，还需有效控制抢修成本，合理配置资源。借助多目标决策法，能够构建数学模型，对不同抢修方案进行全面评估和比较。在模型中，将恢复供水时间、安全风险、成本等因素作为目标函数，通过求解模型，得到在不同目标之间平衡的最优方案。

多目标决策法能够提高决策的科学性和合理性，但在实际应用中，确定各目标的权重和量化指标存在一定难度，需要结合专家意见和实际情况进行综合判断。

综上所述，应急指挥决策方法涵盖传统与现代多种类型，各有优劣与适用场景。传统的经验决策法凭借决策者的实践积累，在熟悉情境下能快速反应，但面对新问题易显局限；专家咨询法集萃专业智慧，为决策夯实科学根基，然而，其效果可能受制于专家意见的分歧等多元因素；头脑风暴法点燃创新火花，拓宽决策视野，但需得当引导与细致筛选建议。现代的大数据分析法则深挖海量数据宝藏，精准预判灾害走势，却也直面数据安全与质量的双重挑战；人工智能辅助决策借助智能算法模拟分析，提供科学建议，但技术本身存在适应性与可解释性难题；多目标决策法综合权衡多目标，实现科学抉择，却在目标权重确定上存在挑战。

未来，应急指挥决策需要融合多种方法。一方面，应持续优化传统方法，并结合现代技术，以提升其科学性和有效性；另一方面，深入发展现代方法，攻克技术难题，提升决策的精准性与效率。通过整合运用，构建更完善的决策方法体系，使应急指挥决策在复杂多变的危机中更具科学性、灵活性与适应性。

第三节　影响决策的内外因素探究

应急指挥决策绝非孤立行为，而是在内部与外部诸多因素交织影响下进行的复杂活动。[②]从内部看，决策者自身素质、组织沟通机制等，犹如引擎与齿轮，驱动并协调着决策进程；从外部来讲，信息质量、社会舆论氛围、法律法规框架等，好似气候与路况，塑造并制约着决策环境。

① 刘娇，王雷，商小平．应急决策、指挥与处置［M］.中国人民公安大学出版社，2016.

② 童星．中国应急管理：理论、实践、政策［M］.北京：社会科学文献出版社，2012.

全面深入地了解这些影响因素，是构建科学决策体系的坚实基础。

深入探究影响应急指挥决策的内外因素，有助于我们精准把握决策要点，优化决策流程，提升应急管理水平，在危机来临时做出更具针对性、科学性和有效性的决策。

一、内部因素

在应急指挥决策的复杂体系中，内部因素起着至关重要的作用。这些因素根植于应急指挥组织的内部结构、人员构成和运行机制之中，对决策的产生、形成与执行的全流程施加影响，决定着决策的质量与效率，进而关乎应急处置的成败。

（一）决策者的知识与经验储备

决策者的知识储备和经验积累是影响应急指挥决策的关键内在因素之一。丰富的知识和经验能使决策者在面对复杂的应急情况时，迅速理解问题本质，做出相对准确的判断和决策——这一点在前文的经验决策法中已有阐述。

（二）决策者的心理素质与决策风格

决策者的心理素质及其决策风格对决策过程及结果均产生显著影响。在高度紧张和压力巨大的应急情境下，决策者的心理素质决定了其能否保持冷静，理性地分析问题。

在重大自然灾害发生时，决策者面临着巨大的心理压力，既要考虑受灾群众的生命财产安全，又要协调各方资源进行救援。具备良好心理素质的决策者能够在混乱和紧急的情况下，保持清醒的头脑，有条不紊地指挥救援工作。

决策风格在很大程度上影响着决策过程。有些决策者属于果断型，面对危机时能够迅速做出决策，抓住最佳应对时机；而另一些决策者则较为谨慎，倾向于在收集更多信息后再进行决策。例如，在疫情初期，果断型的决策者可能会迅速采取封城等严格的防控措施，以有效防止疫情扩散；而谨慎型的决策者则可能会花费更多时间评估疫情的严重程度和潜在影响。这两种决策风格各有利弊，在实际应急指挥决策中，需要根据具体情况灵活运用，找到决策速度与决策质量之间的平衡。

（三）组织内部的沟通与协调机制

应急指挥决策往往不是单个决策者的行为，而是涉及多个部门和人员的协同工作，因此组织内部的沟通与协调机制至关重要。顺畅的沟通与高效的协调能够确保信息在组织内部及时传递，避免因信息不对称而导致的决策失误。

在火灾救援过程中，消防部门需要与医疗部门、交通部门等紧密协作。消防部门负责灭火及救援被困人员，医疗部门需及时对受伤者进行救治，而交通部门则需确保救援通道的畅通无阻。如果各部门之间沟通不畅，就可能出现救援物资运输受阻、受伤人员得不到及时救治等问题。

在大型灾害应对中，建立统一的指挥协调机构和高效的沟通机制尤为重要。通过定期召开协调会议、搭建信息共享平台等措施，能够有效增进各部门之间的沟通与合作。例如，在地震灾害发生后，成立抗震救灾指挥部，统一指挥各部门的行动，通过信息共享平台实时更新救援进展、资源需求等信息，确保各部门能够协同作战，提高应急指挥决策的效率和效果。

二、外部因素

在应急指挥决策的宏大版图中，外部因素如同复杂多变的风暴，持续冲击并重塑着决策路径。[①] 复杂环境涵盖自然、社会、经济、政治等多元领域，这些领域间相互交织、彼此影响，不仅增加了信息的繁杂程度，更让决策面临的不确定性呈指数级增长。

（一）信息的准确性与完整性

信息是应急指挥决策的基石，其准确性与完整性直接关乎决策的质量。准确且完整的信息能够为决策者提供全面的情况洞察，助力其作出科学合理的决策；反之，错误或不完整的信息则可能引发决策失误。

在气象灾害预警中，如果气象部门提供的气象数据不准确，如对台风的路径、强度预测错误，可能会导致沿海地区的防灾准备不足，造成严重的人员伤亡和财产损失。

在疫情防控中，准确掌握病毒的传播途径、感染人数、密切接触者等信息对于制定防控策略至关重要；如果信息统计不完整，可能会遗漏部分感染源，导致疫情反弹。

为了提高信息的准确性与完整性，需要建立完善的信息收集、整理和分析机制，运用先进的监测技术和数据分析方法，确保决策者获取的信息真实可靠、全面详实。

（二）社会舆论与公众压力

社会舆论和公众压力是影响应急指挥决策的重要外部因素。

---

① 李雪峰.基层应急管理指引[M].北京：大有书局（北京）有限公司，2024.

社会舆论能够映射公众的关切与诉求，对决策者施加舆论监督和压力，促使他们制定符合公众利益的决策。例如，在食品安全事件中，社会舆论的广泛关注将推动政府迅速采取行动，强化食品监管，深入调查事件成因，确保公众的食品安全。

同时，公众的施压亦会对政府决策产生显著影响。如在城市规划建设中，公众对环境污染问题的担忧和反对，可能会促使政府重新评估建设项目，调整规划方案。

然而，社会舆论和公众压力有时也可能产生负面影响。例如，不实的舆论报道可能会误导公众，进而给决策者施加不必要的压力，从而影响决策的科学性和合理性。在应急事件中，一些谣言的传播可能引发公众恐慌，干扰正常的应急救援工作。因此，决策者需要正确对待社会舆论和公众压力，既要关注公众的诉求，又要保持理性，依据事实和科学做出决策。

（三）法律法规与政策环境

法律法规和政策环境为应急指挥决策提供了坚实的制度框架和依据。完善的法律法规和政策能够有效规范应急指挥决策行为，确保决策的合法性和公正性。

在突发事件应对过程中，相关法律法规明确了政府、社会组织和公民的权利与义务，详细规定了应急响应的程序和措施。例如，《中华人民共和国突发事件应对法》对突发事件的预防与应急准备、监测与预警、应急处置与救援等方面做出了详尽规定，为应急指挥决策提供了有力的法律支撑。

同时，政策环境同样对决策产生重要影响。政府出台的产业政策、财政政策等，会直接影响到应急资源的调配和应急能力的建设。在防灾减灾领域，政府加大对基础设施建设的投入，提高建筑物的抗震标准，增强城市抵御自然灾害的能力，也会影响应急指挥决策的资源配置和救援策略。

此外，法律法规及政策亦需基于实际情况持续优化与更新，以应对日益复杂的应急管理需求。

综上所述，应急指挥决策受到内部与外部多种因素的共同作用。内部因素中，决策者的知识经验是决策的智慧源泉，心理素质和决策风格左右着决策节奏与方式，组织内部沟通协调机制则保障决策的协同性和高效性；外部因素里，信息的准确完整是决策的基石，社会舆论和公众压力反映民意的同时也考验决策者定力，法律法规与政策环境为决策划定边界、提供依据。卓越的危机管理需要妥善应对各种影响因素。

未来，一方面要强化决策者的能力培养，完善组织内部运行机制；另一方面，需优化信息管理，积极引导社会舆论，并完善相关政策法规。通过综合施策，削弱不利因素，强化有利因素，构建更稳固、高效的应急指挥决策体系，让决策在复杂多变的危机中稳健运行。

第四节　应急指挥决策效能优化的策略与路径

应急指挥决策效能直接关系到危机应对的成败，在维护人民生命财产安全与社会稳定方面扮演着关键角色。在复杂多变的应急情境中，提升决策效能已成为应急管理领域的核心课题。

科学且高效的决策是化解危机的关键所在。从决策主体的素养提升，到信息管理体系的完善，再到决策流程与机制的优化，各个环节都紧密关联着决策的质量与效率。深入探究这些策略与路径，有助于我们构建更具韧性和适应性的应急指挥决策体系，在关键时刻做出及时、精准且有效的决策。

本章全面剖析了应急指挥决策的多个关键要素，并提出了提升决策效能的优化路径。这些成果能够帮助指挥者在实际应急中，更加科学、准确地做出决策，合理调配资源，有效应对突发事件，提升应急指挥的决策质量与效率。

一、强化决策主体能力建设

提升应急指挥决策效能，决策主体扮演着至关重要的角色。在复杂多变的应急场景中，决策主体的能力犹如基石，决定着决策的质量与走向。强化决策主体能力建设，既是提升应急指挥水平的必然要求，也是有效应对各类突发状况的重要前提。[①]

（一）提升决策者的专业素养

决策者的专业素养构成了应急指挥决策效能的核心支撑。具备深厚专业知识的决策者，能够在复杂的应急情境中，快速且准确地理解问题本质，做出科学合理的决策。

在应对火灾事故的过程中，消防指挥官必须熟练掌握火灾动力学、灭火战术以及消防设备操作等专业知识。熟悉不同燃烧物质的特性，能让指挥官在火灾现场迅速判断火势发展趋势，选择最合适的灭火方法。

---

① 李耀东.城市智慧应急建设探索与研究 [J].物联网技术，2021，11(10)：45-47.

在公共卫生事件中，医学专业背景的决策者能够更好地理解疾病的传播机制、防控要点，制定出精准有效的防控策略。

为提升决策者的专业素养，应定期组织专业培训，邀请行业专家前来授课，分享最新的理论知识和实践经验。此外，还应鼓励决策者积极参与国内外学术交流活动，以拓宽视野，深入了解前沿技术和管理理念。

（二）培养决策者心理素质与领导力

应急指挥决策往往面临巨大压力和复杂局面，决策者的心理素质和领导力对决策效能有着重要影响。

首先，良好的心理素质能使决策者在危急时刻保持冷静，理性分析问题；卓越的领导力则有助于协调各方资源，高效执行决策。在地震灾害发生后，决策者需要迅速组织救援力量，调配救援物资，同时还要安抚受灾群众情绪。具备强大心理素质的决策者，能够在混乱和紧急的情况下，保持清晰的思维，有条不紊地开展救援工作。

其次，领导力则体现在决策者能够明确目标，合理分配任务，激励团队成员。在火灾救援中，消防指挥官要领导消防队员、医疗人员、交通警察等多部门协同作战，明确各部门职责，确保救援行动高效有序。为培养决策者的心理素质和领导力，可以开展模拟演练，设置各种复杂场景，让决策者在模拟环境中锻炼应对压力和协调团队的能力；同时，提供专业的心理咨询服务，协助决策者有效缓解工作压力，维持积极健康的心理状态。

（三）加强决策团队协作能力

应急指挥决策通常需要多部门、多领域人员共同参与，决策团队的协作能力直接影响决策效能。

高效的团队协作能够整合各方资源，充分发掘团队成员的专业特长，提升决策的科学性与可行性。在应对大型交通事故时，交通部门负责现场交通管制，医疗部门负责伤员救治，消防部门负责灭火和救援被困人员，各部门之间需要密切配合；如果团队协作不畅，可能会出现救援物资运输受阻、伤员救治不及时等问题。

为提升决策团队的协作能力，应建立健全的定期沟通机制。通过定期召开协调会议、搭建高效的信息共享平台等多元化手段，积极促进团队成员间的信息流通与有效沟通。此外，积极开展形式多样的团队建设活动，进一步深化团队成员间的信任与默契。在应急演练环节，着重模拟多部门协同作战的实际场景，全面提升团队成员的协作水平及应急响应能力。

二、完善信息管理体系

在应急指挥决策效能优化的征程中，完善信息管理体系是极为关键的一环。信息作为决策的基石，其管理水平的优劣直接影响着决策的质量和效率。复杂多变的应急场景中，混乱无序的信息易导致决策失误，完备高效的信息管理体系则能助力决策者把握关键、精准施策。[①]

（一）提升信息收集的全面性与准确性

准确而全面的信息是科学决策的基石。健全的信息收集机制能够确保决策者获取充足的信息，为决策提供全方位的依据。

在气象灾害预警中，需要综合运用气象卫星、地面气象观测站、雷达等多种手段，收集气象数据，包括温度、湿度、气压、风速、降水等信息；同时，还需收集地理信息及人口分布等相关数据，以便精确评估灾害可能带来的影响。

在疫情防控中，准确掌握感染人数、密切接触者、病毒传播途径等信息至关重要，可通过加强社区排查、核酸检测、大数据追踪等手段，全面收集疫情相关信息。

为提高信息收集的全面性与准确性，应建立多渠道信息收集网络，整合政府部门、社会组织、企业等各方资源；同时，运用先进的监测技术和数据分析方法，对收集到的信息进行筛选、核实和分析，确保信息的真实性和可靠性。

（二）强化信息传递的及时性与流畅性

为提升信息传递的时效性与流畅度，亟需构建高效的信息传递机制，明确信息传递的流程及责任主体。例如，借助现代通信技术，如卫星通信、数字集群通信、应急广播等手段，保障信息在不同部门及层级间的迅速流通；同时，设立信息反馈机制，及时获取信息接收方的反馈意见，确保信息传递的准确性与完整性。

（三）提高信息分析的科学性与深度

科学且深入的信息分析能够为决策提供强有力的支持。通过运用科学的数据分析方法，可以从海量信息中精准挖掘出有价值的数据，为决策过程提供坚实的科学依据。[②]

在城市应急管理中，通过对交通流量、能源消耗、环境监测等关键数据

① 马宝成.应急管理体系和能力现代化[M].北京：国家行政学院出版社，2022.

② 刘明.应急指挥智能信息化平台的研究[J].电脑知识与技术，2021(32)：84-86.

的深入分析，能够预测潜在的城市运行风险，从而提前制定有效的应对措施。

在疫情防控方面，借助大数据分析技术，可对疫情传播趋势和防控效果进行全面评估，为调整和优化防控策略提供科学依据。

为进一步提升信息分析的科学性和深度，亟需培养专业的数据分析人才，并运用先进的数据分析工具和算法，对信息进行精准、深入的挖掘与分析；同时，建立专家咨询机制，邀请相关领域专家对数据分析结果进行评估和指导，确保分析结果的科学性和可靠性。

三、优化决策流程与机制

在提升应急指挥决策效能的优化过程中，优化决策流程及其机制是关键的突破口。科学、高效的决策流程与机制，如同精密的齿轮组，确保应急资源合理调配，信息高效流通，让决策能迅速且精准地回应危机，大幅提升应急指挥的整体水平。[1]

（一）建立标准化决策流程

标准化的决策流程能够显著提升决策的效率和品质。明确的决策流程可以规范决策行为，减少决策失误，增强决策的科学性和规范性。

在制定应急预案时，应清晰界定应急响应的启动条件、决策程序、执行步骤等关键内容。例如，在火灾事故发生后，依照标准化的决策流程，迅速启动应急响应，组建指挥机构，制定救援方案，并有序实施救援行动。

此外，标准化决策流程还应涵盖决策的评估和反馈环节。在救援行动结束后，对决策效果进行全面评估，总结经验教训，为未来的决策提供宝贵参考。

为建立标准化决策流程，应结合不同类型突发事件的特点，制定详细的决策指南和操作手册，明确各环节的责任主体和工作要求；同时，加强对决策流程的培训和宣传，确保相关人员熟悉决策流程，严格按照流程进行决策。

一般来说，标准化决策流程应包含以下内容：

1. 事件触发与响应启动

（1）输入：监测预警信号（如传感器数据、人工报告）

（2）判断：是否符合预案启动条件？

√ 启动应急响应，成立指挥中心

× 持续监测并上报

---

① 李纲，叶光辉. 智慧应急决策情报支持 [M]. 北京：科学出版社，2022.

2. 信息收集与初步研判

（1）收集：事件类型、影响范围、潜在风险、可用资源

（2）输出：形成《初步事件报告》

（3）关键要求：多源信息交叉验证（避免误判）

3. 风险评估与分级

（1）评估维度：

· 人员安全威胁

· 财产 / 环境损失

· 社会影响范围

（2）分级标准：按预案（如 Ⅰ 级 / 特大、Ⅱ 级 / 重大等）

4. 制定决策方案

（1）生成备选方案（例）：

· 方案 A：快速处置（适用于可控事件）

· 方案 B：联合救援（需多部门协同）

· 方案 C：疏散避险（高风险场景）

（2）决策工具：

· 专家会商

· 决策矩阵（权衡效率与风险）

5. 资源调度与行动指令

（1）资源分配优先级：

· 生命救援 > 关键设施保护 > 次要损失控制

（2）指令下达：

· 明确责任部门、任务时限、协同机制

6. 动态监测与反馈修正

（1）监控指标：

· 事件扩散趋势

· 资源消耗率

· 响应效率（如到达时间、处置进度）

（2）判断：是否达到预期效果?

√进入善后阶段

× 调整方案（返回第 4 步）

7 事后评估与总结

（1）输出：《应急处置复盘报告》

（2）改进措施：更新预案、优化资源布局

（二）引入科学决策机制

科学的决策机制能够提升决策的科学性与民主性。引入科学决策机制，如专家咨询、公众参与、多目标决策等，能够充分汇聚各方智慧，提升决策质量。

在制定城市规划时，邀请城市规划专家、环境专家、交通专家等进行咨询，听取他们的意见和建议；同时，通过听证会、问卷调查等多种方式，广泛征求公众意见，确保决策符合公众利益。

在应对突发事件时，运用多目标决策方法，综合考虑救援效率、人员安全、财产损失等多个目标，制定最优决策方案。

为引入科学决策机制，应构建专家库，邀请各领域专家参与决策咨询；同时，拓宽公众参与渠道，确保公众的知情权和参与权；建立科学的决策评估指标体系，运用量化分析方法，对决策方案进行全面评估和比较。

（三）加强决策监督与评估

决策监督与评估是保障决策效能的关键环节。有效的决策监督能够及时发现并纠正决策过程中的问题与偏差；科学的决策评估则能总结经验教训，为未来决策提供改进方向。

在应急指挥决策过程中，应建立健全的监督机制，对决策的制定和执行进行全面监督，确保决策的合法性和合规性。救援行动结束后，需对决策效果进行系统评估，涵盖救援效率、人员伤亡情况、财产损失等多个方面。通过评估，提炼决策过程中的优点与不足，并提出针对性的改进措施。

为强化决策监督与评估，应设立独立的监督机构，明确其监督职责和权限；同时，制定科学的评估指标体系和评估方法，定期对决策进行系统评估和总结。

综上所述，应急指挥决策效能的优化涵盖决策主体、信息管理以及决策流程与机制等多个关键层面。在决策主体能力建设方面，需提升决策者的专业素养、心理素质及领导力，并强化团队协作，为科学决策奠定坚实的人才基础；完善信息管理体系，应从全面准确收集、及时流畅传递到科学深度分析信息，为决策提供坚实的数据支撑；优化决策流程与机制，应建立标准化流程、引入科学决策机制并强化监督评估，保障决策合法、科学且高效。

持续优化决策是应对危机的关键保障。未来，应持续关注应急管理领域的新挑战和新趋势，不断创新并完善决策效能的优化策略；借助新技术提升信息处理能力,加强跨部门协同与公众参与,进一步完善决策监督与评估体系。通过全方位、多层次的优化,让应急指挥决策在危机应对中发挥更大作用。

本章小结

本章围绕应急指挥决策,全方位解析其核心内容,为提升应急管理水平筑牢理论与实践根基。

开篇明晰应急指挥决策在应急管理体系中的核心地位,它是应对突发事件的关键环节,直接决定应急处置成效,影响人民生命财产安全和社会稳定大局。

决策类型部分,战略决策从宏观层面规划应急管理方向,战术决策在现场灵活调配资源,危机决策于紧急关头力挽狂澜,常规决策夯实日常应急基础,不同类型的决策在各自应用场景发挥独特价值,共同服务于应急指挥全局。

对决策方法的梳理,既涵盖依赖经验、专家智慧和头脑风暴激发创意的传统方法,也包括借助大数据、人工智能挖掘信息和权衡多目标的现代方法,传统与现代方法各有优劣,在实际运用中需相互补充、协同发力。

针对影响决策的因素,内部涉及决策者知识经验、心理素质和组织沟通协调,外部涵盖信息质量、社会舆论和政策法规,内外因素共同作用,左右决策走向,深刻理解这些因素是优化决策的重要前提。

最后,提出决策效能优化策略,包括强化决策主体能力,提升决策者素养、心理素质与团队协作水平;建立健全信息管理体系,保障信息全面覆盖、及时更新、科学高效处理;优化决策流程与机制,建立标准流程、引入科学机制并加强监督评估,多管齐下提升决策科学性、及时性和有效性。

本章系统阐述应急指挥决策,各部分内容紧密相连、层层递进,共同揭示应急指挥决策的本质与规律。掌握这些知识,能为应急管理实践提供有力指导,帮助决策者在复杂多变的危机中做出科学合理决策,有效应对突发事件,最大程度降低损失。

第六章　数字化时代应急指挥信息系统的构建

在数字化时代，应急指挥信息系统是实现高效指挥的重要工具，其功能架构、关键技术以及信息安全保障等方面，影响着应急指挥的信息化、智能化水平。

本章将深入剖析应急指挥信息系统的功能架构、核心技术与安全保障机制。分析信息采集、传输、处理、存储和展示等环节，介绍物联网、大数据、云计算、人工智能等技术在应急指挥中的应用，并强调信息安全的重要性，挖掘信息系统在应急指挥中的巨大潜力。

第一节　数字化时代应急指挥信息系统的功能架构

在应急管理体系中，应急指挥信息系统扮演着核心枢纽的角色，承担着信息处理、指挥调度及决策支持的关键职责。随着各类突发事件呈现出复杂性、多样性和高发性的态势，对该系统的功能架构提出了更为严苛的要求。

清晰且合理的功能架构是应急指挥信息系统高效运行的根本保障，它能够确保系统在关键节点精准发挥作用，为应急指挥决策提供坚实有力的支持。如图 6-1 所示，从信息采集模块广泛搜罗多源数据，到信息分析模块深度挖掘数据价值，再到指挥调度模块科学调配资源，以及信息共享与交互模块打破数据壁垒，涵盖事前、事发、事中、事后各个环节，各模块之间相互关联、协同运作。深入剖析这些模块组成及其交互关系，有助于我们理解应急指挥信息系统的运行逻辑，提升应急指挥效能，从而更有效地应对各类危机。

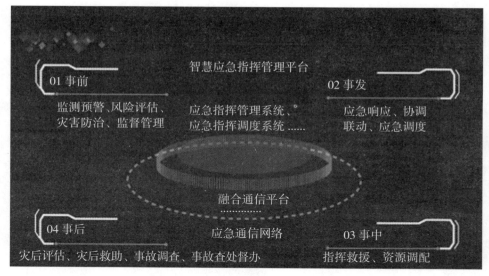

图 6-1 智慧应急指挥平台的功能架构

（图片来源："智能建筑与智慧城市交流"公众号）

一、信息采集模块

在数字化时代应急指挥信息系统的庞大架构里，信息采集模块堪称根基性存在。应急事件瞬息万变，精准、全面且及时的信息是高效指挥决策的关键基础。信息采集模块如同敏锐的触角，深入各类复杂场景，广泛搜罗关键数据，为后续的分析、决策筑牢根基。

（一）多源数据采集渠道

应急指挥信息系统的高效运行离不开全面、准确的数据支持，而信息采集模块便是获取这些数据的首要环节。丰富且精准的信息采集是应急指挥决策的坚实基础，多源的数据采集渠道能够确保系统获取全面且及时的应急相关信息。

信息采集模块通过多种渠道收集数据，包括传感器网络、社交媒体平台、政府部门数据库以及现场人员报送等。[①]

在自然灾害监测领域，传感器网络扮演着至关重要的角色。地震监测传感器能够实时追踪地壳运动，迅速捕捉地震波信号，为地震预警系统提供关

① 李贻文，邹树梁，张德，等.基于 ROS 的应急监测机器人导航系统设计与实现 [J].自动化与仪表，2021，36(6)：33-37.

键性数据支持；而气象传感器则负责采集气温、湿度、气压、风速等多元气象信息，有效助力气象灾害的预测工作。

社交媒体平台同样是信息采集的关键渠道之一。在突发事件发生时，公众往往会通过微博、微信等社交媒体发布现场照片、视频和文字描述，这些信息能够为应急指挥提供第一手资料。[①] 例如，在火灾事故发生后，现场群众通过社交媒体发布的火灾现场照片和视频，能够让应急指挥人员快速了解火势大小、燃烧范围等情况，为制定救援方案提供重要参考。

政府部门数据库中存储着大量与应急相关的数据，包括地理信息、人口分布以及应急资源储备等。信息采集模块能够与这些数据库进行有效对接，从而获取所需数据。例如，在制定城市防洪应急预案时，通过对接地理信息数据库，能够获取城市地形、河流湖泊分布等信息，为评估洪水风险和制定防洪措施提供依据。

此外，现场人员报送同样是信息采集的关键方式之一。在事故灾难现场，救援人员及现场工作人员等可借助手持终端设备，将现场情况实时传输至应急指挥信息系统。例如，在化工企业发生泄漏事故后，现场救援人员可以通过手持终端设备，将泄漏物质种类、泄漏量、周边环境等信息及时上传至系统，以便应急指挥人员做出准确决策。

（二）数据筛选与预处理

从多源渠道采集的海量数据中，并非所有数据都具备直接的决策价值，因此必须对数据进行筛选和预处理。高效的数据筛选与预处理能够剔除噪声数据，提升数据质量，为后续的数据分析和决策奠定可靠的基石。

数据筛选主要是根据预设的规则和条件，从采集到的数据中挑选出与应急指挥决策相关的数据。例如，在收集气象数据时，根据应急指挥的需求，筛选出与灾害预警相关的气象参数，如暴雨预警的降雨量阈值、台风预警的风速和路径信息等。

数据预处理则包括数据清洗、数据转换和数据集成等操作。

数据清洗的主要目的是去除数据中的错误、重复和缺失值，从而提升数据的准确性和完整性。例如，在处理传感器采集的数据时，可能会遇到异常值或缺失值，通过数据清洗算法可以有效修正或补充这些数据。

① 李沂蔓，程根银，王永建.社交媒体数据挖掘在城市应急管理中的应用[J].华北科技学院学报，2021，18(4)：61-66.

数据转换则是将数据转换为适合分析和处理的格式，例如将文本数据转换为数值数据，以便进行高效的数据分析。

数据集成则是将来自不同数据源的数据整合为一个统一的数据集。例如，将地理信息数据、人口分布数据和应急资源数据进行集成，能够为应急指挥决策提供全面且有力的数据支持。

二、信息分析模块

当信息采集模块完成数据汇聚后，信息分析模块随即承担起关键任务。面对海量繁杂的应急信息，它如同智慧大脑，去伪存真、抽丝剥茧，挖掘隐藏其中的规律与趋势，将无序数据转化为有价值的情报，为应急指挥决策提供坚实有力的智力支撑。

（一）数据分析技术与算法应用

信息分析模块是应急指挥信息系统的核心模块之一，它通过运用各种数据分析技术和算法，对采集到的数据进行深度挖掘，提取有价值的信息，为应急指挥决策提供科学依据。[①] 先进的数据分析技术和算法能够从海量的数据中发现潜在的规律和趋势，为应急指挥决策提供精准的支持。

在应急指挥中，常用的数据分析技术包括数据挖掘、机器学习和统计分析等。

数据挖掘技术能够从海量数据中揭示隐藏的模式和关联。在分析历史灾害数据时，通过数据挖掘算法，可以揭示不同灾害之间的关联关系，以及灾害发生的时间、地点和强度等因素的内在规律。这些规律和关联关系为灾害预测和预防提供了重要参考。

机器学习技术则使计算机能够自动从数据中学习和提取模型与规律，从而实现对未来事件的预测和分类。在疫情防控中，运用机器学习算法对疫情数据进行分析，能够预测疫情的发展趋势，为制定防控策略提供科学依据。例如，通过分析确诊病例数、密切接触者人数和疫情传播速度等数据，借助机器学习模型预测疫情的峰值和拐点，有助于政府提前做好防控准备。

统计分析方法则涵盖描述性统计、相关性分析和假设检验等手段，旨在深入了解数据的基本特征和变量间的关系。在评估应急资源需求时，通过对历史灾害数据和资源使用情况进行统计分析，可以明确不同类型灾害的资源需求规律，为合理调配应急资源提供有力支撑。

① 钟开斌 . 应急管理十二讲 [M]. 北京：人民出版社，2020.

（二）风险评估

信息分析模块的另一项关键功能是实施风险评估。精准的风险评估能够协助应急指挥人员预先做好应对措施，有效减少灾害带来的损失。

风险评估旨在对突发事件可能引发的危害进行全面评估，涵盖人员伤亡、财产损失以及环境破坏等多个方面。在进行风险评估时，信息分析模块会综合考虑多种因素，如灾害的类型、强度、影响范围、人口密度、基础设施状况等。[①]

1.评估内容

（1）风险识别。全面排查可能导致突发事件的各类风险源，包括自然灾害中的地震、洪水，事故灾难中的火灾、爆炸，公共卫生事件中的传染病疫情、食品安全事故，以及社会安全事件中的恐怖袭击、群体性事件等。

（2）可能性分析。基于历史数据、地理环境、社会经济状况等因素，评估突发事件发生的概率。例如，通过分析某地区历年地震发生频率及地质构造，判断该地区未来发生地震的可能性。

（3）影响范围评估。综合考虑事件的性质、传播方式、地理条件等，确定其可能影响的区域和人群。例如，对于传染病疫情，需考虑人口流动、交通便利程度等因素来预估其传播范围。

（4）危害程度评估。从人员伤亡、财产损失、社会秩序破坏、环境影响等多个维度，评估突发事件可能造成的严重后果。例如，工业爆炸事故可能导致周边居民伤亡、建筑物损毁以及环境污染等问题。

2.评估方法

（1）经验分析法。该方法依赖于专家或相关人员的丰富经验和专业知识，对突发事件的风险进行定性判断和评估。

（2）模型分析法。该方法运用数学模型和计算机模拟技术，对突发事件的发生过程及其后果进行定量分析。通过构建风险评估模型，并借助数据分析技术对这些因素进行量化处理，从而得出科学的风险评估结果。例如，在评估地震灾害风险时，需考虑地震的震级、震中位置、建筑物的抗震性能等因素，利用风险评估模型计算出不同区域的地震风险等级，为制定地震应急

---

① 容志，王晓楠.城市应急管理：流程、机制和方法（第二版）[M].上海：复旦大学出版社，2024.

应急指挥：理论、实践与创新

151

预案和开展抗震救灾工作提供有力依据。

（3）综合评估法。该方法将多种评估手段相结合，全面、系统地综合考虑各种因素，对突发事件的风险进行全方位评估。

（三）预测功能

突发事件风险预测是基于突发事件风险评估，通过科学方法和技术手段，对突发事件未来发生的可能性、发展趋势及其可能导致的后果进行预估和判断的过程。例如在气象灾害预测中，通过对气象卫星、地面气象观测站等收集到的气象数据进行分析，运用数值天气预报模型预测台风、暴雨等气象灾害的路径和强度，提前发布预警信息，让公众做好防范准备。

1. 预测方法

（1）定性预测方法。此类方法包括专家判断法和情景分析法等。专家判断法依赖于专家的经验、知识和直觉，对突发事件的风险进行预测；情景分析法则是通过构建多种不同情景，分析在这些情景下突发事件可能的发展趋势。

（2）定量预测方法。该方法利用历史数据和统计模型进行预测，常见的方法有时间序列分析和回归分析等。时间序列分析通过分析历史数据的变化趋势，预测未来事件发生的概率和时间；回归分析则是识别影响突发事件发生的相关因素，并建立回归模型进行预测。

（3）综合预测方法。该方法将定性和定量方法相结合，充分发挥两者的优势，从而提高预测的准确性和可靠性。例如，首先通过专家判断法确定影响突发事件的关键因素，随后利用定量方法对这些因素进行深入分析和预测。

2. 预测内容

（1）发生概率预测。评估突发事件在未来特定时间段内发生的可能性大小。例如，通过分析气象数据和地理环境等因素，预测某地区在未来一年内发生暴雨洪涝灾害的概率。

（2）发生时间预测。尝试确定突发事件可能发生的具体时间或时间范围。对于一些有规律可循的突发事件，如季节性传染病，可根据以往的发病规律和当前的监测数据，预测其高发期。

（3）发展趋势预测。分析突发事件发生后可能的发展方向和演变过程。例如，在森林火灾发生后，根据风向、风速、植被类型等因素，预测火灾的蔓延方向和速度。

（4）后果影响预测。预估突发事件可能造成的人员伤亡、财产损失及社会影响等后果。例如，在评估地震风险时，根据地震的震级、震中位置以及当地的人口密度、建筑物结构等，预测可能导致的人员伤亡和建筑物倒塌情况。

3. 注意事项

（1）数据的准确性与完整性至关重要。必须确保用于预测的数据既准确又全面，否则可能导致预测结果出现显著偏差。

（2）不确定性因素的考虑。突发事件往往受到多种不确定因素的影响，预测时要充分考虑这些因素，给出合理的预测区间和风险提示。

（3）动态调整。随着时间的推移和新信息的获取，要及时对预测结果进行动态调整和更新，以保证其时效性和准确性。

三、指挥调度模块

在应急指挥体系中，指挥调度模块扮演着核心枢纽的关键角色。信息采集与分析提供基础，而指挥调度则是将这些成果转化为实际行动的关键环节。它统筹协调各类应急资源，精准下达指令，使各救援力量紧密协作，在复杂多变的灾害现场发挥最大效能。

（一）可视化指挥界面

指挥调度模块是应急指挥信息系统的关键模块，负责对救援力量和资源进行科学调配，确保应急救援行动的高效开展。可视化指挥界面是指挥调度模块的核心组成部分。它通过直观的图形化界面，将应急指挥所需的各种信息清晰地呈现给指挥人员，从而助力他们迅速做出决策。借助可视化指挥界面，指挥人员能够实时掌握现场动态，直观了解救援力量和资源的分布情况，有效提升指挥调度的效率和精准度。[①]

可视化指挥界面通常包括地图展示、实时数据监控、任务分配和进度跟踪等功能。

在地图展示方面，将地理信息与应急资源分布、灾害现场情况等信息进行叠加，以地图的形式直观呈现。指挥人员可以通过地图快速了解灾害发生地点、周边环境以及救援力量和资源的位置，方便进行调度。

实时数据监控功能能够即时展现各类应急相关数据，包括救援人员的位

---

① 刘振. 空天地一体化应急通信研究 [J]. 移动通信，2022，46(10)：47-52.

置、救援设备的状态以及灾害现场的各项指标等。指挥人员借助这些数据，可以迅速掌握救援进展，及时发现潜在问题，并据此灵活调整指挥策略。

任务分配功能可以让指挥人员根据救援需求，将救援任务分配给相应的救援力量，并明确任务的目标、要求和时间节点。

进度跟踪功能则可以实时跟踪任务的执行情况，对任务进度进行可视化展示，以便指挥人员及时掌握任务完成情况，对未按时完成的任务进行督促和协调。[①]

（二）协同通信与任务分配

在应急救援过程中，涉及多个部门及救援力量的协同作战，因此，协同通信与任务分配显得尤为重要。高效的协同通信和合理的任务分配能够确保各部门和救援力量之间的信息畅通，实现资源的优化配置，提高应急救援的效率。

1. 协同通信

协同通信功能通过构建统一的通信平台，实现不同部门及救援力量间的实时通信。在应急指挥过程中，常用的通信手段包括卫星通信、数字集群通信和应急广播等。

卫星通信能够实现远距离通信，不受地理条件限制，特别适用于偏远地区或在灾害现场通信基础设施受损情况下的通信需求。

数字集群通信则具备通信容量大、覆盖范围广、保密性强的特点，能够满足应急指挥中多部门、多用户同时通信的复杂需求。

应急广播则能及时将重要的应急信息传递给公众，有效提升公众的应急意识和自我保护能力。任务分配功能则根据应急救援的实际需求，结合各救援力量的专业特长及资源状况，合理地将救援任务分配给相应的部门和人员。

2. 任务分配

在分配任务时，要充分考虑任务的难度、紧急程度和风险等级等因素，确保任务分配的合理性和科学性；同时，要建立任务反馈机制，及时了解任务执行过程中遇到的问题和困难，对任务进行调整和优化。

四、信息共享与交互模块

在数字化应急指挥过程中，信息共享与交互模块至关重要。如图6-2所

---

① 李贻文，邹树梁，张德，等. 基于ROS的应急监测机器人导航系统设计与实现 [J]. 自动化与仪表，2021，36(6)：33-37.

示，应急场景涉及多方协同，单一部门掌握的信息有限。此模块打破信息壁垒，搭建沟通桥梁，让各参与主体能实时共享情报、交流需求，实现高效联动，共同提升应急指挥的整体响应能力。

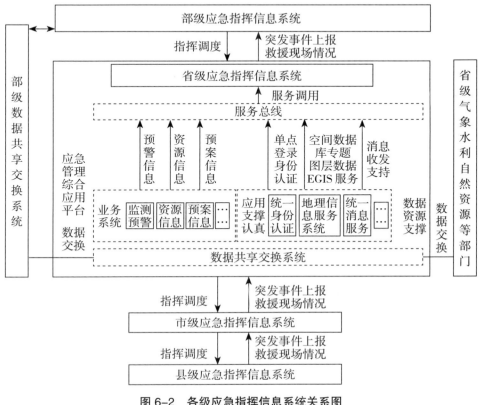

图 6-2　各级应急指挥信息系统关系图

（图片来源：无忧智库：智慧应急指挥中心信息系统解决方案）

（一）跨部门信息共享机制

应急指挥涵盖多个部门的协作，信息共享与交互模块的功能在于打破部门间的数据壁垒，确保信息的迅速流通与共享。

建立跨部门信息共享机制是提高应急指挥效率的关键，能够避免信息重复采集和不一致的问题，实现资源的优化配置。

跨部门信息共享机制通过建立统一的数据标准和接口规范，实现不同部门信息系统之间的数据对接和共享。

在应急指挥中，涉及的部门包括公安、消防、医疗、交通、气象等多个部门。这些部门各自拥有不同的信息系统和数据资源。通过建立跨部门信息共享机制，可以将这些数据整合到一起，为应急指挥提供全面的信息支持。例如，在交通事故救援中，公安部门可以将事故现场的交通状况信息共享给消防和医疗部门；消防部门可以将火灾情况信息共享给公安和医疗部门；医疗部门则可以将伤员救治情况信息共享给其他部门，从而实现各部门之间的信息互通和协同作战。

（二）与外部系统的交互

应急指挥信息系统不仅需要在内部各部门之间实现信息共享，还需要与外部系统进行交互，获取更多的信息和支持。与外部系统的交互能够拓宽应急指挥的信息渠道，整合社会资源，提高应急指挥的能力和水平。

应急指挥信息系统能够与社会组织、企业及公众等外部系统进行高效交互。

通过与社会组织和企业的互动，可以获取更丰富的应急资源和技术支持。在自然灾害救援过程中，社会组织和企业能够提供物资捐赠、救援设备租赁和技术服务等多种支持。应急指挥信息系统可以与这些社会组织和企业的信息系统无缝对接，实现资源的快速调配和共享。

与公众的交互则通过构建应急信息发布平台和公众参与渠道，实现信息的双向流通。应急指挥信息系统能够及时向公众发布灾害预警、救援进展等信息，提升公众的应急意识和自我保护能力；同时，公众也可通过平台反馈现场情况、提供线索和建议，为应急指挥提供有力参考。例如，在疫情防控中，通过建立疫情信息发布平台，及时向公众发布疫情动态、防控措施等信息，同时开通公众举报热线，收集公众提供的疫情线索，为疫情防控工作提供了有力支持。

综上所述，应急指挥信息系统的功能架构由信息采集、信息分析、指挥调度以及信息共享与交互等多个关键模块组成，各模块紧密联系、相辅相成。其中，信息采集模块作为数据源头，通过多源渠道收集数据并进行筛选预处理，为后续环节奠定基础；信息分析模块运用前沿技术和精准算法，深入挖掘数据价值，实现风险评估与预测，为决策提供科学依据；指挥调度模块依托可视化界面和协同通信功能，高效调配救援力量与资源，确保应急行动有序进行；信息共享与交互模块则打破部门间及内外部的数据壁垒，促进信息流通与协同合作。

完善的应急指挥信息系统是提升应急管理效能的核心要素。未来，随着技术的不断进步和应急管理需求的演变，应急指挥信息系统的功能架构需持续优化。一方面，要不断拓展各模块功能，提升数据处理能力、分析精度和指挥效率；另一方面，要进一步强化模块间的交互协同，形成更为紧密高效的有机整体，从而为应急指挥决策提供更加坚实、智能、全面的支持，切实增强应对各类突发事件的能力。

第二节　数字化时代应急指挥信息系统的关键技术及其融合

在当今复杂多变的应急管理环境中，应急指挥信息系统作为高效应对各类突发事件的核心支撑，其重要性不言而喻。而大数据、人工智能、物联网等关键技术的深度融合，正重塑应急指挥信息系统的功能与效能。

先进技术是推动应急指挥体系现代化的重要驱动力。这些关键技术凭借其独特的技术原理，在应急指挥信息系统中扮演着不可或缺的角色。从大数据技术对海量应急数据的深度挖掘，到人工智能技术模拟人类智能助力决策，再到物联网技术实现物理世界与信息世界的无缝对接，它们相互交织、协同发力。深入剖析这些关键技术的原理及其在应急指挥中的应用优势，对于提升应急指挥的科学性、精准性和高效性具有重要意义，能让我们更好地运用技术力量筑牢应急防线。

一、物联网与应急指挥信息系统的深度融合

数字化浪潮下，应急指挥信息系统面临升级需求，物联网技术成为关键助力。二者深度融合，让应急现场的设备、人员、物资全面互联，实现状态实时感知、数据自动采集，为应急指挥提供精准、动态信息，重塑应急响应流程，提升指挥效能。[①]

（一）物联网技术原理

物联网技术作为连接物理世界与信息世界的纽带，在应急指挥信息系统中扮演着关键角色。该技术能够实现对应急设备和物资的实时监测与管理，从而显著提升应急指挥的时效性和精确性。

---

① 李爱平.《"十四五"国家信息化规划》专家谈：打造智慧应急 推进应急管理现代化 [EB/OL]. 中国网信网，2022-03-14.

物联网技术的核心原理是通过传感器、射频识别（RFID）、全球定位系统（GPS）等信息采集设备，将物理世界中的各种物体连接到互联网上，实现物体之间的信息交互和智能化管理。

在应急指挥中，物联网技术主要应用于应急设备和物资的监测与管理、灾害现场的实时感知和人员定位等方面。

在应急设备和物资管理领域，通过在设备和物资上部署传感器及RFID标签，实现对位置、状态、数量等关键信息的实时监控。如在消防设备管理中，通过在消防车辆、灭火器、消火栓等设备上安装传感器，实时监测设备的运行状态和维护需求，确保设备在关键时刻能够正常使用。同时，利用RFID技术对救援物资进行标识和跟踪，实现物资的快速盘点和精准调配。

在灾害现场实时感知方面，物联网技术可以通过部署各种传感器，如气象传感器、地震传感器、水质传感器等，实时采集灾害现场的环境信息。如在洪水灾害中，通过在河流、湖泊等水域安装水位传感器和流速传感器，可以实时监测水位变化和水流速度，为洪水预警和防洪决策提供准确的数据支持。

在人员定位方面，物联网技术可以利用GPS、蓝牙、Wi-Fi等定位技术，实现对救援人员和受灾群众的实时定位。在地震救援过程中，救援人员可佩戴具备定位功能的设备，以便指挥中心实时掌握其位置和行动轨迹，从而确保救援人员的安全，并根据救援进展情况及时调整救援策略。同时，通过在受灾群众的手机或其他设备上安装定位软件，也可以实现对受灾群众的快速定位和救援。

（二）物联网与应急指挥信息系统的深度融合

物联网技术在应急指挥中展现出显著的应用优势。物联网技术能够增强应急指挥的实时感知能力和精细化管理水平，提高应急救援的效率和效果。[1]

首先，物联网技术能够实现应急设备和物资的全生命周期管理。通过对设备和物资的实时监测与数据分析，可确保设备的预防性维护和物资的精准调配，从而提升设备和物资的使用效率及可靠性。在应急物资管理中，通过物联网技术可以实时掌握物资的库存数量、使用情况和运输状态，根据实际需求及时补充和调配物资，避免物资的浪费和短缺。

---

① 董文洪，陈京军.基于物联网技术的应急指挥系统[EB/OL].第六届中国指挥控制大会论文集（上册），2018（194-197）.

其次，物联网技术能够显著增强灾害现场的实时感知能力。通过在灾害现场部署大量的传感器，实现对灾害现场环境信息的全面、实时采集，为应急指挥人员提供准确的现场情况。在火灾现场，通过安装烟雾传感器、温度传感器和火焰传感器等，实时监测火灾的发展态势，为消防指挥人员制定灭火方案提供依据。

此外，物联网技术还能实现对救援人员的安全保障和高效调度。通过对救援人员的实时定位和状态监测，指挥中心可及时掌握救援人员的工作状况和安全状态，为其提供必要的支持与保障。同时，依据救援人员的位置和任务需求，合理调配救援力量，从而提升救援效率。

二、大数据与应急指挥信息系统的协同发展

在数字化转型的大背景下，应急指挥信息系统亟待革新，大数据技术的融入恰逢其时。二者协同发展，大数据凭借强大的数据处理与分析能力，为应急指挥信息系统源源不断地输送决策依据，助力其更精准、高效地应对各类突发状况。[1]

（一）大数据技术原理

在当今这个信息爆炸的时代，大数据技术已成为众多领域实现创新发展和高效运作的关键驱动力，在应急管理领域更是如此。大数据技术作为应急指挥信息系统的关键核心技术之一，正以其独特的优势，深刻地变革着应急管理的模式，极大地提升了应急管理的效率，为保障社会安全与稳定发挥着举足轻重的作用。

大数据技术的原理，是一个涵盖多个关键环节的有机整体，主要体现于数据采集、存储、管理及分析等多个方面。

1. 数据采集

数据采集作为大数据技术的基石，是获取应急相关信息的关键起点。在这个阶段，大数据技术通过多种渠道广泛收集各类应急数据，如传感器网络、社交媒体、政府数据库等，广泛收集各类应急数据，包括灾害监测数据、救援资源信息、舆情动态等。

传感器网络就像是一个个敏锐的触角，分布在城市的各个角落、山川河

---

① 李光亚. 智慧城市大数据 [M]. 上海：上海科学技术出版社，2015.

流之间，实时监测着各种物理量的变化，为我们提供精准的灾害监测数据，如地震波监测数据、气象数据等。

社交媒体则成为公众声音的汇聚地，民众在突发事件发生时通过微博、微信等平台发布的现场照片、视频以及文字描述等，都能成为宝贵的舆情动态数据，让应急指挥部门及时了解现场情况和民众诉求。

政府数据库中存储的救援资源信息，包括消防车辆的分布、医疗物资的储备量等，也是应急数据的重要组成部分。

2. 数据存储

然而，这些数据来源广泛、格式多样，既有结构化的数据库表格数据，也有半结构化的 XML 文件和非结构化的文本、图片、视频等，而且体量巨大，传统的数据处理技术在面对如此庞大复杂的数据时往往显得力不从心。

当海量数据被采集后，如何安全、高效地存储这些数据便成为关键问题。大数据存储技术通过采用分布式存储架构，巧妙地将数据分散存储于多个节点，从而确保了数据的高可靠性和强可扩展性。以 Hadoop 分布式文件系统（HDFS）为例，该系统不仅常用，且极具代表性，是大数据存储领域的典型应用。HDFS 能够充分利用廉价的硬件设备，将大规模的数据存储其中，并且通过冗余备份的方式，在多个节点上保存相同数据的副本。这样一来，即使某个节点出现故障，数据依然可以从其他副本节点中获取，保证了数据的安全性，就像给数据上了多重保险，确保在应急管理的关键时刻数据不会丢失。[①]

3. 数据管理

在数据管理领域，大数据技术的引入带来了一系列前沿技术，其中分布式数据库和数据仓库技术扮演着关键角色。HBase 和 Hive 便是此类技术的典型代表。

HBase 作为一款分布式、面向列的开源数据库，具备高可靠性、高性能和良好的可伸缩性，能够高效地实现对海量数据的快速读写。而 Hive 则提供了一种类 SQL 的查询语言，极大地方便了用户对存储在 Hadoop 中的大规模数据进行管理和分析。[②]

① 廖佳豪，於志文，刘一萌，等 . 移动群智感知平台设计与实现 [J]. 浙江大学学报（工学版），2020，54(10)：1915-1922.

② 刘明 . 应急指挥智能信息化平台的研究 [J]. 电脑知识与技术，2021(32)：84-86.

这些技术的优势在于它们能够支持结构化、半结构化和非结构化数据的存储和处理，完美地契合了应急指挥信息系统对多样化数据的管理需求。无论是规整的救援物资清单数据，还是格式较为灵活的舆情文本数据，都能在这些技术的支持下得到妥善管理。

4. 数据分析

数据分析环节是大数据技术展现其价值的核心所在。大数据技术通过运用一系列复杂而精妙的算法，例如数据挖掘、机器学习和统计分析等，从海量数据中提炼出有价值的信息。

数据挖掘算法犹如一位敏锐的寻宝者，能够洞察数据中的隐藏模式和关联规则。在分析历史灾害数据时，通过关联规则挖掘，我们可以找出不同灾害因素之间千丝万缕的关联关系。比如，在研究洪水灾害时，可能会发现降雨量、上游水库蓄水量以及河流流速等因素之间存在着特定的关联，这些关联关系就为灾害预测提供了重要依据。

机器学习算法赋予了计算机自主学习的能力，使其能够自动从海量数据中提取模型和规律，从而实现对未来事件的精准预测和高效分类。例如，利用机器学习算法对地震监测数据进行分析，通过不断学习历史地震数据中的特征和规律，就可以预测地震的发生概率和震级，为地震预警和应急救援争取宝贵的时间。

大数据技术原理在应急指挥信息系统中的各个环节紧密配合，从数据采集的广纳百川，到数据存储的安全可靠，再到数据管理的高效有序，最后到数据分析的价值挖掘，共同构建起了一个强大的应急管理信息处理体系。

随着技术的不断发展和完善，大数据技术将在应急管理领域发挥更加巨大的作用，为我们应对各类突发事件提供更加精准、高效的决策支持，守护社会的安宁与稳定。

（二）在应急指挥中的应用优势

大数据技术在应急指挥中展现出显著的应用优势。大数据技术能够帮助应急指挥人员全面、实时地了解突发事件的态势，提高决策的科学性和精准性。

首先，大数据技术能够实现应急数据的全面整合与实时监测。通过整合多源数据，包括气象数据、地理信息数据、交通数据等，应急指挥人员能够全面掌握突发事件的背景信息及实时动态。如在台风灾害应对中，将气象部门的台风路径预测数据、地理信息部门的地形数据以及交通部门的道路通行数据进行整合分析，能够准确评估台风可能造成的影响范围和危害程度，为提前做好防范措施提供依据。

其次，大数据技术在精准风险评估和预测方面发挥着重要作用。通过对历史灾害数据与实时监测数据的深入分析，借助大数据算法，能够构建出科学的风险评估模型和预测模型，从而对突发事件的发展趋势进行精准预测。如在疫情防控中，利用大数据技术对疫情传播数据进行分析，结合人口流动数据和社交网络数据，可以预测疫情的传播路径和暴发风险，为制定防控策略提供科学依据。

此外，大数据技术还能助力应急资源的优化配置。通过对历史救援数据的分析，了解不同类型突发事件的资源需求规律，结合实时的资源储备情况，利用大数据算法可以实现应急资源的合理调配，提高资源利用效率。如在地震救援中，根据地震的震级、受灾面积和人口密度等数据，运用大数据算法可以计算出所需的救援物资和救援人员数量，合理安排物资运输和人员调度，确保救援工作的高效开展。

三、人工智能助力应急指挥信息系统智能化升级

数字化时代，应急指挥信息系统的智能化升级迫在眉睫，人工智能技术则是这场变革的有力推手。它凭借强大的算法与模型，赋予系统智能分析、自主决策的能力，从风险精准预警到资源智能调配，全方位提升应急指挥的效率与科学性。

（一）人工智能技术原理

人工智能技术在应急指挥信息系统中发挥着越来越重要的作用，它为应急指挥提供了智能化的决策支持和自动化的任务执行能力。人工智能技术通过模拟人类的智能行为，能够在复杂的应急场景中快速分析问题、提供解决方案，提升应急指挥的效率和质量。

人工智能技术涵盖多个领域，主要包括机器学习、深度学习、自然语言处理以及专家系统等。[①]

1. 机器学习

机器学习作为人工智能的核心领域之一，通过使计算机从数据中自动学习模型和规律，实现对未知数据的预测和分类。机器学习算法主要分为监督

① 刘译璟，李霖枫. 智慧应急平台及其关键技术 [J]. 中国安防，2022(6)：76-82.

学习、无监督学习和强化学习等类型。在应急指挥领域，监督学习算法可用于灾害分类和预警，通过对历史灾害数据的深入分析，构建精准的灾害分类模型，从而对新的灾害数据进行有效分类和及时预警。无监督学习算法可以用于数据聚类和异常检测，如对救援物资的使用情况进行聚类分析，找出异常的物资消耗模式，及时发现潜在的问题。

2. 深度学习

深度学习作为机器学习的一个重要分支，通过构建多层神经网络模型，能够自动从海量数据中提取特征表示。该技术在图像识别、语音识别及自然语言处理等领域已取得卓越成效。在应急指挥中，深度学习可以用于灾害图像识别和视频分析，如通过对卫星图像和无人机视频的分析，快速识别灾害类型和受灾区域，评估灾害损失。

3. 自然语言处理

自然语言处理技术主要致力于研究如何使计算机有效理解和处理人类语言，从而实现顺畅的人机交互。在应急指挥中，自然语言处理技术可以用于舆情分析和应急信息发布。通过对社交媒体上的文本数据进行分析，了解公众的情绪和关注点，及时发布准确的应急信息，引导舆论。专家系统是基于领域专家的知识和经验构建的智能系统，能够模拟专家的思维方式，有效解决特定领域的问题。在应急指挥中，专家系统可以用于提供专业的决策建议，如在化工事故应急处置中，专家系统可以根据事故的类型和现场情况，提供相应的处置方案和安全措施。

（二）在应急指挥中的应用优势

人工智能技术在应急指挥中具有多方面的应用优势，能够提升应急指挥的智能化水平，实现快速响应和精准决策，有效应对复杂多变的突发事件。

首先，人工智能技术能够实现高效的应急响应。在突发事件发生时，人工智能系统能够实时监测并分析相关数据，迅速判断事件的性质及其严重程度，并自动启动相应的应急预案。在火灾事故发生时，智能火灾监测系统可以通过对烟雾、温度等传感器数据的分析，及时发现火灾迹象，并自动向应急指挥中心发送警报，同时启动灭火设备和疏散预案，为救援工作争取宝贵时间。

其次，人工智能技术在实现精准决策支持方面发挥着重要作用。通过深入分析大量历史数据及实时数据，人工智能系统能够为应急指挥人员提供科学且有效的决策建议。在制定救援方案时，人工智能系统可以根据灾害的类型、规模、地理环境等因素，结合历史救援经验和最佳实践，为指挥人员提供多种可行的救援方案，并评估每个方案的风险和效果，帮助指挥人员做出最优决策。

此外，人工智能技术还能够实现自动化的任务执行。在应急救援中，一些重复性、危险性较高的任务可以由人工智能驱动的机器人和自动化设备来完成。在地震废墟中，救援机器人可以代替人类进入危险区域进行搜索和救援，提高救援效率和安全性。同时，人工智能技术亦可应用于应急物资的自动化管理和调配，从而显著提升物资管理的效率与精确度。

（三）融合前景与发展趋势

人工智能与应急指挥信息系统融合前景广阔，具有巨大的发展潜力。随着人工智能技术的不断发展，其与应急指挥信息系统的融合将更加深入，推动应急管理向智能化、精准化方向发展。

未来，人工智能在应急指挥领域的应用将愈发广泛。在灾害预测方面，人工智能模型将更加精准，能够提前预测灾害的发生时间、地点和强度，为应急准备争取更多时间。在应急响应方面，人工智能系统将实现与救援人员的无缝协作，通过智能穿戴设备和实时通信技术，为救援人员提供现场指导和安全保障。

同时，人工智能与物联网、大数据等前沿技术的深度融合也将持续推进。通过物联网收集更多的实时数据，利用大数据进行分析处理，为人工智能模型提供更丰富的训练数据，从而不断优化人工智能算法，提高应急指挥信息系统的智能化水平。

此外，人工智能在应急管理领域的应用将进一步推动相关法律法规和伦理规范的完善，确保技术的安全性与可靠性。

综上所述，物联网、大数据、人工智能等新兴技术与应急指挥信息系统的深度融合，为应急管理带来了全方位的革新。其中，物联网凭借传感器网络实现应急数据实时采集与设备全生命周期管理，极大提升了应急指挥的实时感知和精细化管理能力；大数据通过对多源海量数据的整合、分析与挖掘，为风险评估、资源调配和应急决策提供了科学依据；人工智能则以智能决策、自动预警和辅助救援等应用模式，实现了应急指挥信息系统的智能化升级。①

---

① 马宝成.应急管理体系和能力现代化[M].北京：国家行政管理出版社，2022.

技术创新是提升应急管理水平的关键驱动力。未来,随着科技的持续进步,新兴技术与应急指挥信息系统的融合将愈发深入。一方面,要持续优化现有技术融合应用,加强技术间的协同配合,如物联网采集的数据为大数据分析提供基础,大数据分析结果又支撑人工智能决策;另一方面,积极探索新技术在应急领域的应用潜力,推动应急指挥信息系统向更智能、更高效、更精准的方向发展,从而全面提升应急管理能力。

第三节　数字化时代应急指挥信息系统的信息安全保障

在数字化时代,应急指挥信息系统已然成为应急管理工作的核心枢纽,承载着海量的关键信息;而信息安全则是该系统稳定运行的坚实基础,直接关系到应急响应的成效及公众安全。从灾害预警信息到救援资源调配详情,一旦这些信息遭遇安全威胁,如数据泄露、被恶意篡改,应急指挥将陷入混乱,可能导致救援行动延误、受灾群众无法及时得到救助。因此,深入探究信息安全保障的策略与技术手段,构建全方位、多层次的安全防护体系,对提升应急指挥效能、维护社会稳定具有举足轻重的意义,能确保应急指挥信息系统在关键时刻精准、可靠地发挥作用。

一、信息安全策略的制定与实施

在数字化时代,应急指挥信息系统承载着海量关键信息,信息安全关乎应急响应成败。制定并实施科学合理的信息安全策略刻不容缓,它不仅要抵御外部网络攻击,还要防范内部信息泄露风险,为系统稳定运行和信息安全筑牢坚固防线。

(一)信息安全策略的重要性

信息安全策略是应急指挥信息系统安全运行的基础,它从顶层设计层面规划了系统的安全目标、原则和措施,为保障信息的保密性、完整性和可用性提供了指导框架。

应急指挥信息系统涉及灾害预警、救援资源调配、人员生命安全等关键信息，一旦出现安全漏洞，可能导致救援行动延误、决策失误，甚至危及人民生命财产安全。在重大自然灾害应急救援中，救援物资储备信息、受灾群众安置点信息等都属于敏感数据，若这些信息被泄露或篡改，将严重影响救援工作的顺利开展。

（二）策略制定的原则

在数字化时代，信息安全已成为各组织稳健运行与持续发展的基石。制定有效的信息安全策略，不仅关乎组织内部信息资产的保护，更直接影响到组织在市场中的声誉和竞争力。而要制定出这样的策略，必须严格遵循特定的原则。[①]

1. 最小权限原则

最小权限原则是信息安全策略的核心准则之一。该原则强调，系统用户仅被授予完成其任务所必需的最低权限。以企业财务系统为例，普通财务人员或许仅须具备查看和录入日常财务数据的权限，而对于修改关键财务报表格式、审批大额资金流动等权限则不应赋予。如此一来，即便某个员工账号不幸被盗用，黑客因权限受限，也难以对系统造成大规模的破坏或窃取核心财务信息，从而有效防止了权限滥用的风险。从更宏观的角度看，最小权限原则能够精细地划分不同岗位在信息系统中的操作范围，避免因权限分配不当而引发的安全隐患，确保整个系统的安全性和稳定性。

对于应急指挥信息系统而言，最小权限原则至关重要，它确保系统用户仅被授予完成任务所必需的最小权限，有效防止权限滥用。

2. 深度防御原则

深度防御原则旨在通过构建多层次、多维度的安全措施，打造一个全方位的安全防护体系。这就如同为一座城堡设置多道防线，从外围的护城河、城墙，到内部的岗哨、门禁等。

在信息安全领域，首先是网络层面的防护，通过防火墙阻挡外部非法网络访问，入侵检测系统（IDS）实时监测网络流量异常；其次是系统层面，操作系统定期进行安全补丁更新，以防止漏洞被恶意利用；再者是应用层面，对应用程序进行严格的代码审查和安全测试，防范诸如 SQL 注入、跨站脚本攻击等常见安全漏洞；最终，在数据层面，我们采用先进的加密技术，以确

---

① 刘音.应急管理概论[M].北京：应急管理出版社，2022.

保数据在传输和存储过程中的安全性和保密性。每一层防线都相互协作、互为补充，任何一层出现漏洞，其他层仍可继续发挥保护作用，大大提高了信息系统抵御各类安全威胁的能力。

对于应急指挥信息系统来说，深度防御原则通过多层次、多维度的安全措施，构建全方位的安全防护体系。

3. 持续监控原则

持续监控原则是保障信息系统安全的动态"卫士"，它要求实时监测系统的安全状态，如同医生对病人进行 24 小时的心电监护。通过部署各类安全监控工具，如安全信息和事件管理系统（SIEM），可以收集和分析来自网络设备、服务器、应用程序等各个层面的安全日志和事件数据；一旦发现异常行为，如短时间内大量的登录失败尝试、异常的网络连接等，系统能够及时发出警报，并通知安全管理人员进行处理。持续监控不仅能够及时发现安全威胁，还可以通过对历史数据的分析，总结安全事件的规律和趋势，为进一步优化安全策略提供有力依据，使信息系统始终处于严密的安全防护之下。

对于应急指挥信息系统来说，持续监控原则能够实时监测系统安全状态，及时发现并处理安全威胁。

（三）策略制定的关键要素

制定信息安全策略是一个复杂而系统的工程，还需要充分考量其中的关键要素。

1. 明确安全责任主体

明确安全责任主体，是信息安全管理的首要任务。对于应急信息系统来说，明确安全责任主体，界定应急指挥各部门、各岗位在信息安全管理中的职责。

在一个大型组织中，涉及信息安全管理的部门和岗位众多，若职责不清晰，极易出现推诿扯皮、管理真空等问题。例如，应急指挥中心的各个部门，包括技术支持部门、安全运维部门、法务部门等，在信息安全管理中都承担着各自独特的职责。技术支持部门负责确保信息系统的稳定运行，及时应对和处理各类技术故障；安全运维部门则专注于网络及系统的安全防护，实施实时监控，以维护安全态势；法务部门则在发生安全事件时，负责处理法律合规相关事务，如协助调查取证、应对法律诉讼等。

只有清晰界定各部门、各岗位的职责，才能在面对安全事件时做到协同作战、高效应对，确保信息安全管理工作的有序开展。

2. 制定安全管理制度

安全管理制度作为信息安全策略的具体实施规范，涵盖了多个关键领域。对于应急信息系统来说，制定安全管理制度，涵盖数据访问控制、加密管理、应急响应流程等方面。

在数据访问控制方面，必须明确规定不同用户对各类数据的访问级别和权限，并通过身份认证、访问授权等机制，确保仅授权用户能够访问相应数据；针对敏感数据，需实施加密管理，制定有效的加密算法和密钥管理策略，以保障数据在传输和存储过程中的机密性；应急响应流程是安全管理制度的关键环节，详细规定了在发生安全事件时的应急处理步骤，包括事件报告、应急响应团队的组建、处置措施的执行以及事后的总结复盘等。

完善的安全管理制度为信息安全管理奠定了坚实的标准和规范的流程基础，确保信息安全工作有序进行，有效提升了管理效率及成效。

3. 进行风险评估

风险评估是制定信息安全策略的关键依据。对于应急信息系统来说，进行风险评估，包括识别系统面临的各类安全风险，如网络攻击、数据泄露、硬件故障等，并根据风险评估结果制定相应的防范措施。

通过全面识别系统面临的各类安全风险，如网络攻击、数据泄露、硬件故障等，可以为后续的防范措施提供针对性的指导。网络攻击手段层出不穷，例如 DDoS 攻击、勒索软件攻击等，可能导致系统瘫痪、数据丢失；数据泄露则可能使组织的敏感信息，如客户资料、商业机密等落入不法分子手中，造成巨大的经济损失和声誉损害；硬件故障虽然是物理层面的问题，但也可能导致数据丢失和业务中断。

在风险评估过程中，应采用定性和定量相结合的方法，对各类风险发生的可能性和影响程度进行全面评估。根据评估结果，制定相应的防范措施。对于高风险事件，应优先投入资源进行重点防护；而对于低风险事件，亦不可忽视，应采取适当的防范措施，以降低风险发生的可能性。

（四）策略实施与监督机制

策略的有效实施离不开完善的监督机制。

首先，要建立专门的信息安全监督小组，定期对系统安全策略的执行情况进行检查和评估，是确保策略落地的关键。监督小组应具备专业的信息安全知识和技能，能够深入检查系统日志，查看用户权限分配是否合理，加密措施是否有效执行等。

同时，建议设立举报机制，积极鼓励员工对违反信息安全策略的行为进行主动举报。对于发现的问题，及时下达整改通知，要求相关部门限期整改，并对整改效果进行跟踪复查，形成闭环管理，确保信息安全策略始终得到严格执行。

二、数据加密技术在应急指挥中的应用

应急数据关乎生命财产安全，通过加密技术将关键数据转化为密文，可防止信息在传输与存储时被窃取、篡改，为应急指挥的信息流转保驾护航。

（一）加密技术原理与类型

在当今数字化时代，应急指挥信息系统承载着大量关乎救援行动成败和人民生命财产安全的关键信息。数据加密作为保障应急指挥信息系统信息安全的核心技术手段，发挥着至关重要且不可替代的作用。它宛如一道坚固的防线，将原始数据巧妙地转换为密文，使得那些未经授权的窥探者面对这些数据时如同雾里看花，无法读取和理解其中的内容，从而为数据的保密性筑牢了坚实的壁垒。[①]

加密技术的类型丰富多样，其中最为常见的便是对称加密和非对称加密，它们在原理和应用场景上各有千秋。

1. 对称加密

对称加密，顾名思义，即在加密和解密过程中使用相同的密钥，犹如一把钥匙既能锁门也能开门。AES（高级加密标准）算法是对称加密领域的典型代表，以其卓越的加密和解密速度脱颖而出，特别适合处理大量数据的加密任务。

设想一个应急指挥场景：救援现场与指挥中心之间需实时传输海量的救援数据，包括受灾区域的详细情况、救援人员的位置信息以及医疗物资的需求统计等。这些数据的及时、准确传输至关重要。此时，AES 加密犹如为这些数据披上一层隐形的铠甲。在数据从救援现场发出的瞬间，AES 加密算法迅速启动，利用事先约定好的密钥将原始数据加密成密文，并通过网络传输。当指挥中心接收到这些密文后，再使用相同的密钥进行解密，还原出原始数据。整个过程快速高效，确保了数据在传输过程中的安全，让救援行动得以在安

---

① 王希睿.数据赋能重大公共安全事件应急管理研究 [J].中国信息安全，2023(1)：16-17.

全的信息环境下顺利开展。

2. 非对称加密

非对称加密采用了一种截然不同的机制，它依赖于一对密钥：公钥和私钥。公钥宛如一把公开的"锁"，任何人都可以利用它来加密数据；而私钥则如同仅由拥有者掌握的"钥匙"，专门用于解密那些被公钥加密的数据。RSA算法是非对称加密的经典范例，其安全性极高，这源于其基于复杂的数学原理，使得破解密钥几乎成为不可能。

在应急物资调配指令的签署环节，RSA算法的优势得到了充分体现。当指挥中心下达物资调配指令时，首先使用私钥对指令进行数字签名。这个签名就像是一个独一无二的印章，证明了指令的真实性和完整性。随后，接收方可以使用指挥中心公开的公钥对签名进行验证；若签名验证成功，则表明该指令确实源自指挥中心，且在传输过程中未被篡改。这一过程有效地防止了指令被伪造或恶意篡改，确保了应急物资能够准确无误地调配到需要的地方，为救援工作的顺利进行提供了有力保障。

对称加密和非对称加密在应急指挥信息系统中各司其职，共同为信息安全保驾护航：对称加密凭借其高效的加密速度满足了大量数据快速传输的需求，非对称加密则以其卓越的安全性保障了关键信息的真实性和完整性。

（二）加密技术在应急数据存储与传输中的应用

在应急数据存储方面，必须对关键数据文件实施加密存储，以防止数据在存储介质中被窃取或篡改。借助全盘加密技术，对存储设备内的所有数据进行全面加密，即便存储设备遗失或被盗，也能确保数据的安全性。

针对云存储的应急数据，运用同态加密等先进技术，实现在密文状态下对数据进行高效计算和处理，从而有效保护数据隐私。在数据传输过程中，通过采用SSL/TLS协议，对数据进行加密传输，进一步强化数据安全保障。

在应急指挥信息系统中，各部门之间的数据交互、救援现场与后方的数据通信，都通过SSL/TLS加密通道进行，确保数据在网络传输过程中不被窃取或篡改。

（三）加密技术面临的挑战与应对措施

随着技术发展，加密技术也面临诸多挑战。

首先，量子计算技术的进步可能对现有的加密算法构成严重威胁。量子计算机凭借其强大的计算能力，可能在短时间内破解传统的加密算法，因此，研发能够抵御量子计算攻击的新型加密算法势在必行。

此外，加密密钥的管理同样是一个重大挑战。一旦密钥泄露，加密措施将形同虚设。

为应对这些挑战，一方面需要加大对新型加密算法的研究力度，例如基于格密码、哈希密码等具备抗量子计算攻击能力的算法。另一方面，应加强密钥管理，采用密钥分层管理、多因素认证等技术，确保密钥的安全存储和使用。

三、网络安全防护技术与措施

在数字化时代，应急指挥信息系统时刻面临着网络威胁。无论是黑客的恶意攻击，还是数据泄露的风险，网络安全隐患无处不在。为确保系统的稳定运行和信息安全无虞，我们必须部署先进的网络安全防护技术与措施，构建严密的防护网，以抵御各类网络风险。[1]

（一）防火墙、入侵检测与防御系统的应用

1. 防火墙

防火墙是一种重要的网络安全设备，在应急指挥信息系统中发挥着关键作用。

防火墙作为内部网络与外部网络之间的首要安全防线，通过监测、限制及更改穿越防火墙的数据流，最大限度地对外部屏蔽内部网络的信息、结构和运行状态，从而确保内部网络的安全。其主要功能涵盖访问控制、抵御恶意攻击以及保护隐私等方面。通过设置访问规则，防火墙可以阻止未经授权的用户访问内部网络资源，同时允许合法的流量通过，从而确保只有授权的人员和设备能够与应急指挥信息系统进行交互。

防火墙主要通过访问控制列表（ACL）等技术来实现其功能。ACL 内含一系列规则，这些规则依据源 IP 地址、目的 IP 地址、端口号、协议类型等条件对网络流量进行筛选。当数据包进入防火墙时，防火墙会依据这些规则逐一核查数据包的各项参数，判断其是否满足通过条件。若数据包符合规则，则允许其通过防火墙进入内部网络；若不符合规则，数据包将被丢弃，从而实现对网络流量的精准控制。

① ①马宝成，张伟.应急管理蓝皮书：中国应急管理发展报告（2023）[M].北京：社会科学文献，2023.

防火墙有多种类型，常见的包括过滤防火墙、状态检测防火墙和应用代理防火墙。包过滤防火墙工作在网络层，通过数据包的 IP 地址、端口号等信息进行过滤，其优点在于速度快、效率高，但应用层攻击的防范能力相对较弱。状态检测防火墙在包过滤防火墙的基础上，增加了对连接状态的监测功能，能够更有效地防范基于连接的攻击。应用代理防火墙则作用于应用层，对应用层的数据包进行深度检查和分析，提供更高级别的安全防护，但性能方面略显不足。

在应急指挥信息系统中，通常会在系统边界部署防火墙，以隔离内部的应急指挥网络与外部的公共网络，确保系统的安全性和稳定性。它可以阻止外部黑客的恶意扫描、攻击尝试以及非法访问，保护系统中的敏感信息，如应急救援计划、受灾地区数据、救援人员信息等不被泄露和篡改。同时，防火墙还可以限制内部网络中某些特定区域或设备的访问权限，防止内部人员的误操作或恶意行为对系统造成损害，确保应急指挥信息系统在安全的环境下稳定运行，为应急指挥工作提供可靠的网络保障。

在应急指挥信息系统中，防火墙的部署至关重要。它能够限制外部非授权用户对系统的窥视与入侵，将各种潜在的网络攻击拒之门外，为系统的正常运转提供了第一层有力保障。

2. 入侵检测系统（IDS）与入侵防御系统（IPS）

在应急指挥信息系统的网络安全防护体系中，入侵检测系统（IDS）和入侵防御系统（IPS）发挥着不可或缺的作用，是抵御网络攻击的重要防线。[①]

（1）入侵检测系统（IDS）

入侵检测系统（IDS）是一种网络安全设备，能够对网络传输进行实时监控，并在发现可疑传输时发出警报或采取主动应对措施。其核心功能在于实时监测网络流量，分析是否存在违反安全策略的行为及被攻击的迹象。比如，当出现大量来自同一 IP 地址的异常端口扫描请求，IDS 能够敏锐捕捉到这种异常流量，判定为可能的攻击行为并及时发出警报，提醒安全管理人员注意潜在威胁。

DS 主要通过两种方式进行检测。第一种是基于特征的检测，该方法将收集到的网络流量数据与已知的攻击特征库进行比对，一旦发现匹配项，即识别为攻击行为。第二种是基于异常的检测，先构建网络正常行为的模型，当

① 陆亚林.计算机网络防火墙技术安全与对策分析 [J].国际教育论坛，2020(6)：16-17.

监测到的流量行为偏离该正常模型达到一定程度时，便判定为异常，可能存在攻击行为。例如，正常情况下某服务器的连接数在一定范围内波动，若短时间内连接数突然剧增且远超正常范围，基于异常检测的 IDS 就会触发警报。

IDS 的优势在于能够实时监测网络活动，及时发现各种类型的攻击，为应急响应提供宝贵时间。此外，该方案不会影响网络的正常运行，且部署过程相对简便。但局限也很明显，误报率相对较高，尤其是基于异常检测的IDS，因为网络行为复杂多变，正常行为与异常行为的界定有时并不清晰，可能将正常的突发流量误判为攻击；此外，该系统仅具备检测和报警功能，却缺乏主动防御和阻止攻击的能力。

（2）入侵防御系统（IPS）

入侵防御系统（IPS）是一种能够主动监测并实时阻止入侵行为的网络安全设备。它不仅具备入侵检测系统（IDS）的检测功能，更关键的是在检测到攻击时，能够自动采取防御措施，直接阻断攻击源与目标之间的连接，或过滤掉恶意流量，从而确保网络和系统的安全。例如，当检测到恶意的 SQL 注入攻击时，IPS 能迅速切断攻击连接，防止数据库被非法访问和篡改。

IPS 同样运用基于特征和基于异常的检测技术，在检测到攻击行为后，通过与防火墙类似的访问控制机制，根据预先设定的策略，对攻击流量进行丢弃、阻断连接等操作。它与 IDS 不同之处在于，IDS 只是发出警报，而 IPS 会直接对攻击行为进行干预，从而将攻击行为扼杀在摇篮中。

IPS 的优势在于主动防御能力，能有效阻止攻击，降低安全风险，保障网络系统的持续稳定运行。但由于它需要实时对网络流量进行深度检测和处理，对硬件性能要求较高，可能会对网络性能产生一定影响，处理不当还可能导致合法流量被误阻断。

（3）IDS 与 IPS 在应急指挥信息系统中的协同作用。

在应急指挥信息系统中，入侵检测系统（IDS）和入侵防御系统（IPS）通常协同运作。IDS 负责实时监测网络流量，及时发现潜在的安全威胁并发出警报，为应急响应提供预警信息。IPS 则在接收到 IDS 的警报后，或者自身检测到攻击时，迅速采取主动防御措施，阻止攻击的进一步扩散。这种协同工作模式，既能充分发挥 IDS 的检测优势，又能利用 IPS 的主动防御能力，为应急指挥信息系统构建起一个高效、全面的动态防御体系，确保在面对复杂多变的网络攻击时，系统依然能够安全、稳定地运行，保障应急指挥工作的顺利开展。

在应急指挥信息系统中，IDS 和 IPS 紧密协同工作，它们相互配合、优势互补，共同为系统的网络安全筑起了一道坚不可摧的防线，有效防范各类网络攻击，确保应急指挥工作在安全的网络环境中顺利开展。

（二）漏洞扫描与修复技术

漏洞扫描技术是保障网络安全的关键手段，犹如一位细致入微的安全检查员，专门用于检测系统中的安全漏洞，及时发现潜在的安全隐患。该技术通过定期扫描，能够全面检测系统软件、硬件和网络设备中的漏洞，为后续的漏洞修复提供重要依据。

常见的漏洞扫描工具包括 Nessus、OpenVAS 等，它们可以对操作系统、数据库、应用程序等进行深入扫描，发现诸如 SQL 注入漏洞、跨站脚本漏洞等常见安全威胁。

对于扫描发现的漏洞，及时修复是保障系统安全的核心环节。修复方式多样，包括更新软件补丁——软件开发者通常会针对已知漏洞发布补丁程序，及时更新可有效填补系统安全漏洞；调整系统配置——通过优化系统设置，关闭不必要的服务和端口，降低安全风险；修改程序代码——对于因代码逻辑问题导致的漏洞，需对程序代码进行必要的修改和完善。

在应急指挥信息系统中，建立一套完善的漏洞管理机制至关重要。通过定期进行漏洞扫描和修复，能够及时消除系统中的安全隐患，有效降低系统被攻击的风险，确保应急指挥信息系统始终处于安全稳定的运行状态。

（三）网络安全态势感知技术

网络安全态势感知技术，作为网络安全领域的前沿技术，通过全面收集、深度分析和高效融合网络中的各类安全数据，实现对网络安全状态的实时精准掌控。[1] 这一技术宛如为应急指挥人员提供了一双"透视眼"，能够从全局角度清晰展示网络安全状况，提前预警潜在的安全威胁，为应急指挥提供至关重要的决策支持。

它充分利用大数据分析、机器学习等前沿技术，对网络流量、系统日志、安全设备告警等海量数据进行深度挖掘和智能分析。通过对这些数据的综合研判，能够精准识别网络中的异常行为和攻击趋势。在应急指挥信息系统中，网络安全态势感知平台扮演着关键角色。它能够实时展示系统的网络安全状态，

① 贺雅慧.网络安全态势感知分析模型与技术应用关键点[EB/OL].微言小意（微信号 ID：WeYanXY），2017-8-16.

借助直观的可视化界面，使应急指挥人员能够一目了然地掌握相关信息。当发现安全威胁时，会迅速及时地发出预警，并详细提供威胁的来源、类型、影响范围等详细信息，同时给出专业的应对建议。这使得应急指挥人员能够快速做出反应，采取有效的防范措施，将安全威胁化解在萌芽状态，保障应急指挥信息系统的安全稳定运行，为应急指挥工作的顺利开展提供强有力的技术支撑。

在应急指挥信息系统中，网络安全态势感知平台能够实时展示系统的网络安全状况；当发现安全威胁时，会及时发出预警，并提供威胁的详细信息和应对建议，帮助应急指挥人员快速做出反应，采取有效的防范措施。

在应急指挥信息系统中，网络安全防护技术与措施是一个有机的整体，防火墙、入侵检测与防御系统、漏洞扫描与修复技术以及网络安全态势感知技术相互协作、相辅相成。只有充分运用这些先进的技术与措施，构建起全方位、多层次的网络安全防护体系，才能有效抵御各类网络风险，确保应急指挥信息系统在关键时刻能够稳定运行，为保障社会安全和应对突发事件发挥关键作用。

四、人员安全管理与应急响应机制

应急指挥信息系统的信息安全，不仅依赖技术，更关乎人员管理与应急响应。系统操作人员及维护人员的权限管理及其安全意识的培养至关重要；而完备的应急响应机制，则能在安全事故突发时迅速行动，降低损失，全方位守护信息系统安全。①

（一）人员安全意识培训与权限管理

应急指挥信息系统的安全离不开人员的积极参与和严格管理。提升人员的安全意识，规范其操作行为，是确保信息系统安全的关键环节。

首先，应定期对系统相关人员进行信息安全意识培训，培训内容涵盖网络安全知识、数据保护意识及安全操作规范等。通过系统的培训，使人员深刻认识到信息安全的重要性，掌握必要的安全防范技能，从而避免因人为疏忽引发的安全事故。

其次，必须严格实施人员权限管理，根据人员的职责和工作需求，合理分配系统访问权限，并严格遵循最小权限原则，防止权限被滥用。同时，对人员的权限变更进行严格的审批和记录，确保权限管理的规范性和可追溯性。

---

① 《安全生产法》编写组 . 新《安全生产法》学习手册 [M]. 北京：中国工人出版社，2021.

（二）应急响应机制的建立与演练

建立完善的应急响应机制是应对信息安全事件的关键。应急响应机制应涵盖安全事件的监测、报告、评估、处置和恢复等多个环节，以确保在信息安全事件发生时能够迅速、高效地应对。

首先，需制定详尽的应急响应预案，明确各部门在应急响应中的职责与任务，规范安全事件的报告和处置流程。

其次，应定期对应急响应机制进行演练，通过模拟各类信息安全事件，检验并提升应急响应能力。在演练过程中，及时发现并总结问题，不断优化和完善应急响应预案，确保应急响应机制的有效性和可靠性。

（三）安全事件的后续处理与经验总结

在信息安全事件处理完毕后，应对事件进行深入调查和分析，找出事件发生的原因、经过和造成的损失。对安全事件的后续处理，不仅要追究相关责任，更重要的是总结经验教训，并完善信息安全管理体系。

首先，根据事件调查结果，对相关责任人进行严肃处理，同时对信息安全策略、技术措施和人员管理等方面进行全面评估和改进。

其次，将安全事件的处理经验形成案例，供相关人员学习和参考，提高整个应急指挥信息系统的信息安全防护能力。

综上所述，应急指挥信息系统的信息安全保障是一项系统工程，涵盖策略制定与实施、数据加密、网络安全防护以及人员安全管理与应急响应等多个关键方面。其中，信息安全策略从顶层设计出发，明确安全目标、责任主体与管理流程，为系统安全运行提供纲领性指导；数据加密技术采用先进的算法，确保应急数据在存储和传输过程中的保密性与完整性得到有效保障；网络安全防护技术凭借防火墙、入侵检测与防御系统等手段，抵御外部网络攻击，漏洞扫描与态势感知技术则实时监测并防范潜在安全风险；人员安全管理通过强化安全意识培训和规范权限管理，降低人为因素导致的安全隐患，完善的应急响应机制则确保在安全事件发生时能够迅速、有效地进行处置。

本章小结

本章深入且全面地探讨了数字化时代应急指挥信息系统的构建，全方位呈现其在应急指挥工作中的重要价值与关键作用。

在应急指挥信息系统的概述环节，着重明确了它作为应急指挥工作"智慧大脑"的关键地位，能实时收集、整合与分析各类应急相关信息，为科学决策提供有力依据。

系统构成要素部分，硬件设施作为系统运行的物理基础，涵盖高性能服务器、通信基站、监测传感设备等，确保信息的稳定传输与高效处理；软件平台则包含数据管理、决策支持、指挥调度等多种功能模块，为应急指挥流程的各个环节提供技术支撑；数据资源是系统的核心资产，整合了地理信息、人口分布、应急资源储备等多维度数据，为应急决策的制定提供丰富且全面的信息。

在系统功能阐述中，信息采集功能通过多种渠道广泛收集各类应急信息，确保数据的全面性；信息分析功能运用大数据分析、人工智能算法等技术，深度挖掘数据价值，预测突发事件的发展趋势；指挥调度功能借助可视化界面和协同通信工具，实现对救援力量的科学调配与高效指挥，确保应急救援行动有序开展。

在系统的应用场景方面，自然灾害救援时，能实时监测灾害动态，合理安排救援物资与人员，提升救援效率；事故灾难应对中，快速定位事故现场，协调各方力量开展抢险救援与事故调查；公共卫生事件防控上，助力疫情数据监测、分析传播路径并调配医疗资源，为疫情防控提供决策依据。

针对系统建设与维护，强调规划设计需立足实际需求，具备前瞻性与扩展性；技术选型要综合考虑性能、稳定性与兼容性；运行维护则包括定期数据更新、系统优化升级以及安全防护等工作，确保系统持续稳定高效运行。

本章对数字化时代应急指挥信息系统进行了系统阐述，全面剖析了应急指挥信息系统的各个环节，展示了新兴技术的应用前景，各部分内容紧密关联、相辅相成，为构建稳定、高效、安全的应急指挥信息系统提供了指导，推动应急指挥借助信息技术实现跨越式发展。

第七章　应急指挥实践案例分析

理论源于实践，又反过来指导实践。通过分析不同类型突发事件的应急指挥实践案例，能够总结经验教训，将理论知识与实际应用紧密结合。这不仅有助于检验既有理论，还能为后续应急指挥实践提供宝贵的参考借鉴。

本章通过丰富的案例，分析不同类型突发事件，如自然灾害、事故灾难、公共卫生事件、社会安全事件等的应急指挥实践，总结成功经验与不足之处，为应急指挥实践提供参考和借鉴。

第一节　自然灾害应急指挥：以地震灾害为例

在地球的自然演变过程中，自然灾害一直是影响人类生存与发展的重大威胁。从剧烈的地壳运动引发的地震，到由大气环流异常催生的台风、暴雨，再到因冰雪快速消融导致的洪水泛滥，这些自然灾害以其强大的破坏力，不断考验着人类社会的韧性和应对能力。有效的应急指挥在应对自然灾害时起着核心作用，它是连接各方资源、协调救援行动、保障受灾群众生命财产安全的关键枢纽。

一、自然灾害及其应急指挥

自然灾害是自然界发生的异常现象，会给人类社会和生态环境造成巨大破坏，对应急指挥信息系统提出严峻挑战。

（一）常见自然灾害的类型及特点

如图 7-1 所示，自然灾害的类型很多，有其各自的特点。

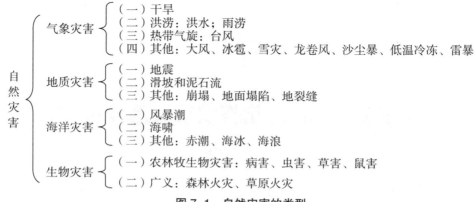

图7-1 自然灾害的类型

下面仅简要介绍几种比较常见、危害较大的自然灾害类型。

1. 地震

作为极具破坏力的自然灾害之一，地震源于地球板块的相互挤压和碰撞，导致地壳内部能量瞬间释放，引发剧烈的地面震动，其突发性和不可预测性使得人类难以提前精准防御。例如，2008年的汶川地震，震级高达8.0级，在短短几分钟内，大量建筑物轰然倒塌，道路、桥梁等基础设施严重损毁，无数家庭支离破碎，造成了巨大的人员伤亡和难以估量的经济损失。

地震的破坏往往具有集中性，在震中及其周边区域，破坏程度最为严重，随着距离的增加而逐渐减弱。即便在偏远地区，亦可能因地震引发的次生灾害，如山体滑坡、泥石流等，而受到影响。[1]

2. 洪水

洪水的形成通常与持续的暴雨、大量的积雪融化以及河流湖泊的水位异常上升有关。其显著特点在于影响范围广泛，且持续时间相对较长。洪水不仅会直接冲毁房屋、农田及各类基础设施，还可能引发内涝，导致城市陷入瘫痪状态。

以我国南方地区为例，每年的汛期，长江、珠江等流域频繁面临洪水的威胁。洪水所到之处，农田被淹没，农作物遭受严重损害，农民一年的辛勤劳作化为乌有；城市街道变成一片汪洋，交通被迫中断，居民生活受到极大影响。此外，洪水还会破坏供水和排水系统，引发饮用水污染，进而增加疫病传播的风险。

① 应急管理部国家减灾中心.地震防范与应急[M].北京：应急管理，2024.

3.台风

台风是形成于热带海洋上的强烈气旋，伴随着狂风、暴雨和风暴潮，具有强大的移动性和破坏力。其行进路径受多种因素影响，如副热带高压的位置、大气环流的变化等，导致台风预测难度较大。当台风登陆时，狂风能将树木连根拔起，吹倒广告牌、电线杆等，对建筑物造成严重破坏；暴雨可能引发山体滑坡、山洪暴发等次生灾害；风暴潮则会冲垮海堤，淹没沿海地区，威胁沿海居民的生命财产安全。例如，2019年台风"利奇马"登陆我国，给多个省份带来严重灾害，造成巨大的经济损失和人员伤亡。

（二）对社会的严重影响

1.人员伤亡

自然灾害直接威胁人们的生命安全，受灾群众可能被掩埋、溺亡、砸伤等，给无数家庭带来悲痛。

2.经济损失

自然灾害破坏房屋、工厂、交通等各类设施，导致企业停产、商业停滞，农业受损影响粮食供应，使地区经济发展严重受挫。

3.基础设施瘫痪

自然灾害损坏交通、通信、水电等基础设施，阻碍救援物资运输，影响受灾群众基本生活保障，增加救援难度。

（三）自然灾害的应急指挥流程与挑战

自然灾害的频发给人类社会带来了巨大的挑战，但通过有效的应急指挥，我们能够在最大程度上降低灾害损失，保障人民群众的生命财产安全。

1.信息收集与分析

在自然灾害发生后，应急指挥系统需首要承担信息收集的重要职责。通过卫星遥感、地面监测站、无人机以及现场救援人员等多渠道，全面收集灾害相关信息，涵盖灾害类型、发生地点、影响范围、受灾程度等方面。例如，借助卫星遥感技术，可迅速获取大面积受灾区域的图像，进而分析受灾范围及主要受损区域；现场救援人员则可以实时反馈受灾群众的需求、被困人员的位置等关键信息。应急指挥中心对这些信息进行整合和分析，从而全面、准确地掌握灾害的态势，为后续的决策提供科学依据。

2. 资源调配与协调

应急指挥的核心任务之一在于合理调配救援资源，涵盖人力、物力和财力等多个维度。在人力调配方面，需依据灾害的性质和规模，迅速组织并调度消防、医疗、武警及志愿者等救援力量，确保他们及时抵达受灾现场，展开高效的救援工作。在物力调配方面，则需合理分配帐篷、食品、饮用水、药品等救灾物资，以满足受灾群众的基本生活需求。此外，还需协调交通、通信、电力等部门，确保救援物资的运输通道畅通无阻，并尽快恢复受灾地区的通信和电力供应。在财力方面，合理安排救灾资金，确保资金能够高效地用于灾害救援和恢复重建工作。例如，在地震发生后，应急指挥中心迅速组织消防队员进行废墟搜救，安排医疗队伍对受伤群众进行救治，同时调配大量的帐篷和食品运往受灾地区，为受灾群众提供基本的生活保障。

3. 决策制定与执行

基于收集到的信息和对灾害态势的分析，应急指挥中心制定科学合理的救援决策。这些决策涵盖了救援行动的优先级设定、救援策略的筛选以及人员和物资的配置方案等方面。决策的制定需要充分考虑各种因素，如受灾群众的生命安全、救援力量的实际能力、灾害现场的地理环境等。一旦决策制定完成，应急指挥中心要确保决策能够得到有效的执行，对救援行动进行实时的监督和调整。例如，在洪水灾害中，如果发现某个地区的受灾群众被困在危险区域，应急指挥中心会根据现场情况，制定救援方案，组织救援队伍利用冲锋舟等设备进行紧急救援，并随时根据救援进展和现场变化调整救援策略。

4. 沟通与协调

应急指挥中心是各方沟通与协调的重要桥梁。它不仅需要与内部的各个救援部门和机构保持紧密联系，确保救援工作的协同性和一致性，还须与外部的政府部门、社会组织、媒体以及国际救援力量进行高效沟通与合作。通过与政府部门的沟通，争取政策支持和资源保障；与社会组织合作，充分发挥其在物资捐赠、志愿服务等方面的独特优势；与媒体保持良好互动，及时发布准确灾害信息和救援进展，避免不实信息的扩散，稳定社会秩序；在必要时，与国际救援力量携手，共同应对重大自然灾害。例如，在国际重大灾害救援中，各国之间通过应急指挥中心的沟通与协调，能够实现救援资源的共享和互补，提高救援效率。

5. 应急指挥信息系统的应对挑战

（1）通信中断。地震、洪水等灾害可能破坏通信基站和线路，使应急指挥信息系统难以实时获取受灾现场信息，影响指挥决策和救援力量调度。

（2）数据安全风险。灾害引发的物理损坏可能导致数据丢失，系统在混乱环境下也易遭受网络攻击，威胁救援数据安全。

（3）系统稳定性。电力中断、硬件设施受损会影响系统正常运行，导致信息处理和传递出现延迟或错误。

在未来，随着科技的不断进步和应急管理体系的不断完善，我们有信心更好地应对自然灾害，实现人与自然和谐共生。

以下以地震灾害为例，阐述应急指挥在地质灾害应对与处置中的流程，如图 7-2 所示。

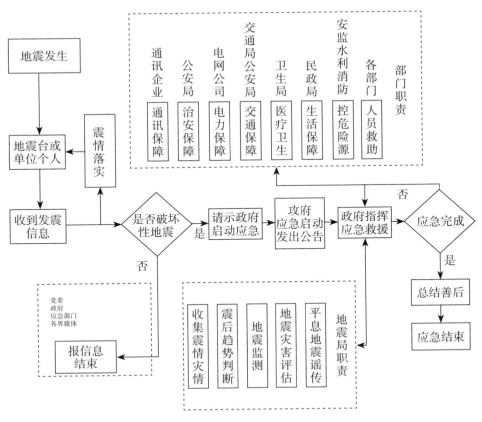

图 7-2　地震灾害应急响应流程图

二、地震灾害应急指挥体系架构

地震灾害具有极强的突发性和破坏力，瞬间便能颠覆人们的生活，对生命财产安全构成巨大威胁。构建科学且高效的地震灾害应急指挥体系架构，是减少损失、确保救援工作高效进行的关键。该体系能够整合各方力量，协调救援资源，有序应对地震危机。

（一）组织架构与职责分工

地震灾害以其突发性和巨大的破坏力著称，构建高效的应急指挥体系则是应对此类灾害的核心所在。科学合理的组织架构和明确的职责分工是地震灾害应急指挥体系有效运行的基础，能够确保在灾害发生时各部门协同作战，提高救援效率。[①]

在地震灾害应急指挥中，通常以政府为主导，构建多层次的组织架构。

在国家级层面，设立国家抗震救灾指挥部，负责统筹协调全国范围内的地震应急救援工作。其成员包括应急管理部、地震局、交通运输部、卫健委等多个部门，各部门依据自身职能履行相应职责。应急管理部负责综合协调、资源调配及应急救援的组织实施；地震局则依托专业技术，承担地震监测预报、灾情速报以及地震灾害损失评估等任务。

在省级层面，省级抗震救灾指挥部负责本行政区域内的地震应急工作，落实国家抗震救灾指挥部的决策部署，并结合本地实际情况制定具体的救援方案。

在灾区当地，成立现场抗震救灾指挥部，作为一线指挥机构，直接负责现场救援的组织与实施。现场指挥部通常下设多个工作小组，包括抢险救援组、医疗救护组、交通保障组、通信保障组以及物资保障组等。抢险救援组主要由消防、武警和地震专业救援队等力量构成，负责废墟搜救和被困人员的解救任务；医疗救护组专注于伤员的紧急救治和转运工作，确保受伤群众的生命安全；交通保障组负责清理灾区道路，保障救援物资和人员能够顺利抵达灾区；通信保障组致力于恢复灾区通信，确保指挥系统的信息畅通；物资保障组则负责应急物资的筹集、调配和发放，以满足灾区群众的基本生活需求。

（二）协调机制与信息共享

协调机制和信息共享是地震灾害应急指挥体系高效运转的关键保障。建立健全协调机制，实现各部门间的信息共享，能够有效避免救援工作中的重

---

① 应急管理部国家减灾中心. 地震防范与应急 [M]. 北京：应急管理出版社，2024.

复劳动和资源浪费，提升应急指挥的协同效率和决策的科学性。

在协调机制方面，通过设立定期的联席会议制度，各部门在会议上交流救援进展、沟通存在的问题，并共同商讨解决方案。在地震救援过程中，国家抗震救灾指挥部定期召开会议，各成员部门汇报工作情况，协调解决跨部门问题；同时，建立应急联动机制，明确各部门在应急响应不同阶段的行动顺序和协同方式。在地震发生后的紧急救援阶段，抢险救援组和医疗救护组紧密配合，确保被困人员及时得到解救和救治。

在信息共享方面，构建统一的地震灾害应急指挥信息平台。该平台整合了地震监测数据、灾情信息、救援力量分布、应急物资储备等各类信息，实现了信息的实时更新和共享。各部门通过该平台获取所需信息，为决策提供有力依据。地震局将地震监测数据和灾情速报及时上传至平台，抢险救援组根据平台信息，合理调配救援力量；物资保障组则依据灾情信息和受灾群众需求，科学调配应急物资。

此外，利用现代通信技术，如卫星通信、4G/5G 通信等，确保信息在各级指挥机构和救援现场之间的高效传输。

三、地震灾害应急指挥流程与决策

当地震灾难突如其来，高效有序的应急指挥流程与科学精准的决策，便是拯救生命、减少损失的关键。[①] 从震后第一时间的灾情速报，到救援力量的统筹调配，每个环节都紧密相扣。接下来，让我们深入探讨其运作逻辑与智慧。

（一）应急响应流程

地震灾害应急响应流程是确保救援工作有序开展的关键环节。规范、科学的应急响应流程能够使救援工作迅速、高效地推进，最大限度地减少地震灾害导致的人员伤亡和财产损失。

当地震发生后，地震监测部门会迅速测定地震参数，包括震级、震中位置、震源深度等，并在最短时间内将这些信息上报给上级部门和相关机构。国家地震局通过地震监测台网，能够在几分钟内确定地震的基本参数，并及时向社会发布地震信息。

一旦收到地震信息，应急管理部门会立即启动应急预案，根据地震的震级、影响范围等因素，确定应急响应级别，如表 7-1 所示。

---

① 国务院办公厅. 国家地震应急预案 [EB/OL]. 中国政府网 (www.gov.cn), 2012-8-28.

表 7-1　地震灾害分级标准及响应级别表

地震灾害等级	分级标准			应急响应初判标准	响应级别	应急处置工作主体
	人员死亡（含失踪）N（单位：人）	紧急安置人员	地政烈度			
特别重大地震灾害	N ≥ 300	10 万人以上（含）	≥ IX	M ≥ 7.0 级	I 级响应	省防震救灾指挥部
重大地震灾害	50 ≤ N < 300	10 万人以下，0.5 万人以上（含）	VI ~ VII	6.0 级 ≤ M < 7.0 级	II 级响应	省防震救灾指挥部
较大地震灾害	10 ≤ N < 50	0.5 万人以下	VI	5.0 级 ≤ M < 6.0 级	III 级响应	设区的市抗震救灾指挥机构
一般地震灾害	N < 10，地震灾害指标均明显小于较大地震灾害标准，但部分建筑物有一定损坏，造成较大范围群众恐慌。			4.0 级 ≤ M < 5.0 级	IV 级响应	县（市区）抗震救灾指挥机构

说明：1. 分级标准中，达到其中之一即达到相应等级。
　　　2. 地震发生后，按照初判标准启动响应，后期根据分级标准，适时调整响应级别。

图表来源：2022 年《山东省地震应急预案》

应急响应级别通常分为四级，一级响应为最高级别，对应特别重大地震灾害；四级响应为最低级别，对应一般地震灾害。不同响应级别对应不同的应急救援措施和资源调配方案。

启动应急响应后，各级抗震救灾指挥部会迅速行动，组织救援力量赶赴灾区。国家抗震救灾指挥部在启动一级响应后，会立即协调各方力量，包括国家级地震专业救援队、解放军和武警部队等，迅速奔赴灾区开展救援工作。

在灾区现场，救援队伍按照既定的救援流程展开行动。首先进行现场搜索，利用生命探测仪、搜救犬等设备和手段，寻找被困人员。找到被困人员后，实施紧急救援，采用科学的救援方法，避免对被困人员造成二次伤害。同时，对救出的伤员进行紧急医疗救治，根据伤势轻重进行分类转运，确保伤员能够得到及时、有效的治疗。

（二）决策依据与方法

在地震灾害应急指挥中，科学的决策依据和方法是制定合理救援方案的核心所在。精确的决策依据与科学的决策方法能够确保应急指挥决策的科学性与有效性，从而提升救援工作的针对性和效率。

决策依据主要涵盖地震监测数据、灾情信息、地质条件及气象状况等方面。地震监测数据能够帮助指挥人员了解地震的基本参数和发展趋势；灾情信息，如人员伤亡情况、房屋倒塌数量、基础设施损毁程度等，是制定救援方案的重要参考；地质条件和气象状况则会影响救援工作的开展，如在山区地震中，地质条件复杂可能导致山体滑坡等次生灾害，气象状况恶劣可能影响救援物资的运输和救援行动的实施。

在决策方法方面，采用专家咨询与数据分析相结合的方式。

首先，要成立地震灾害应急专家咨询组，成员包括地震学、地质学、工程学、医学等领域的专家。专家根据自身专业知识和经验，对地震灾害情况进行分析评估，为指挥人员提供决策建议。同时，利用大数据分析技术，对历史地震灾害数据、救援案例和实时灾情信息进行分析，总结规律，为决策提供数据支持。

在制定救援方案时，指挥人员综合考虑专家意见和数据分析结果，结合灾区实际情况，制定出科学合理的救援方案。例如，在确定救援力量的部署时，通过数据分析了解不同区域的受灾程度和救援难度，结合专家建议，合理分配救援力量，确保救援工作的高效开展。

四、地震灾害应急指挥中的资源调配

地震，作为极具破坏力的自然灾害，瞬间就能让城市陷入瘫痪，大量人员被埋压，基础设施严重损毁，民众生活秩序被彻底打乱。在这紧急关头，高效且科学的资源调配成为应急指挥工作的核心与关键，直接关乎救援效率、受灾群众的安危以及灾后恢复的进程。

（一）人力调配

地震发生后，救援黄金 72 小时内，救援人力的调配至关重要。

消防队伍、武警部队以及专业地震救援队伍共同构成了救援工作的主力军。在震后初期，当地消防和基层救援力量能够凭借距离优势迅速抵达现场，展开初步搜救。但面对大规模地震灾害，震级高、受灾范围广，往往需要跨区域调配专业救援队伍。周边省份的多支专业救援队伍会迅速响应，通过铁路、航空等快速运输方式奔赴灾区。应急指挥部门需依据灾情分布、救援难度等因素，精确安排各队伍的救援区域，像重灾区核心位置会安排经验丰富、装备精良的队伍攻坚，轻灾区则调配相对小型队伍排查搜救，实现救援人力的优化配置。

（二）医疗资源调配

医疗资源同样不可或缺。重伤员需要及时有效的救治，医疗资源的调配必须争分夺秒。

在地震发生后，当地医院会迅速启动应急响应，腾出床位、准备急救药品和器械。但随着大量伤员涌入，往往需要从周边地区调配医疗专家、医护人员以及血浆、特殊药品等物资。汶川地震发生后，应急指挥中心通过医疗资源协调平台，紧急从周边城市调配了多支外科手术团队、重症监护团队，还调配了大量急需的血液制品，保障了重伤员的救治需求；同时，根据伤员数量和伤势轻重，合理分配医疗资源到各个临时医疗点和医院，避免资源浪费与过度集中。

（三）物资调配

物资保障在地震灾害救援中是受灾群众生活的基本支撑，帐篷、食品、饮用水、保暖衣物等生活物资要及时送达受灾群众手中。

应急指挥部门需根据受灾人数、受灾区域分布制定物资调配计划。在交通状况良好的区域，通过公路运输实现快速配送；而在道路损毁严重的山区，则采用直升机空投的方式进行配送。在汶川地震中，由于地震导致通往山区的道路多处塌方，救援物资难以通过常规方式运输，应急指挥部门果断启用直升机，将帐篷、食品等物资精准投送到受灾村落，解决了群众的燃眉之急。同时，应建立物资分发点，依据受灾群众的实际需求，公平、有序地发放物资，保障群众基本生活。

（四）资源调配监督与反馈机制

应急指挥部门亟需构建一套完备的资源调配监督及反馈机制。在汶川地震救援行动中，设立了资源调配监督小组，实时跟踪物资运输进度、人员到岗情况；通过卫星定位系统、通信设备等技术手段，及时掌握资源动态，确保资源调配计划的有效执行。若发现资源调配出现偏差或受阻，如运输车辆因道路堵塞无法按时到达，应及时调整方案，启用备用路线或运输方式。

地震灾害应急指挥中的资源调配是一个复杂而系统的工程，需要应急指挥部门统筹协调，依据灾情科学决策，确保各类救援资源高效、精准地投入抗震救灾工作中，最大限度减少人员伤亡和财产损失，为灾后重建奠定坚实基础。

五、地震灾害应急指挥中的社会协同

地震灾害的应急救援绝非孤军奋战，社会协同的力量至关重要。政府、企业、社会组织、志愿者及普通民众携手并肩，方能汇聚强大合力。从救援行动开展，到受灾群众生活保障，社会协同贯穿始终。[①]

（一）社会组织、志愿者与企业在应急指挥中的作用

社会组织、志愿者及企业在地震灾害应急指挥中扮演着举足轻重的角色。

1. 社会组织

社会组织凭借其灵活性与专业性的显著优势，在地震灾害发生后能够迅速作出响应，提供精准且具有针对性的服务。红十字会、慈善总会等社会组织可以开展募捐活动，筹集资金和物资，并组织志愿者参与灾区救援和受灾群众救助工作。一些专业的社会组织，如蓝天救援队，凭借其专业的救援技能和设备，能够在地震救援中承担复杂艰巨的救援任务，为被困群众提供及时有效的救援。

2. 志愿者

志愿者在地震灾害救援中扮演着至关重要的角色。他们来自社会各个领域，拥有多样化的专业背景和技能，能够在灾区提供全方位的服务支持。志愿者可以协助医疗队伍照顾伤员，为受灾群众提供心理辅导，帮助分发救援物资，参与灾区的卫生防疫工作等。志愿者的热情和奉献精神，能够在一定程度上缓解救援力量的不足，为受灾群众带来温暖和希望。

3. 企业

企业在地震灾害应急指挥中发挥着不可或缺的作用。通信企业能够迅速修复灾区通信设施，确保通信畅通无阻，保障指挥中心与灾区之间的信息传递畅通；电力企业全力恢复供电，为救援行动和受灾群众的生活提供稳定的

---

① 周德红,李文,冯豪.地震应急管理行为模式及其绩效评估[J].灾害学,2017(4)：31-33.

电力支持；建筑企业积极参与受损房屋和基础设施的抢修与重建工作，助力灾区尽快恢复生产生活秩序。许多企业还通过捐款捐物等方式，为地震灾害救援提供物资和资金支持。

（二）如何促进社会协同参与地震灾害应急指挥

为了有效促进社会各界的协同参与，提升地震灾害应急指挥的效率，首要任务是构建一套健全的机制与政策体系。政府应制定相关法律法规，明确社会组织、志愿者和企业在地震灾害应急救援中的权利和义务，为他们的参与提供法律保障；出台鼓励社会力量参与的政策，如税收优惠、表彰奖励等，激发社会各界参与地震灾害应急救援的积极性。

其次，需加强对社会力量的培训及管理力度。一是对社会组织和志愿者进行专业培训，提高他们的救援技能和服务水平，使其能够更好地适应地震灾害救援工作的需求。二是建立健全志愿者招募、登记、培训、管理和调配机制，确保志愿者能够有序参与救援工作。三是加强对企业的引导和协调，根据企业的优势和特长，合理安排其参与救援工作的任务，提高企业参与的效率和效果。

再次，建议构建高效的沟通协调平台，以促进政府、社会组织、志愿者及企业间的信息互通与协同合作。通过建立应急指挥信息平台，各方可以实时了解地震灾情、救援进展和资源需求等信息，便于及时调整救援策略和行动；定期召开协调会议，共同商讨解决救援工作中遇到的问题，形成工作合力。

综上所述，地震灾害应急指挥是一个复杂的系统工程，涉及技术系统构建、医学救援、指挥流程、资源调配和社会协同等多个方面。通过对相关专著的研究和实践经验的总结，我们可以不断完善地震灾害应急指挥体系，提高应对地震灾害的能力，最大限度地减少地震灾害造成的人员伤亡和财产损失，保障人民生命财产安全和社会稳定。

六、汶川地震应急指挥实践剖析

地震灾害以其巨大的破坏力，构成了对人类生命财产安全及社会稳定的严重威胁。从历史上众多地震灾害事件来看，应急指挥的成效直接关乎受灾群众能否得到及时救援、社会秩序能否快速恢复。比如在汶川地震、玉树地震等灾害中，应急指挥体系的运作备受关注。深入剖析地震灾害应急指挥案例，从指挥体系架构、资源调配策略到社会协同模式，能为我们积累宝贵经验，进而完善应急指挥体系，提升应对地震灾害的能力，守护人民生命财产安全，维护社会稳定。

2008 年，一场 8.0 级的特大地震在汶川爆发，山河破碎，无数生命受困。这场灾难是应急指挥面临的巨大考验，却也成为我国应急体系发展的重要转折点。从震后第一时间响应，到救援力量的集结、资源调配，再到重建规划，其中的经验与教训值得我们深入剖析。[①]

（一）地震概况与灾情

2008 年 5 月 12 日 14 时 28 分，四川省汶川县遭遇了里氏 8.0 级特大地震，震源深度达 14 千米。这场地震堪称中华人民共和国成立以来破坏力最强、影响范围最广、灾害损失最为惨重、救援难度最高的一次地震。地震波及四川、甘肃、陕西、重庆等 10 个省（区、市）、417 个县（市、区）、4667 个乡（镇）、48810 个村庄，灾区总面积高达 50 万平方千米，受灾总人口达 4625.6 万人。

（二）应急指挥体系迅速搭建

地震发生后仅 13 分钟，军队应急指挥机制便全面启动。2 小时后，国家迅速组建抗震救灾指挥部，全面统筹协调抗震救灾工作。如此迅速搭建的应急指挥体系，彰显了我国在应对重大灾害时的高效组织能力，为后续救援行动的有序开展奠定了坚实基础。

国务院抗震救灾指挥部负责统一领导、指挥和协调全国抗震救灾工作，各成员单位迅速响应，按职责分工投入抗震救灾。应急管理部门（当时为相关职能部门）全力协调救援力量和物资调配；地震部门快速开展地震监测和灾情评估，为救援决策提供科学依据；交通运输部门紧急组织力量抢通受损道路，确保救援通道畅通；卫生部门迅速组建医疗队伍，赶赴灾区开展医疗救援和卫生防疫工作。

（三）应急响应流程解析

1. 震后初期响应

地震发生后，地震监测部门迅速测定了地震参数，并在第一时间上报。中国地震局随即启动了地震灾害应急响应，根据震级和灾情评估，确定为最

---

① 应急管理部干部培训学院.重特大灾害事故应急处置典型案例 [M].北京：应急管理出版社，2024.

高级别的一级响应。

2.救援力量集结与赶赴灾区

各级政府和相关部门迅速组织救援力量，包括解放军、武警、消防、地震专业救援队、医疗队伍等。成都军区某集团军的战士们正在进行日常训练，地震发生后，他们来不及等待上级详细指令就自发集结，携带简单救援装备向着震区奔去。

3.现场救援开展

救援队伍抵达灾区后，立即展开全面的搜索与救援工作。在北川中学的废墟中，战士们发现一名被困学生，被巨大水泥板压住，情况危急。救援人员迅速组织力量，几十名战士齐心协力用肩膀扛起水泥板，最终成功救出被困学生。

同时，医疗队伍迅速对受伤群众展开紧急救治并安排转运，卫生防疫人员则全面开展卫生防疫工作，有效防止灾后疫情的发生。

4.科学制定救援策略

根据灾情和专家建议，应急指挥部确定了"先救人、后救物，先救命、后治伤"的救援原则，优先开展被困群众的搜救工作。同时，针对次生灾害的威胁，采取了一系列防范和处置措施，如对堰塞湖进行除险加固、对地质灾害隐患点进行监测和预警等。

（四）资源调配与协同救援

在资源调配方面，国家迅速调运大量救援物资和力量。根据资料记载，在48小时之内，10多万解放军战士就赶赴了指定地点。全国各地的救援物资也源源不断地运往灾区，一辆辆满载着食品、药品、帐篷的卡车日夜兼程驶向灾区。

大规模的资源快速调配，需要高效的协调机制和强大的动员能力，汶川地震救援中展现出的资源调配能力，是多方协同合作的成果。

除了军队和政府部门外，社会组织、志愿者以及企业也纷纷踊跃参与救援行动。志愿者们从四面八方赶来，他们中有医生、护士、教师，也有普通的工人、农民，在灾区为受灾群众提供医疗救助、心理辅导和生活帮助。许多企业捐款捐物，通信企业迅速抢修灾区通信设施，电力企业全力恢复供电，建筑企业参与受损房屋和基础设施的抢修和重建工作。

（五）汶川地震应急指挥成功经验总结

汶川地震应急指挥的成功经验主要有以下几点：

1. 高效的组织指挥体系

（1）成立统一指挥机构。国务院迅速成立抗震救灾总指挥部和四川前方指挥部，灾区各级党委、政府也启动应急预案，形成了从中央到地方的统一指挥体系，保证了决策的快速传达和执行。

（2）多部门协同作战。各地区、各部门密切配合，军队、武警、公安、消防等迅速集结投入救援，卫生部门救治伤病员，交通、电力、通信等部门抢修基础设施，民政部门调运救灾物资安置群众，形成了强大的救援合力。

2. 科学的决策依据

（1）精确的灾情监测与评估。地震监测部门快速确定地震参数，通过卫星遥感、航空摄影等技术手段和基层人员上报，实时获取灾情信息，为决策提供了准确依据。同时，专家委员会对地震成因、发展趋势、次生灾害风险等进行科学分析，为抗震救灾和灾后重建提供专业建议。

（2）信息公开透明。建立健全新闻发布机制，及时向国内外通报灾情及抗震救灾工作进展，有效稳定了人心，同时为抗震救灾营造了积极的舆论环境，并促进社会各界更高效地参与救援工作。

3. 快速的应急响应

（1）救援力量迅速集结。地震发生后，各方救援力量在短时间内迅速集结并赶赴灾区，展开救援工作，为抢救生命赢得了宝贵时间。

（2）应急物资及时调配。建立了完善的应急物资储备与调配体系，确保救灾物资能够及时、精准地发放至受灾群众手中，有效保障了受灾群众的基本生活需求。

4. 有效的社会动员

（1）全民参与救援。全国人民积极响应，纷纷捐款捐物，参与志愿者服务，为抗震救灾提供了强大的人力、物力支持。

（2）社会组织发挥作用。各类社会组织在抗震救灾中发挥了重要作用，它们通过组织志愿者、筹集物资、提供心理辅导等方式，为受灾群众提供了全方位的帮助。

（六）对未来地震应急指挥的启示

1. 持续完善应急指挥体系

持续优化应急指挥体系的组织架构与协调机制，提升指挥效率及决策科学性。强化各部门间的信息共享与协同合作，防范职责模糊、协调不畅等问题的发生。

2. 加强应急资源储备和调配能力

进一步强化应急资源的储备力度，优化储备布局，确保在灾害发生时能够迅速高效地进行调配。同时，构建并完善应急资源调配的信息化管理系统，提升调配效率和精准性。

3. 强化社会协同参与机制

完善社会力量参与地震应急救援的政策法规和保障机制，激励更多社会组织、志愿者和企业投身于地震应急救援工作。强化对社会力量的培训与管理，提升其参与救援的综合能力和专业水平。

汶川地震应急指挥案例为我们提供了宝贵的经验和启示，通过对其深入分析，能够不断完善我国地震灾害应急指挥体系，提高应对地震灾害的能力，最大程度减少地震灾害造成的人员伤亡和财产损失。

综上所述，地震灾害应急指挥是一个复杂且系统的工程，涵盖了从指挥体系构建到资源调配，再到社会协同等多个关键环节。通过对地震灾害应急指挥案例的深入分析，我们看到了科学的指挥体系架构在协调各方力量、明确职责分工上的重要性，合理的资源调配是保障救援行动顺利开展的物质基础，广泛的社会协同参与则凝聚起强大的救援合力。[①]

未来，我们应持续优化地震灾害应急指挥体系，进一步强化技术应用以提升指挥效率，精准调配资源，拓宽社会协同参与渠道，增强全社会应对地震灾害的韧性，最大限度降低地震灾害带来的损失。

七、2025 年美国加州山火应急指挥实践剖析

（一）灾情概况

2025 年 1 月 7 日，受"圣安娜风"影响，美国加利福尼亚州南部地区突发多起山火，其中洛杉矶附近的太平洋帕利塞兹地区山火火势最为凶猛。

---

① 应急管理部国家减灾中心.地震防范与应急[M].北京：应急管理出版社，2024.

此次山火堪称洛杉矶历史上最具破坏性的火灾。截至当地时间1月31日，代号为"伊顿"和"帕利塞兹"的两大山火才实现"100%得到控制"。但在此之前，这场灾难已造成了极其惨重的损失。

从人员伤亡来看，截至当地时间1月21日，洛杉矶山火无情地夺走了至少28人的生命，众多家庭支离破碎。

在经济损失方面，据"准确天气预报"公司估算，此次山火造成的破坏和经济损失高达2500亿至2750亿美元。这一数字令人触目惊心，远超2005年"卡特里娜"飓风，成为美国历史上损失最为严重的自然灾害。

在过火面积与建筑损毁方面，截至当地时间1月13日，洛杉矶已有超过164平方公里的土地被大火吞噬，超过12300栋建筑被烧毁。截至1月15日，加州各地发生的124起山火，总过火面积已超过164平方公里。

美国当地长期干旱、气温上升、强风等自然因素为山火的爆发与蔓延提供了极为有利的条件，而人类活动引发的气候变化更是导致高温天气愈发频繁。自1895年以来，加州南部各地平均气温大幅上升了2℃，使得当地环境变得更加易燃，更易触发野火。此外，"圣安娜风"极为猛烈且干燥，风速通常可达每小时40至60英里（64公里至96公里），进一步助长了火势，导致山火迅速失控，并以惊人的速度扩散，对周边地区的生命财产安全构成了巨大威胁。

（二）应急措施

在火灾发生后，相关部门迅速采取了一系列应急措施。

在人员疏散方面，大量居民被迫撤离家园。1月8日，在帕西菲克帕利塞兹山火附近区域有37000名居民被要求撤离，在伊顿山火附近区域有32500名居民被要求撤离。截至1月9日，加利福尼亚州南部洛杉矶地区约18万居民被紧急疏散。到1月12日，洛杉矶县已疏散15万居民，其中超过700人只能住在临时避难所中艰难度日。1月14日，洛杉矶县警察局局长罗伯特·卢纳在火情简报会上透露，已有约8.8万名居民接到强制撤离令，另有超过8.4万名居民处于撤离警告状态。当地时间1月22日，洛杉矶北部新爆发的山火迅速蔓延，又有约31000人收到疏散命令，另有23000人收到疏散警告。

为了尽快扑灭大火，相关部门调配了大量救援力量。多架消防飞机穿梭于山区，不断喷洒阻燃剂，试图遏制火势。截至1月12日，来自美国、加拿大、墨西哥的1.4万余名救援人员紧急奔赴前线，在1354台工程设备和84架飞机的支援下，争分夺秒地展开灭火行动。1月26日，美国总统特朗普针对南加州水资源发布行政命令，旨在向南加州提供必要的水资源，以助力应对山火。当地时间1月10日，美国卫生与公众服务部部长哈维尔·贝塞拉宣布加州因洛杉矶山火进入公共卫生紧急状态，此举意在帮助应对山火对居民及救援人员健康造成的影响，为医疗系统提供更大的灵活性，以满足紧急健康需求。

（三）应急指挥中存在的问题

1. 救援力量与资源调配问题

首先，消防部门资源调配陷入混乱状态，在灭火的关键时期，消防栓缺水现象极为严重。洛杉矶县多地的消防员在争分夺秒救火时，却面临无水可用的困境，这极大地阻碍了灭火行动的顺利推进。据了解，洛杉矶市2024年削减了消防部门1700多万美元的预算，这一短视行为严重影响了消防部门应对灾害的能力，使得消防设备更新滞后，在面对大规模山火时，无法及时有效地发挥作用。

此外，在救援人员调配方面，加州虽部署了1400余名消防人员参与灭火，但相较于凶猛的火势和大面积的受灾区域，这些人力显得远远不足。尽管美国拥有约1000架专用灭火航空器，但在此次火灾中，由于火势过于凶猛、气候条件恶劣，灭火飞机的作业受到极大限制，实际参与灭火作业的飞机仅占总数的5%，且因天气原因平均每天作业时间不足6小时，无法充分发挥其应有的灭火效能。

2. 政府部门间协调与责任推诿问题

一是政府部门之间相互推诿责任，严重影响了救援效率。加州州长纽森与当地政府就消防栓缺水问题相互指责，在灾难面前，不是齐心协力共同应对，而是忙于推卸责任；候任总统特朗普也加入纷争，抨击纽森管理不善，这种政治纷争使得救援工作雪上加霜。

二是在应急响应过程中，政府行动迟缓，未能及时有效地整合各方力量。火灾发生后3小时内，政府未能迅速组织起大规模救援行动，从而错过了最佳扑救时机，导致火势得以肆意蔓延，火灾规模不断扩大，最终难以控制。

3. 预警与信息发布问题

预警与信息发布出现严重失误。当地时间1月9日和10日，洛杉矶县的居民连续两次收到错误的疏散警报。9日，洛杉矶全县近1000万居民的手机都收到了一条紧急信息，敦促民众准备疏散，然而事后证实该警报是因技术故障导致的误发。这一错误不仅不可接受，还在这个极端危急的时刻，给社区造成了极大的混乱和额外的恐慌，严重干扰了居民的正常应对行动，也在一定程度上削弱了民众对预警信息的信任度。①

4. 社会秩序维护问题

灾后社会秩序陷入混乱，抢劫和盗窃案件频发。随着大量居民的撤离，灾区的治安状况急剧恶化。根据洛杉矶县警察局的通报，至少有 20 人因涉嫌在疏散区域实施抢劫和盗窃被捕。加州的警察力量未能在第一时间有效遏制这类趁火打劫的行为，这反映出在应急指挥过程中，对社会秩序维护的重视程度不足，相关预案和措施不够完善，无法在灾难发生时保障社会的基本稳定，使得受灾民众不仅要承受火灾带来的损失，还要面临财产被侵害的风险。

（四）经验与教训

1. 资源保障与灾害预防的重要性

充足的资源保障是应对灾害的基础。加州此次山火暴露出消防预算削减带来的严重后果，政府应将火灾防控置于重要优先级，加大对消防部门的资金投入，确保消防设备的及时更新与维护，提高消防部门应对灾害的能力。

同时，要加强灾害预防工作，不能等到灾难发生才匆忙应对。例如，在日常工作中，应加强对森林植被的管理，合理规划和实施计划性烧除计划，减少易燃物的积累，降低火灾发生的风险。

政府在制定预算和规划时，要有长远的眼光，充分考虑到自然灾害可能带来的影响，提前做好资源储备和预防措施，而不是因一时的经济考量忽视了公共安全。

2. 建立高效协调机制的必要性

政府各部门之间必须建立高效的协调机制，明确各自在应急响应中的职责，避免出现相互推诿责任的情况。

在面对大规模灾害时，各部门应迅速形成合力，实现信息共享、资源共享，共同制定应对策略。可以借鉴一些成功的应急管理案例，建立跨部门的应急指挥中心，统一指挥和协调各方力量。

---

① 闹海. 加州山火背后：预警失灵、取消房屋险与并非万能的技术主义. 澎湃新闻，2025-01-17.

在预警与信息发布方面，要建立严格的审核与发布机制，确保信息的准确性和及时性。利用现代信息技术，提高预警系统的可靠性，避免因技术故障导致错误信息的发布。同时，要加强对民众的宣传教育，提高民众对预警信息的识别和应对能力。

3. 维护社会稳定的关键作用

维护社会稳定是应急管理的重要目标之一。在灾害发生时，要提前制定社会秩序维护预案，加大对灾区的警力部署，严厉打击各类违法犯罪行为，保障受灾民众的生命财产安全。政府应加强与社区、志愿者组织等社会力量的合作，共同维护社会秩序。通过社区组织，可以更好地了解受灾民众的需求，及时提供帮助和支持，增强民众的安全感和凝聚力。

只有在稳定的社会环境下，救援工作才能顺利开展，受灾地区才能尽快恢复正常秩序。

4. 提升民众应急意识与能力的紧迫性

此次山火也凸显了提升民众应急意识与能力的紧迫性。政府应加强对民众的应急知识普及和培训，通过学校教育、社区宣传、媒体传播等多种渠道，提高民众对自然灾害的认识和应对能力，让民众了解在灾害发生时应如何正确逃生、如何进行自救互救等基本知识；同时，鼓励民众参与应急演练，提高在实际灾害中的应对技能。

民众应急意识和能力的提升，将在一定程度上缓解应急指挥的压力，增强整个社会应对灾害的韧性。

2025年美国加州山火应急指挥实践暴露出诸多问题。通过对这些问题的深入剖析，我们可以汲取宝贵的经验教训，为今后更有效地应对类似灾害提供参考和借鉴，从而减少灾害带来的损失，保障人民的生命财产安全和社会的稳定发展。

第二节 工业事故灾难应对及案例剖析

工业事故灾难作为一种极具破坏力的突发事件，不仅对人民生命安全和身体健康构成严重威胁，还会给国家经济、社会稳定以及生态环境带来巨大冲击。从煤矿瓦斯爆炸到化工泄漏，从建筑坍塌到火灾事故，每一起工业事故都可能造成惨重的损失。因此，科学、高效地应对工业事故灾难，是应急管理领域的重要课题，也是保障人民福祉、维护社会可持续发展的必然要求。

一、工业事故灾难的特点与类型

工业发展为社会带来了显著的进步，然而，工业事故灾难却如同隐匿的暗礁，时刻威胁着人们的生命财产安全。这类事故具有独特的属性，涵盖多种类型，每一种都直接关系到无数家庭的幸福与社会的稳定。深入理解其特点与类型，是有效应对这些事故的关键起点。[①]

（一）工业事故灾难的特点

工业事故是指在工业生产活动中，由于违反操作规程、设备故障、环境因素等原因，造成人员伤亡、财产损失、生产中断或环境污染等后果的意外事件。

具体来说，工业事故具有以下特点：

1. 突发性与意外性

工业事故常常在瞬息之间突然爆发，难以精确预测其具体的发生时间和地点。如 2019 年江苏响水天嘉宜化工有限公司的爆炸事故，在毫无预兆的情况下发生，给周边地区带来了巨大灾难。

2. 后果严重性

工业事故一旦发生，往往会导致大量人员伤亡、巨额财产损失以及严重的环境污染。以 1984 年印度博帕尔农药厂的异氰酸甲酯泄漏事故为例，该事故造成了数千人丧生，数十万人中毒，其深远影响至今仍未彻底消除。

3. 影响的持续性

除了瞬间的破坏，工业事故的后续影响还可能延续相当长的一段时间。包括对当地经济结构的破坏、居民心理创伤以及生态环境的长期恶化等。

4. 处置复杂性

工业事故涉及复杂的技术、设备和工艺流程，救援人员必须具备专业知识，方能有效应对。此外，事故现场可能存在易燃易爆、有毒有害等危险物质，进一步加大了救援和处置的难度。

（二）工业事故灾难的类型

工业事故的类型多种多样，涵盖但不限于以下几类：机械伤害事故，例

[①] "安全与应急科普丛书"编委会.应急管理知识[M].北京：中国劳动社会保障，2022.

如操作人员被卷入机器设备；电气事故，如触电、电气火灾等；爆炸事故，常见于化工、矿山等行业；火灾事故，可能由易燃物泄漏、电气短路等原因引发；中毒和窒息事故，多发生于有限空间或化工生产环境中；坍塌事故，例如建筑施工中脚手架倒塌等情况。①

以事故发生场所而言，常见的工业事故包括：

1. 矿山事故

矿山事故是指在矿山开采过程中发生的各类意外事件，对人员、财产及环境造成严重危害。常见的矿山事故包括煤矿瓦斯爆炸、透水事故以及顶板坍塌等。②

煤矿瓦斯爆炸是由于瓦斯在一定浓度范围内与空气混合，遇到火源发生剧烈燃烧爆炸，对井下作业人员生命安全构成极大威胁。

透水事故是指在矿山、隧道等地下工程施工或生产过程中，地表水或地下水通过裂隙、断层、塌陷区等通道涌入作业场所，造成人员伤亡、设备损坏、生产中断等危害的事故。

顶板坍塌是矿山开采及其他地下作业中较为严重的事故类型。在矿山开采过程中，随着矿体的逐渐采出，采空区上方的顶板岩层因失去支撑而陷入不稳定状态。当顶板岩石的强度不足以承受其自身重量以及上覆岩层的压力时，就会发生变形、断裂，最终导致顶板局部或大面积坍塌，掉落的岩石会掩埋采场和巷道，对井下人员和设备造成严重威胁。

2. 化工事故

化工事故是指在化工生产、储存、运输、使用等过程中，由于各种原因导致的化学品泄漏、火灾、爆炸、中毒等事件，会对人员、环境和财产造成严重危害。

常见的化工事故如危险化学品泄漏、爆炸、火灾等。

（1）火灾爆炸事故。在化工生产过程中，众多原料、中间体及产品均具备易燃易爆的特性，例如氢气、汽油、苯等。一旦这些物质发生泄漏，并接触到明火、静电或高温等点火源，便极有可能诱发火灾乃至爆炸事故。

（2）化学品泄漏事故。设备故障、管道破裂、操作失误等因素均可能引

---

① "安全与应急科普丛书"编委会.应急管理知识[M].北京：中国劳动社会保障出版社，2022.

② 应急管理部信息研究院.《煤矿安全生产标准化管理体系基本要求及评分方法》理解与适用[M].北京：应急管理出版社，2024.

发化学品泄漏。如阀门密封不严、反应釜破裂等情况，会使有毒有害、腐蚀性的化学品泄漏到环境中，对周围人员和生态环境构成威胁。

（3）中毒窒息事故。在化工生产过程中，一些有毒有害气体如氯气、硫化氢、一氧化碳等，若泄漏到作业场所或在通风不良的空间内积聚，容易造成人员中毒窒息。

3. 建筑施工事故

随着城市化进程加快，建筑施工规模不断扩大，若安全管理不到位，容易引发各类事故。

建筑施工事故是指在建筑工程施工过程中发生的各类意外事件，涵盖建筑物坍塌、高处坠落、物体打击等情况。

（1）高处坠落。人员从脚手架、建筑物边缘、高处平台等位置掉落。

（2）物体打击。在施工过程中，工具、材料、构件等从高处掉落，砸伤人员，或因运动中的物体撞击导致伤害。

（3）坍塌事故。涵盖脚手架坍塌、模板支撑体系坍塌、土方坍塌以及建筑物倒塌等情况。

（4）机械伤害。操作人员因施工机械的运动部件或工作装置夹持、碾压、碰撞、切割、戳刺等而受到伤害。

（5）触电事故。施工人员接触漏电的电气设备或电线，或在高压线下作业时安全距离不足，导致触电事故发生。

4. 火灾爆炸事故

火灾爆炸事故是一种极具破坏性的安全事故，对人员、财产和环境均会造成严重危害。

在一些工业场所，如化工厂、炼油厂、烟花爆竹厂等，因危险化学品泄漏、反应失控、违规操作等因素，容易引发火灾爆炸。例如，2015 年天津港"8·12"瑞海公司危险品仓库特别重大火灾爆炸事故，就是由于硝化棉自燃，进而引发相邻危险化学品的燃烧爆炸。

在交通运输过程中，运输易燃易爆物品的车辆若发生交通事故或罐体泄漏等情况，也可能导致火灾爆炸的发生。

在建筑施工，施工现场的易燃易爆材料存放不当、电气设备故障、动火作业违规等，也可能导致火灾爆炸。

此外，在一些公共场所，如商场、酒店、娱乐场所等，因电气线路老化、消防设施不完善、人员违规用火等引发火灾。例如，2020 年黎巴嫩首都贝鲁特市区发生的爆炸事故，导致 5 万栋房屋、9 家大型医院以及 178 所学校遭受破坏，经济损失高达 150 亿美元。

二、应急指挥体系在工业事故灾难应对中的关键作用

当工业事故的灾难阴影笼罩，现场混乱无序，救援刻不容缓。此时，应急指挥体系便是黑暗中的灯塔，它整合各方力量，统筹各类资源，在争分夺秒的救援中发挥关键作用，关乎事故处理成效与生命财产安危。

（一）应急指挥架构的建立

在工业事故灾难发生后，迅速构建统一且高效的应急指挥体系至关重要。通常由政府主导，联合应急管理部门、消防救援队伍、医疗急救部门、公安部门及相关行业专家等共同组成应急指挥中心。国家级指挥中心负责统筹协调全国范围内的资源调配和救援指导；地方级指挥中心则负责具体事故现场的指挥与救援工作，确保各项救援任务有序高效地推进。

（二）应急指挥决策机制的运行

科学且合理的决策机制是应急指挥体系的核心所在。指挥中心在接获事故报告后，须迅速且全面地收集事故现场的相关信息，涵盖事故类型、规模、危害程度及周边环境等方面。与此同时，还需组织专家团队进行精准的风险评估，并依据评估结果科学制定高效的救援方案。例如，在化工事故中，需要考虑危险化学品的特性，确定是采取灭火、堵漏还是疏散等措施，决策过程必须快速、准确，以最大程度减少损失。

（三）资源调配与协调

应急指挥中心负责统筹调配各类救援资源，涵盖人力、物力和财力三大方面。在人力资源调配上，组织消防队员、医疗人员及专业技术人员迅速赶赴事故现场；在物力资源调配上，协调消防车、救护车、救援设备以及防护用品等关键物资；在财力资源保障上，确保救援资金及时到位。此外，中心还负责协调各部门之间的协同工作，防止出现职责模糊、相互推诿的现象。特别是在矿山事故救援中，应急指挥中心需联动矿山企业、地质勘探部门、电力部门等多方力量，共同高效推进救援工作。

三、工业事故灾难应对的主要流程与措施

工业事故一旦发生，其危害性极为严重。在危机时刻，如何有序高效地展

开救援，以最大限度降低损失？科学严谨的应对流程和有力的措施至关重要。从预警监测到现场救援，再到后续处置，每个环节紧密相扣，直接影响着救援的成败与受灾者的命运。[①]

（一）事故预警与监测

一是建立完善的工业事故预警与监测体系，通过对工业生产过程中的关键参数进行实时监测，如温度、压力、流量等，及时发现异常情况并发出预警。

二是借助传感器技术、物联网技术和大数据分析等先进手段，对监测数据进行深入分析处理，以提前预测事故发生的潜在可能性。例如，在化工企业中，通过安装有毒气体泄漏检测仪，一旦检测到气体浓度超标，立即发出警报，通知相关人员采取措施。

（二）应急响应启动

当事故发生后，立即按照预先制定的应急预案迅速启动应急响应机制。根据事故的严重程度，精准确定响应级别，各级别均对应相应的应急处置措施。

应急响应启动后，各部门按照职责分工迅速开展工作，救援队伍第一时间赶赴事故现场，医疗部门做好伤员救治准备，公安部门负责现场秩序维护和交通管制。

（三）现场救援与处置

现场救援是应对工业事故灾难的核心环节。救援人员需依据事故类型和现场实际情况，采取科学且高效的救援措施。在火灾爆炸事故中，消防队员须迅速扑灭火源，并有序组织人员疏散；而在危险化学品泄漏事故中，救援人员则需穿戴专业防护装备，执行堵漏、洗消等关键作业。在整个救援过程中，务必确保救援人员的安全，严格遵循操作规程，以防止二次事故的发生。

（四）医疗救护与人员安置

及时对受伤人员进行医疗救护是减少伤亡的关键。医疗部门应在事故现场迅速设立临时医疗点，对伤员进行紧急救治并安排转运。对于重伤员，务必及时送往具备更好医疗条件的医院接受治疗。

此外，还需妥善做好受灾群众的安置工作，提供必要的生活物资和心理

---

① "安全与应急科普丛书"编委会.应急管理知识[M].北京：中国劳动社会保障出版社，2022.

疏导，确保受灾群众的基本生活需求得到保障。

（五）事故调查与评估

事故发生后，应立即成立专门的事故调查组，对事故的原因、经过及损失进行全面且细致的调查。通过现场勘查、询问当事人、查阅相关资料等多种方式，深入查明事故原因，并准确认定事故责任。

同时，需对事故的应对过程进行系统评估，总结其中的经验教训，并提出切实可行的改进措施，为今后类似事故的应对工作提供有力参考。

四、工业事故灾难应对中的资源保障与调配

面对工业事故灾难，充足的资源保障与合理调配，是救援行动的根基。从专业设备到医疗物资，从救援人力到应急资金，每一项资源都是挽救生命、降低损失的关键，它们如何协同就位，对事故应对起着决定性作用。

（一）应急物资储备

一是建立充足的应急物资储备库，储备各类工业事故灾难应对所需的物资，如消防器材、防护用品、救援设备、医疗药品等。

二是针对各类事故的独特特性和实际需求，科学规划并精准确定应急物资储备的种类及数量。

三是定期开展应急物资的全面检查、维护与更新工作，以确保物资始终保持优良品质和高效可用状态。

（二）人力资源调配

在事故发生后，迅速调配充足救援人员赶赴现场。同时，组织医疗人员及专家等参与救援工作，提供技术支持和医疗保障。

（三）资金保障

政府设立工业事故灾难应急专项资金，用于事故救援、受灾群众安置、事故调查等方面的支出。同时，积极鼓励企业投保安全生产责任保险；一旦发生事故，保险公司将提供相应的经济补偿，从而有效减轻企业和政府的负担。

五、工业事故灾难应对中的社会协同与公众参与

工业事故灾难影响深远，绝非单靠某一方的力量就能妥善应对。政府、企业、社会组织与公众的协同配合，才是凝聚强大救援合力的关键所在。那么，

社会协同应如何有效开展，公众又该如何积极参与？这不仅关乎救援的成效，更直接影响到社会的稳定。

（一）企业主体责任落实

工业企业作为事故预防和应对的核心主体，必须强化安全生产管理，构建和完善安全生产责任制，增加安全投入，优化安全生产条件。

企业还应定期组织安全培训和应急演练，以提升员工的安全意识和应急处置能力。

在事故发生后，企业要积极配合政府部门开展救援工作，提供必要的技术支持和物资保障。

（二）社会组织参与

社会组织在工业事故灾难应对中能够发挥至关重要的作用。例如，志愿者组织可以积极参与受灾群众的救助与安置工作，提供心理疏导、物资分发等多元化服务；行业协会则可以组织专家团队对事故原因进行深入分析，提出切实可行的改进建议，从而有力推动行业安全生产水平的显著提升。政府要鼓励和支持社会组织参与工业事故灾难应对，为其提供必要的指导和帮助。

（三）公众宣传教育

政府加强对公众的工业事故灾难预防和应对知识宣传教育，提高公众的安全意识和自我保护能力。

一是通过举办安全知识讲座、发放宣传资料、开展应急演练等方式，向公众普及工业事故的危害、预防措施和应对方法。

二是鼓励公众积极举报安全生产违法行为和事故隐患，营造全社会共同参与工业事故灾难预防和应对的良好氛围。

工业事故灾难的应对是一项系统工程，需要政府、企业、社会组织和公众的共同努力。通过建立完善的应急指挥体系，采取科学有效的应对措施，加强资源保障和社会协同，不断提高工业事故灾难的应对能力，最大限度地减少事故造成的损失，保障人民生命财产安全和社会稳定。

六、江苏响水"3·21"特别重大爆炸事故应急指挥实践剖析

江苏响水 2019 年"3·21"特别重大爆炸事故，以其惨痛的代价和深远的影响，为我们提供了深入剖析工业事故应急指挥的典型样本。深入研究这一案例，从事故发生后的应急指挥体系启动，到现场救援行动的组织与实施，

再到事故后续处理与应急管理反思，能够让我们汲取经验教训，进一步完善应急指挥体系，提升应对工业事故灾难的能力，切实保障人民群众的生命财产安全和社会的和谐稳定。①

（一）事故概述

2019年3月21日14时45分35秒，江苏响水天嘉宜化工有限公司的旧固废库房顶中部冒出淡白烟雾。随后，烟气迅速扩散，新固废库出现明火，旧固废库房顶南侧冒出黑烟，中部被烧穿。14时48分44秒，现场发生剧烈爆炸，现场及周边情况如图7-3所示。

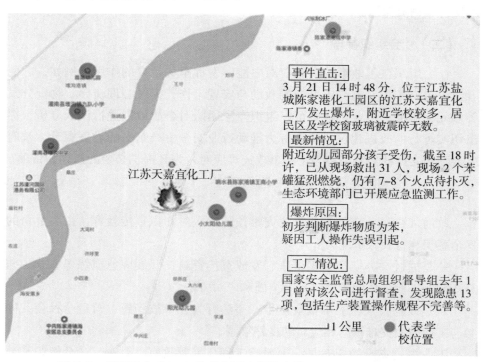

图 7-3 江苏响水"3·21"特别重大爆炸事故现场及周边情况示意图

图片来源：新浪直播：江苏盐城一化工企业发生爆炸，直击事故进展（2019-03-21）

此次事故造成78人死亡、76人重伤，640人住院治疗，直接经济损失高达19.86亿元。爆炸导致周边企业、居民房屋及公共设施严重受损，周边环境亦受到严重污染。事故发生后，附近居民的生活受到极大影响，不仅面临生

---

① 应急管理部干部培训学院.重特大灾害事故应急处置典型案例[M].北京：应急管理出版社，2024.

命安全的威胁，还需承受巨大的心理压力；周边企业的正常生产经营活动被迫中断，经济损失惨重。

（二）应急指挥体系迅速响应

事故发生后，江苏省迅速启动应急响应机制，高效搭建应急指挥体系。江苏省政府立即成立事故救援指挥部，统筹协调应急管理、消防、医疗、环保等多个部门的工作。

应急管理部门负责综合协调和救援工作的组织实施，消防部门第一时间投入灭火和救援行动；医疗部门迅速组织医疗队伍赶赴现场，对受伤人员进行紧急救治；环保部门则立即启动环境监测，评估事故对环境的潜在影响。

国家层面亦高度重视此次事故，应急管理部迅速派出工作组赶赴现场指导救援工作，并调集专业救援力量和物资。在应急指挥体系中，各部门职责分工明确，信息共享和协调沟通机制得以建立，确保救援工作有序且高效地进行。

得益于应急指挥体系的迅速响应，各方救援力量迅速集结，为后续救援工作的顺利开展奠定了坚实基础。

（三）现场救援行动的组织与实施

在事故现场，救援行动迅速展开。

消防队伍作为救援的中坚力量，面对爆炸后错综复杂的危险环境，毫不畏惧，勇往直前。他们一方面竭尽全力扑救火灾，严防火势蔓延，避免引发二次爆炸；另一方面积极搜寻被困人员，利用生命探测仪、搜救犬等设备，争分夺秒抢救生命。在救援过程中，消防队员们面临着高温、浓烟、爆炸风险等重重困难，但他们毫不退缩，始终坚守在救援一线。

医疗救援队伍迅速响应，立即在现场设立临时医疗救治点，对受伤人员展开紧急包扎、止血及初步治疗；对于伤势较重的伤员，及时转运至附近医院进行进一步救治。医疗队伍在救治过程中，充分发挥专业优势，多学科协作，全力保障受伤人员的生命安全。

公安部门负责现场秩序维护和交通管制，确保救援通道畅通，为救援工作的顺利开展提供了有力保障。

（四）决策依据与指挥调度策略

在此次应急救援过程中，决策依据主要来源于事故现场的实时信息、专业技术人员的评估和历史事故案例分析。救援指挥部通过现场监测设备、无人机航拍等手段，实时掌握事故现场的火势、爆炸风险、人员被困等情况；同时，邀请化工、消防、医疗等领域的专家组成专家咨询组，对事故进行评估分析，为决策提供专业建议。

在指挥调度策略方面，实行分级分类指挥机制。依据事故现场的不同区域及救援任务，划分为若干专业救援小组，并明确各小组的具体职责和任务，以确保指挥的精细化管理。在火灾扑救区域，由资深消防专家担任指挥官，根据火势及现场实际情况，科学制定灭火方案；在人员搜救区域，则由经验丰富的救援人员担任指挥，合理调配搜救力量，优化救援效率。同时，利用信息化技术，建立应急指挥信息平台，实现指挥中心与现场救援队伍的实时通信，及时下达指挥指令，调整救援策略。

（五）事故调查与责任认定

此次事故不仅造成了重大人员伤亡和巨额经济损失，还对周边环境产生了长期的负面影响。

事故发生后，国务院迅速成立了江苏响水"3·21"特别重大爆炸事故调查组，对事故展开全面而细致的调查。调查组通过现场勘查、技术鉴定、询问相关人员等多种方式，深入查明了事故的原因、经过以及直接经济损失等具体情况。

经详细调查，事故的直接原因被确认为天嘉宜化工有限公司旧固废库内长期违法贮存的硝化废料持续积热升温，最终导致自燃，进而引发爆炸。

在责任认定方面，相关企业和责任人依法受到了严肃处理。2020年11月30日，江苏省盐城市相关法院对此次特大爆炸事故所涉及的22起刑事案件进行了一审公开宣判，7个被告单位和53名被告人被依法判处刑罚。此外，江苏省对事故中存在失职失责问题的46名公职人员也进行了严肃问责。

此次事故的调查与责任认定，不仅是对事故本身的总结与反思，更是为了有效防止类似事故的再次发生，进一步强化安全生产监管力度。

（六）应急管理体系的改进与完善

此次事故也暴露出应急管理体系存在的一些问题，为应急管理体系的改进与完善提供了契机。

一是在应急管理体系建设方面，加强对化工企业的安全监管，完善安全监管制度和标准，提升企业的安全管理水平；增加对安全生产的投入，提高企业的安全设施和技术水平，从源头上预防事故的发生。

二是在应急救援能力建设方面，加强专业救援队伍的建设，提升救援人员的应急指挥能力和应急处置技能；加大对救援装备的投入，配备先进的灭火、救援、监测等设备，增强救援效率和安全性。同时，强化应急演练，定期组织针对化工事故的应急演练，检验并提升应急救援能力。

三是在信息公开与公众沟通方面，强化事故信息的公开透明度，及时向社会发布事故救援进展、环境监测结果等信息，积极回应社会关切；建立健全公众沟通机制，加强与周边居民的沟通交流，听取他们的意见和建议，做好群众的安抚工作。

通过对这一案例的深入剖析，我们清晰认识到，科学构建应急指挥体系、高效组织救援行动、妥善进行事故后续处理，是应对工业事故灾难的重要环节。

七、2025 年伊朗最大港口爆炸应急指挥实践剖析

（一）事故概况

伊朗当地时间 2025 年 4 月 26 日，伊朗最大的港口阿巴斯港的沙希德拉贾伊港口发生了一起极为严重的爆炸事件，瞬间成为全球关注焦点。该港口在伊朗的经济与战略版图中占据着举足轻重的地位，承担着伊朗 85% 以上的集装箱装卸任务以及 55% 以上的非石油货物进出口总量。

爆炸产生的威力极其巨大，形成的冲击波不仅震碎了周边建筑物的大量玻璃，对港口设施造成了灾难性的损毁。港口内的仓库大面积坍塌，堆场一片狼藉，办公设施也遭受重创；11 个泊位中的部分区域未能幸免，严重影响了港口的正常运营功能。

人员伤亡方面，据官方统计数据显示，此次爆炸已导致至少 14 人不幸遇难，受伤人数超过 750 人。伤者大多因吸入爆炸产生的有害气体，或被爆炸碎片击中而受伤，目前正在阿巴斯的多家医院接受紧张救治。随着救援工作的持续深入，伤亡数字仍有可能进一步上升。

关于爆炸的源头，伊朗海关推测，大概率来自港口内一处存放危险品和化学品的仓库中的集装箱。政府发言人穆哈杰拉尼也表示，初步调查指向装有化学品的集装箱发生爆炸。不过，由于爆炸发生后现场火势长时间未得到完全扑灭，给事故原因的精确排查带来极大困难，具体原因仍有待进一步深入确认。此前有早期报道曾猜测爆炸或与油罐相关，但随后伊朗国家石油公司迅速澄清，明确表示爆炸并未影响其炼油厂及输油设施。

此次爆炸对伊朗的经济产生了巨大冲击。在能源出口方面，尽管主要原

油设施未直接受到爆炸影响，但港口全面暂停运营，导致石油转运延迟。非石油贸易领域的困境更为突出，2024 年该港口处理货物量超 2 亿吨，涵盖了占全球 80% 的伊朗藏红花出口以及中亚矿产转运等重要业务。港口的短期中断，极有可能导致供应链断裂，而从长期来看，还会对"一带一路"中资企业参与的物流项目产生负面影响。

此外，阿巴斯港位于霍尔木兹海峡北侧，战略地位极为重要。它不仅是伊朗海军的主要基地，配备了 S-300 防空系统和反舰导弹，还在伊朗的"区域拒止"战略中扮演关键角色，拥有封锁海峡的能力。此次爆炸事件正值伊核谈判的敏感阶段，无疑为原本复杂的中东地区地缘政治局势增添了更多不确定性。[①]

（二）应急措施

1. 政府快速响应

爆炸发生后，伊朗政府迅速行动。总统佩泽希齐扬第一时间在社交平台发布消息，对在爆炸事件中不幸遇难的人员表示沉痛哀悼，并明确要求相关部门对此次事件展开全面、深入、细致的调查。内政部长伊斯坎德尔·莫梅尼临危受命，作为特别代表紧急赶赴阿巴斯港所在城市阿巴斯，全面负责事件的调查与善后工作。

26 日 23 时 30 分左右，莫梅尼在召开完紧急会议后，立即返回爆炸现场，亲自指挥工作、实时监测火情。他现场指示港口工作人员争分夺秒移走处于火灾外围的集装箱，防止火势进一步蔓延扩大。莫梅尼着重强调，当下最为紧迫的任务是全力保障民众生命安全，必须迅速、高效、有序地开展救灾救援工作。此外，他还要求周边各市及其他省份即刻备足灭火器、救援车辆、救护车等相关救援设备，做好应对各类突发情况的充分准备。

2. 救援力量调配

伊朗国家应急指挥中心在爆炸发生 17 分钟后，迅速启动最高级别响应。内政部部长莫梅尼乘直升机火速抵达现场，亲自指挥协调由 37 支消防队、军方防化部队及 2000 名志愿者组成的庞大救援网络。

值得一提的是，伊朗首次启用"智慧消防"系统，借助无人机群实时绘制火场热力图，精准定位集装箱内危化品的分布情况，为灭火决策提供了极为

---

① 初迷梦皓劫. 伊朗港口高强度爆炸. 百度 (https://baijiahao.baidu.com/s?id=18305142 11169522122&wfr=spider&for=pc)，2025-04-27.

关键的支撑信息。在高温与有毒气体弥漫的核心危险区域，消防员采用"沙土围堰 + 泡沫覆盖"的组合战术，成功阻止火势蔓延至仅 3.2 公里外的战略石油储备库，避免了可能引发的更为严重的能源危机。

3. 医疗与卫生保障

鉴于爆炸可能释放出氨、二氧化硫、二氧化氮等有害污染物，严重威胁当地民众身体健康，当地时间 26 日晚，在爆炸发生数小时后，伊朗卫生部果断宣布阿巴斯港进入紧急状态。伊朗卫生部紧急致函当地卫生部门，要求其立即组建专业卫生队，并迅速采取一系列紧急措施保障公众健康。这些措施包括通过多种渠道广泛告知民众留在家中，避免进行户外活动和体育锻炼，同时关闭家中窗户；着重建议老人、儿童等弱势群体，以及所有民众，及时佩戴合适的 N95 或 P2 口罩；还提醒民众要勤洗脸，并且穿着适宜的衣物，做好个人防护。

此外，中国急救专家所携带的"移动 ICU"系统，成功救治了 3 名因吸入性损伤而受重伤的患者。伊朗卫生部部长特别强调，中方提供的远程诊疗平台，使得德黑兰的顶级专家能够实时指导阿巴斯港的医疗救治工作，有效将重伤员的死亡率降低了 40%。

4. 国际援助协作

联合国秘书长古特雷斯在第一时间致电伊朗总统，承诺提供包括危化品检测设备和心理援助专家在内的紧急支持。俄罗斯紧急调派 12 架伊尔 – 76 运输机，在爆炸后 12 小时内将 300 吨火药剂和 50 台专业破拆设备送达现场。印度、巴基斯坦等邻国罕见达成"临时物流通道协议"，允许伊朗外贸货物经陆路转运，缓解了因港口停摆带来的物流压力。这种超越地缘分歧的协作，被国际危机组织评价为"中东安全架构的新范式"。俄罗斯紧急情况部还发布派遣别 – 200ChS 消防型水上飞机帮助扑灭伊朗阿巴斯港市港口大火的视频，救援飞机已执行 13 次投水作业，累计投水量约 130 吨。

5. 中方领事保护

中国驻阿巴斯总领馆在爆炸发生后反应迅速，45 分钟后领事保护热线即收到首名中国公民求助。总领馆立即启动"四级联动"机制，医疗组迅速协调当地医院开通绿色通道，安全组连夜排查中资企业驻地，信息组通过多语种平台发布避难指南。3 名受轻伤的中国工程师在事发后 2 小时内接受专业救治，总领馆工作人员还贴心地为他们送去了包含药品、食品和中文心理疏导手册的"安心包"。总领馆第一时间启动应急响应机制，向伤者提供相应帮助，并指导港区及附近地区中企和相关人员注意安全、及时避险。

（三）应急指挥中存在的问题

1. 基础设施与装备问题

港口的消防基础设施在爆炸中遭受严重破坏，消防通道被爆炸碎片严重堵塞，消防车难以快速接近核心着火区域，地面塌陷等情况进一步阻碍了救援设备的运输。港口的供水系统也在爆炸中损毁，导致消防用水无法正常供应，只能依赖外部运水车，而运水效率低下，极大地影响了灭火工作的推进速度。

此外，港口仅配备 3 台 20 世纪 80 年代德制泡沫消防车，面对大规模的化学品火灾，这样的装备水平远远无法满足实际消防需求，导致初期火灾未能得到有效控制，最终引发更为严重的二次爆炸，使得损失成倍扩大。

2. 应急响应初期混乱

爆炸发生初期，应急指挥系统出现明显混乱。距离爆炸点仅 2 公里的海关办公楼坍塌，导致初期应急响应的指挥与协调工作陷入困境。各救援力量之间信息沟通不畅，存在任务分配不明确的情况，部分区域出现救援力量过度集中，而一些急需救援的区域却无人问津的现象。在指挥系统中断的情况下，各部门之间缺乏有效的统一调度，难以形成高效的救援合力，延误了救援的黄金时间。

3. 安全管理漏洞

从爆炸原因来看，港口在危险品和化学品管理方面存在重大安全隐患。官方调查初步认定爆炸源于港口集装箱内存储的化学品，这些化学品可能包括高氯酸钠（导弹燃料成分）、氨、二氧化硫等，其存储方式存在严重问题。涉事化学品（硝酸铵）甚至是 2013 年扣押货物，在长达 6 年间都未得到妥善处置。

港口长期存在货物积压情况，据伊朗总统佩泽希齐扬亲赴灾区后痛批，港口积压 12 万—14 万个集装箱，且长期处于无序状态，这反映出港口在日常安全管理、货物存储规范、危险物品监管等方面存在系统性失职。

4. 应对复合型灾害能力不足

此次爆炸引发的火灾由于涉及多种化学品，形成了复合型火灾，救援难度极大。毒性烟雾导致现场能见度极低，低 10 米，救援人员必须佩戴专业防护设备才能接近，这使得普通消防手段难以发挥作用。化学品燃烧还极易引发二次、三次爆炸，现场先后出现至少 3 个火点，火势呈放射性蔓延。

对于这种特殊类型的火灾，伊朗的救援力量在灭火策略、专业灭火剂储备与使用等方面准备不足，主要采用的直升机投水、泥土隔离等"被动灭火"策略，仅能在一定程度上遏制外围火势，对于核心区域的大火收效甚微。

5. 缺乏前瞻性预警与监测

在爆炸发生前，港口未能建立有效的前瞻性预警与监测机制。虽然此前该港区曾发生过氯气泄漏等类似安全事故，国家安全管理机构代表扎法利也曾多次预警风险，但显然未得到港口管理部门的有效重视。

从技术层面看，港口的危险品管理系统未通过 ISO 28460:2023 认证，这意味着在危险品追踪、分区存储和应急响应环节均存在严重缺陷。事发前监控系统甚至被人为切断长达 2 小时，导致无法提前察觉潜在危险，错失预防爆炸发生的机会。

（四）经验与教训

1. 重视基础设施建设与维护

必须高度重视港口等关键基础设施的消防、供水等设施建设与日常维护。政府和相关管理部门应加大资金投入，定期对消防设备进行更新换代，确保其性能满足现代化应急救援需求。同时，要建立健全基础设施的巡检与维护制度，及时发现并修复可能存在的安全隐患，保障基础设施在紧急情况下能够正常运行。例如，可借鉴国际先进港口的经验，采用智能化的设备监测系统，实时掌握消防设备、供水管道等设施的运行状态。

2. 构建高效统一的应急指挥体系

构建一个高效、统一、协调的应急指挥体系至关重要。应明确各部门在应急响应中的职责与分工，建立标准化的信息沟通与任务分配机制。通过平时的联合演练，加强各救援力量之间的协作默契，确保在突发事件发生时，能够迅速形成合力，避免出现指挥混乱、信息不畅的情况。利用现代信息技术，搭建应急指挥信息化平台，实现对救援现场的实时监控与指挥调度，提高应急响应的效率与精准度。

3. 强化安全管理与风险防控

港口及相关场所必须强化安全管理与风险防控意识。严格规范危险品和化学品的存储、运输与管理流程，建立完善的货物监管体系，杜绝货物长期积压、无序存放的现象。加强对员工的安全培训，提高其安全操作技能与风险识别能力。引入国际先进的安全管理标准，如 ISO 28460:2023 等，对港口的安全管理体系进行全面评估与优化。定期开展安全风险排查与评估工作，对潜在的安全隐患及时进行整改，将事故风险消灭在萌芽状态。

4. 提升应对复合型灾害能力

针对可能出现的复合型灾害，要加强救援力量的专业培训与装备配备。加大对专业灭火剂、防护设备等物资的储备力度，研究制定针对不同类型复合型灾害的灭火与救援策略。建立专业的危化品应急救援队伍，通过与科研机构合作、参加国际交流等方式，不断提升队伍的专业素养与实战能力。利用大数据、人工智能等技术，对复合型灾害的发生机理、发展趋势进行分析预测，提前制定应对预案。

5. 建立完善的预警与监测机制

建立完善的预警与监测机制是预防事故发生的关键。运用物联网、传感器等技术，对港口内的危险物品、重点设施进行实时监测，及时掌握其状态变化。建立智能化的风险预警系统，通过对监测数据的分析，提前发现潜在风险，并发出预警信号。加强对监控系统的安全防护，防止其受到人为破坏或网络攻击。同时，要建立健全预警信息发布与反馈机制，确保相关人员能够及时接收并响应预警信息。[①]

通过对 2025 年伊朗最大港口爆炸应急指挥实践的深入剖析，我们可以发现，在应急指挥过程中，既有迅速响应、多部门协同等积极表现，同时也暴露出初期响应混乱、救援难度高、基础设施瘫痪以及调查进展缓慢等诸多问题。从中总结出的经验与教训，不仅对伊朗未来提升应急管理能力具有重要意义，也为其他国家在应急指挥实践方面提供了宝贵的参考。

第三节　公共卫生事件处置：重大疫情防控实践剖析

在人类历史的长河中，公共卫生事件始终构成对社会发展及人民生命健康的严峻挑战。尤其是重大疫情的暴发，往往在短时间内对社会秩序、经济

①　山猫有萌.伊朗阿巴斯港油罐发生高强度爆炸深度解析：起因、后果与安全反思.百度（https://baijiahao.baidu.com/s?id=1830469461632671039&wfr=spider&for=pc），2025-04-27.

运行和人们的生活方式产生深远影响。本节将深入探讨重大疫情防控实践，从应急指挥体系、防控策略制定与执行、资源保障与调配、信息沟通与社会协同等多个关键维度进行分析，旨在总结经验、汲取教训，为未来更好地应对公共卫生危机提供理论支持与实践参考。

一、应急指挥体系在重大疫情防控中的构建与运作

当重大疫情如风暴般袭来，常规秩序瞬间被打乱，生命健康、经济社会均面临严峻考验。此时，一套科学高效的应急指挥体系，便是这场战役的"中枢神经"。它如何迅速构建、高效运作，又怎样协调各方力量，是决定抗疫成败的关键，值得我们深入探究。

（一）指挥架构搭建

在重大疫情防控中，应急指挥体系需要迅速搭建起一个层次清晰、职责明确的指挥架构。通常以政府为主导，联合卫生健康、疾控中心、公安、交通、财政等多部门组成应急指挥中心。国家级应急指挥中心统筹全局，负责制定全国性的防控战略方针，协调跨区域资源调配；省级及地方级指挥中心则根据本地实际情况，落实防控措施，如设置隔离区域、安排核酸检测点等。这种自上而下的指挥架构确保了防控指令能够快速、准确地传达并执行。[①]

（二）决策机制运行

科学决策机制是应急指挥体系的核心所在。在疫情初期，面临着病毒传播特性不明、传播范围难以预估等诸多不确定性，指挥中心需要迅速组织专家团队进行风险评估。通过分析疫情数据、借鉴以往类似疫情的防控经验，制定出符合实际情况的防控策略。例如在决策是否实施封城措施时，要综合考虑疫情传播速度、城市人口流动规模、医疗资源承载能力等多方面因素。在重大疫情事件中，经过专家的深入研判和多部门的综合评估，应及时对疫情严重地区实施交通管制，遏制疫情的大规模扩散。

二、防控策略制定与执行

重大疫情犹如一场没有硝烟的战争，科学有效的防控策略是克敌制胜的

① 陈明雁，李太生，马小军.北京协和医院建立突发公共卫生事件应急指挥体系实践与思考 [J].中国医院.2023（2）15-17.

关键。从疫情初期的精准监测，到不同阶段分级分类管控，再到全民疫苗接种推进，防控策略的制定与执行贯穿抗疫全程，每一步都关乎抗疫走向，意义重大。[①]

（一）早期监测与预警

重大疫情防控的核心在于早期的监测与预警。构建完善的公共卫生监测系统，能够实时收集医疗机构的病例报告、药店的药品销售数据，以及社交媒体上关于疾病异常传播的信息。一旦发现疾病传播趋势出现异常，即刻启动预警机制。基层医疗机构通过传染病监测系统及时上报不明原因肺炎病例，疾控部门迅速介入调查，发出预警，为后续防控争取宝贵时间。

（二）防控措施的分级分类

根据疫情的严重程度和传播范围，采取分级分类的防控措施。在低风险地区，主要以常态化防控为主，强化公共场所的消毒和体温检测等措施；在中风险地区，则进一步限制人员聚集活动，关闭部分娱乐和餐饮场所；高风险地区则实施严格的封控管理，要求人员居家隔离，物资统一配送。各地根据风险等级精准施策，既有效防控疫情，又最大限度地减少对经济社会的影响。

（三）疫苗接种与群体免疫策略

疫苗是战胜疫情的有力武器。在疫情防控过程中，制定科学合理的疫苗接种计划，逐步实现群体免疫是一项重要策略。应优先为医护人员、老年人、慢性病患者等高危人群接种疫苗，随着疫苗供应量的增加，逐步扩大接种范围至全体民众。通过大规模的疫苗接种活动，可以有效降低疫情的传播风险，减轻医疗系统的压力，为经济社会的复苏奠定基础。

三、资源保障与调配

重大疫情防控期间，资源是打赢这场战役的"粮草弹药"。从口罩、防护服等医疗物资，到米面粮油等生活物资，充足的资源保障是抗疫的物质基础。而合理调配这些资源，让它们精准抵达需求之处，更是考验着应急指挥的智慧。[②]

---

① 张彦.疫情防控的历史回望与现实思考[M].厦门：厦门大学出版社，2020.

② 魏建军.疫情下的考验：医院应急设施建设与后勤保障案例精选[M].上海：同济大学出版社，2020.

（一）医疗资源储备与调配

在重大疫情暴发之际，医疗资源承受着巨大的压力。储备充足的医疗物资，如口罩、防护服、护目镜、检测试剂及药品等，构成了防控工作的坚实基础。疫情期间，通过政府储备、企业生产、国际采购等多渠道协同，确保物资供应的稳定。此外，还需合理调配医疗资源，依据疫情严重程度，优先保障重点地区的需求。在疫情严重地区，需从全国各地紧急调配医疗队伍和物资，建立方舱医院，增加床位供应，满足患者救治需求。

（二）生活物资保障

封控管理下，保障居民的生活物资供应至关重要。

一是构建生活物资保障体系，动员大型商超、电商平台等企业增强物资采购与配送力度。

二是借助社区团购、无接触配送等途径，确保生活必需品及时送抵居民手中。

在城市封控期间，政府应协调电商平台开通绿色通道，确保蔬菜、肉类、粮油等物资的稳定供应，保障居民的基本生活。

四、信息沟通与社会协同

重大疫情当前，信息是稳定人心的定海神针，协同是凝聚力量的关键纽带。透明的信息沟通驱散民众心中的恐慌，广泛的社会协同汇聚起磅礴抗疫合力。

（一）信息发布与舆论引导

在疫情期间，及时、准确且透明的信息发布对于稳定社会秩序、提升公众信心至关重要。政府部门应通过新闻发布会、官方网站、社交媒体等渠道，定期发布疫情数据、防控措施、物资供应等信息；同时，加强舆论引导，及时辟谣，避免不实信息传播引发社会恐慌。

在重大疫情事件中，官方应每天定时召开新闻发布会，解答公众关心的问题，可有效稳定社会情绪。

（二）社会协同抗疫

重大疫情防控离不开全社会的共同努力。医疗机构与医护人员坚守抗疫一线，竭尽全力救治患者；企业积极响应政府号召，转产医疗物资，确保物资供应充足；社会组织和志愿者投身社区服务、物资配送和心理疏导等各项工作；广大民众亦积极配合防控措施，自觉居家隔离、佩戴口罩。

五、重大疫情防控中的国际合作与经验交流

重大疫情是全球性危机，任何国家都无法独善其身。病毒传播不受国界限制，唯有携手合作、交流经验，方能凝聚全球抗疫的强大合力。

（一）全球公共卫生合作机制

重大疫情构成全球性挑战，亟需国际社会携手共同应对。世界卫生组织在全球公共卫生合作中发挥着重要协调作用（如图7-4所示），各国通过共享疫情信息、联合开展科研攻关、提供医疗援助等方式加强合作。在全球性疫情防控中，各国可共同参与疫苗研发合作，分享疫苗生产技术，为全球抗疫做出贡献。

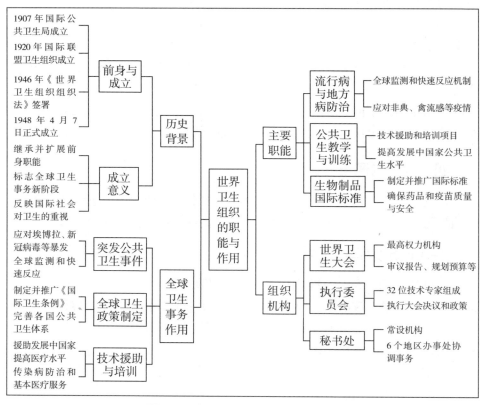

图7-4 世界卫生组织的职能与作用

图片来源：微信公众号：科学追梦人《世界卫生组织的职能与作用》（2025-03-12）

（二）国际经验借鉴与交流

不同国家在疫情防控中积累了各自的经验和教训，通过国际交流平台，各国分享防控策略、医疗救治经验、物资保障措施等。

我国在疫情防控过程中，积极学习借鉴其他国家的先进经验，如在疫情防控信息化建设方面，参考了部分国家的疫情监测系统设计理念，同时也向其他国家分享我国的方舱医院建设、社区防控等成功经验。

六、SARS 疫情应急指挥实践剖析

2003 年，SARS 疫情突如其来，给社会带来巨大冲击，成为公共卫生领域的一次严峻考验。这场抗疫战中，应急指挥如何快速响应、科学调度，又从波折中积累了哪些关键经验？让我们复盘 SARS 疫情应急指挥全过程，探寻其中的启示。[①]

（一）SARS 疫情暴发与初期应对

1. 疫情初现与传播扩散

2002 年 11 月，SARS 疫情在中国广东佛山悄然揭开序幕。首例病例的出现犹如投入平静湖面的石子，激起阵阵涟漪。随后，疫情在广东地区迅速扩散，并于 2003 年 2 月进入高发阶段。

公共卫生事件的早期监测与预警至关重要，而 SARS 暴发初期由于对这一新型传染病认识不足，监测与预警机制未能充分发挥作用，导致疫情在局部地区快速传播。从广东开始，SARS 借助现代交通网络，迅速扩散至中国的大部分地区，并波及全球 29 个国家和地区。

短短数月，疫情的阴霾笼罩大地，造成了总计 8098 例 SARS 感染病例，其中 774 例患者死亡；中国大陆 24 个省市区累计报告病例 5327 例，死亡 349 例，这一疫情形势对全球公共卫生安全构成了重大威胁。

2. 初步应急响应举措

面对来势汹汹的 SARS 疫情，我国政府迅速做出反应。

2003 年 1 月 31 日，广州市卫生局指定非典型肺炎病人收治医院，为患者提供专门的医疗救治场所，集中医疗资源进行救治。

2 月 11 日，广州市政府通报非典发病情况，及时向公众披露疫情信息，让公众了解疫情动态，避免恐慌情绪蔓延。

3 月 12 日，世界卫生组织（WHO）向全球发出疫情警报，SARS 疫情开始受到国际社会的广泛关注。

我国政府在疫情初期所采取的一系列应急响应措施，这些初步行动充分

---

① 范维澄，等 . 公共安全科学导论 [M]. 北京：科学出版社，2013.

彰显了政府对疫情的重视及其积极应对的坚定态度；虽然在应对新型传染病的经验上存在不足，但为后续全面防控疫情奠定了基础。

（二）SARS 疫情全面防控与资源调配

1. 全国性防控体系建立

随着疫情的发展，我国政府迅速建立起全国性的防控体系。

4月4日，时任国务院总理温家宝主持召开国务院常务会议，研究非典型肺炎的防治工作。会议决定将控制疫情列为当前卫生工作的首要任务，并成立以卫生部部长为组长的非典型肺炎防治工作领导小组，负责指导全国的非典型肺炎防治工作。同时，设立由国务院副秘书长牵头的部际联席会议，协调解决相关事宜。

4月17日，北京防治非典型肺炎联合工作小组正式成立，全面负责北京地区的非典型肺炎防治工作。该小组整合首都医疗资源，构建起统一的防控指挥体系。

全国各级政府也纷纷响应，建立起相应的防控指挥机构，明确各部门职责，形成了上下联动、协同作战的防控格局。

这一防控体系的构建，为疫情防控工作配备了明确的组织领导和协调机制，为疫情防控的全面铺开奠定了坚实保障。

2. 医疗资源紧急调配

在疫情防控的关键阶段，医疗资源的合理调配显得尤为关键。合理、及时的医疗资源调配能够满足疫情防控的需求，提高医疗救治效果。

面对疫情初期医疗资源紧张的局面，我国政府紧急调配医疗资源。

首先，从全国各地迅速调集大批医护人员，全力支援疫情严重的地区。他们置个人安危于度外，毅然奔赴抗疫最前线。各地医疗机构也积极响应，组建医疗队，携带医疗物资，迅速前往疫情地区。

同时，我们需加大医疗物资的生产和采购力度，确保口罩、防护服、护目镜等防疫物资源源不断地运往疫情地区。通过建立物资调配机制，确保物资能够精准分配到最需要的地方，满足医护人员和患者的需求。

在医疗资源调配过程中，充分发挥了社会主义制度集中力量办大事的优势，全国一盘棋，共同抗击疫情。

（三）SARS 疫情防控中的科研攻关与社会协同

1. 科研攻关助力疫情防控

在 SARS 疫情防控中，科研攻关发挥了重要作用。

2003 年 3 月 17 日，裴伟士（Malik Peiris）及其领导的研究小组率先成功分离出 SARS 病毒。至 4 月初，来自加拿大、美国疾病控制和预防中心（CDC）、中国香港以及欧洲的科学家们分别鉴定出一种此前未曾描述的新型冠状病毒，确认其为 SARS 的病原体。4 月 16 日，世界卫生组织正式确认该冠状病毒，并将其命名为 SARS-CoV。

科学家们迅速投入快速检测和治疗 SARS 的研发工作中。我国主要采纳了中国工程院院士、广州呼吸疾病研究所所长钟南山等人提出的大剂量糖皮质激素结合无创或有创通气疗法等方法，并取得了显著疗效。

科研攻关为疫情防控提供了科学依据和技术支持，使人们对 SARS 病毒有了更深入的了解，为制定有效的防控措施和治疗方案奠定了基础。

2. 社会组织与公众参与

社会组织和公众在 SARS 疫情防控中也发挥了积极作用。

社会组织积极举办各类公益活动，慈善机构发起募捐行动，筹集资金和物资，为抗疫一线提供有力支持。

志愿者们投身社区防控工作，协助社区工作人员进行人员排查、体温检测、物资配送等任务。

公众积极响应政府防控措施，自觉减少外出，严格做好个人防护，为疫情防控贡献个人力量。

社会组织与公众的积极参与是公共卫生事件防控的关键力量，能够凝聚全社会共同抗击疫情的强大合力。在 SARS 疫情防控中，社会组织和公众的积极参与，不仅缓解了政府的防控压力，也增强了社会的凝聚力和向心力。

（四）SARS 疫情防控的经验、教训及对未来的启示

1. 经验与教训总结

SARS 疫情防控取得了最终的胜利，也积累了宝贵的经验。

一是高效的应急指挥体系在疫情防控中发挥了关键作用，全国性防控体系的建立和各部门的协同配合，确保了防控工作的有序推进。

二是医疗资源的紧急调配和科研攻关的支持，提高了医疗救治效果，为疫情防控提供了有力保障。

三是社会组织和公众的积极参与，构建了全社会共同抗击疫情的良好态势。

然而，SARS 疫情防控过程中也暴露出一些问题和教训。在疫情初期，对新型传染病的认知不足，监测与预警机制尚不完善，导致疫情在一定程度上蔓延；医疗资源储备不充分，疫情暴发时面临短缺困境；信息沟通和公众宣传方面亦

应急指挥：理论、实践与创新

221

显不足，部分公众对疫情了解不深，防控意识薄弱。

2. 对未来公共卫生事件防控的启示

SARS疫情防控的经验与教训对未来公共卫生事件的防控具有重要启示。

其一，应进一步完善公共卫生监测与预警机制，提升对新型传染病的早期发现和预警能力，确保能够早发现、早报告、早隔离、早治疗。

其二，应加强医疗资源储备和应急调配能力建设，建立健全医疗物资储备体系，确保在疫情发生时能够及时、充足地供应医疗物资。

其三，加大对科研的投入，鼓励科研人员开展公共卫生领域的研究，提高科研攻关能力，为疫情防控提供科学依据和技术支持。

其四，强化社会组织和公众的参与机制，鼓励社会组织积极参与公共卫生事件防控，加强对公众的健康教育，提高公众的公共卫生意识和自我防护能力，形成全社会共同参与公共卫生事件防控的良好氛围。

通过总结SARS疫情防控的经验与教训，持续完善公共卫生事件防控体系，提升应对重大公共卫生事件的能力，确保人民群众的生命健康安全。

重大疫情防控是一项复杂而系统的工程，涉及应急指挥体系的高效运作、防控策略的科学制定与执行、资源的合理保障与调配、信息的有效沟通以及全社会的协同参与。通过对以往重大疫情防控实践的深入分析，我们能够不断完善公共卫生应急管理体系，提高应对重大公共卫生事件的能力，更好地保障人民生命健康和社会稳定发展。

七、世界主要国家2024年猴痘疫情应急指挥实践剖析

（一）疫情概况

2024年，猴痘疫情呈现出复杂且严峻的态势。自年初起，非洲国家便成为疫情的重灾区，病例数和死亡数急剧攀升。一种更为致命的猴痘病毒新毒株——分支Ib在刚果民主共和国快速传播，并迅速蔓延至周边此前从未报告过猴痘病例的国家，如布隆迪、肯尼亚、卢旺达和乌干达等。

2024年8月13日，非洲疾病控制和预防中心率先宣布猴痘疫情为非洲公共卫生紧急事件。紧接着8月14日，世界卫生组织二度宣布猴痘疫情构成"国际关注的突发公共卫生事件"，这也是自2022年7月以来，世卫组织第二次针对猴痘疫情发出最高级别警报。

截至2024年年底，全球范围内已有100多个国家和地区报告了近3万例确诊病例，死亡病例达800多例。此次疫情受影响最大的人群是妇女和15岁

以下的儿童，儿童占病例人数的 70% 以上，占死亡人数的 85%，儿童的致死率更是成人的 4 倍。与既往猴痘疫情主要发生在中非和西非地区不同，此次疫情呈现出更为广泛的传播态势，多个大洲都受到波及。

在非洲，疫情形势尤为严峻。截至 2024 年 8 月 9 日，根据非洲疾病预防控制中心的数据显示，该年非洲共有 13 个国家报告了 17541 例猴痘病例，其中 517 例死亡；仅刚果民主共和国就报告了 16789 例猴痘病例，死亡 511 例。除了疫情首发地刚果民主共和国，布隆迪报告了 2083 例猴痘病例，乌干达报告了 582 例猴痘病例，且其首都及部分城市地区的病例数持续上升；肯尼亚报告了 17 例猴痘病例，卢旺达报告了 37 例猴痘病例，并出现了聚集性病例的情况。此外，刚果（布）、南非、南苏丹、坦桑尼亚和赞比亚等国也发现了猴痘的传播现象。

截至 2025 年 2 月 2 日，由猴痘病毒 Ib 分支引起的疫情主要集中在刚果（金）、布隆迪和乌干达。[①]

在非洲以外的地区，也陆续出现与旅行相关的猴痘病例。例如，在欧洲，德国、瑞典和英国发现了与非洲疫情相关的猴痘病毒分支 Ib 感染病例，且在英国还出现了家庭内传播。在美洲，美国也出现了相关病例。在亚洲，印度和泰国也有与旅行有关的感染病例报告。

（二）世界主要国家采取的应急措施

1. 非洲国家

（1）刚果民主共和国。

作为疫情的首发和重灾区，刚果民主共和国积极采取行动。该国在全国范围内加强了疫情监测体系，扩大了监测范围，增加了监测点数量，以便及时发现和报告病例。在首都金沙萨及其他受疫情影响严重的省份，建立了专门的猴痘诊疗中心，集中医疗资源对患者进行救治；同时，加强了对民众的健康教育宣传，通过广播、电视、社区宣传等多种渠道，向民众普及猴痘的传播途径、预防方法等知识，提高民众的自我防护意识。

在疫苗接种方面，刚果民主共和国积极与国际组织合作，努力推进疫苗接种工作，截至目前，该国已接种了超过 58.5 万剂疫苗，占非洲大陆已接种疫苗总数的 90%。此外，该国还大力提升诊断检测能力，实验室从 2023 年底的 2 个发展到如今遍布 12 个省的 23 个。

---

① 戴轩 . 5 问二次最高级别警报中的全球猴痘疫情 . 新京报，2024-08-16.

（2）布隆迪。

布隆迪政府迅速启动了公共卫生应急响应机制，成立了专门的猴痘疫情防控指挥部，统一协调各部门工作。同时，加强了边境管控，对来自疫情高发地区的人员进行严格的体温检测和健康筛查，以防疫情输入。在国内，政府开展了大规模的流行病学调查，追踪密切接触者，并对发现的病例及时进行隔离治疗。此外，通过社区卫生工作者向民众发放宣传资料、举办健康讲座，有效提升了民众对猴痘疫情的认知和防控意识。

（3）乌干达。

乌干达卫生部发布了一系列疫情防控指南，规范医疗机构的诊疗流程和防控措施；加大了对医疗卫生机构的投入，补充医疗物资，培训医护人员，提高其对猴痘病例的诊断和治疗能力。在社区层面，组织志愿者开展疫情防控宣传活动，鼓励民众保持良好的个人卫生习惯，如勤洗手、避免与患者密切接触等。此外，乌干达也计划开展猴痘疫苗接种工作，目前正在积极筹备相关事宜。

2. 欧美国家

（1）美国。

美国疾病控制与预防中心（CDC）密切关注全球猴痘疫情动态，加强了对入境人员的筛查，特别是来自非洲疫情高发国家的人员。对于国内出现的猴痘病例，及时开展流行病学调查和接触者追踪工作。美国政府加大了对猴痘疫苗研发和生产的支持力度，鼓励疫苗制造商增加产量；同时，通过公共卫生宣传渠道，向民众普及猴痘防控知识，提醒民众尤其是高风险人群注意防范。在疫苗分配方面，优先保障高风险地区和人群的接种需求。

（2）英国。

英国卫生部门建立了完善的猴痘病例报告和监测系统，确保疫情信息的及时准确收集和上报；同时，加强对医疗机构的指导，规范猴痘病例的诊断、治疗和隔离措施。针对家庭内传播病例，迅速采取行动，对密切接触者进行隔离观察和检测。在社会层面，通过媒体宣传和社区活动等多种方式，提升公众对猴痘疫情的认知和防范意识，倡导健康的生活方式和社交行为。

（3）法国。

法国总理宣布法国卫生系统进入"最高警戒状态"，以应对猴痘疫情。政府迅速调配医疗资源，加强了对重点区域和人群的监测和防控；增加了病毒检测能力，缩短检测周期，以便更快地发现和隔离病例。同时，开展大规模的疫苗接种工作，提高人群的免疫力。在宣传教育方面，通过官方网站、社交媒体等多种平台，向民众发布权威的疫情信息和防控建议。

3. 亚洲国家

（1）中国。

中国海关总署发布《防止猴痘疫情传入我国的公告》，要求来自猴痘疫情发生国家（地区）的人员，入境时应主动向海关申报，对被污染或有被污染可能的交通运输工具等物品，按规定程序实施卫生处理。国内卫生部门加强了疫情监测和预警，提高医疗机构对猴痘病例的诊断能力。通过官方媒体和健康科普平台，广泛宣传猴痘的防控知识，提高公众的防范意识。

目前，中国猴痘疫情保持较低流行水平，大部分省份均有病例报告，90%以上病例为男性，主要通过男男同性性行为等密切接触传播，超过40%的病例为既往艾滋病病毒感染者。

（2）印度。

印度加强了对国际机场和港口等交通枢纽的检疫力度，对入境旅客进行体温检测和症状询问。在国内，建立了多个猴痘检测实验室，提高检测效率。卫生部门发布了猴痘防控指南，指导医疗机构和公众做好防控工作。同时，通过多种语言的宣传资料和媒体报道，向广大民众普及猴痘的症状、传播途径和预防方法。

（3）韩国。

韩国疾病管理厅把猴痘再次列入需作入境检疫筛查的传染病类别，并要求入境前到访过卢旺达、布隆迪、乌干达等疫情高发国家的人员，如出现发热、肌肉酸痛和淋巴结肿大等猴痘典型症状，入境韩国时应主动申报。在国内，加强疫情监测和预警，对医疗机构进行培训，提高应对猴痘疫情的能力。通过官方渠道向公众发布疫情信息和防控建议，提醒民众保持警惕。

（三）世界主要国家在应急指挥中存在的问题

1. 公共卫生体系差异导致应对能力不均

在非洲国家，如刚果民主共和国，尽管积极应对，但由于长期的战乱和贫困，公共卫生体系极为脆弱。安全局势复杂且严峻，导致卫生设施遭受破坏，医护人员严重短缺并面临安全威胁。检测、诊疗及护理资源极为有限，难以满足大量病例的需求。在一些偏远地区，甚至缺乏基本的医疗设备和药品，使得疫情防控工作进展艰难。

相比之下，欧美国家公共卫生体系较为完善，但在应对猴痘疫情时也存在问题。例如，在疫情初期，部分国家对猴痘疫情的重视程度不足，检测能力未能及时跟上疫情发展的需求，导致一些病例未能及时发现和隔离，造成了疫情的扩散。而且，不同地区之间公共卫生资源分配不均，一些经济相对落后的地区在疫情防控中面临资源短缺的困境。

亚洲国家虽然整体公共卫生体系相对较好，但在应对输入性猴痘病例时，部分国家存在信息沟通不畅的问题。不同部门之间在疫情防控信息共享方面存在障碍，导致应急指挥效率低下。例如，海关部门发现的入境人员健康异常信息，未能及时准确地传递给卫生部门，影响了后续的防控措施实施。

2. 疫苗供应与分配难题

全球范围内，猴痘疫苗的供应严重不足。目前，丹麦医药开发商巴伐利亚北欧公司生产的改良型安卡拉—巴伐利亚北欧痘苗（MVA-BN）是唯一获得美国食品药品监督管理局（FDA）和欧洲药品管理局（EMA）批准的猴痘疫苗，但其产量有限。非洲疾控中心估算，为有效遏制疫情，需 1000 万剂疫苗，然而欧盟与美国的捐赠量仅占总需求的 1/40。

疫苗分配也存在不公平问题。富裕国家凭借经济实力和资源优势，大量采购疫苗，导致非洲等疫情严重的发展中国家疫苗供应短缺。例如，刚果民主共和国等国家，尽管疫情严峻，但疫苗接种进度缓慢，很大程度上是因为疫苗供应不足。而且，即使有疫苗供应，在一些国家内部，由于基础设施落后、物流配送困难等原因，疫苗也无法及时、有效地送达偏远地区和需要的人群手中。

疫苗的价格也是一个关键问题。MVA-BN 疫苗市场定价远远超出非洲国家的负担能力，这使得这些国家在采购疫苗时面临巨大的经济压力，进一步加剧了疫苗供应的紧张局面。

3. 信息沟通与协调不畅

在国际层面，不同国家之间在猴痘疫情信息沟通方面存在障碍。一些国家出于各种原因，未能及时、准确地向世界卫生组织和其他国家分享疫情数据和防控经验，导致全球疫情监测和防控工作受到影响。例如，部分国家在发现猴痘病毒新变种后，没有及时向国际社会通报，延误了全球共同应对的时机。

在国家内部，不同部门之间的协调也存在问题。卫生部门、海关部门、交通部门等在疫情防控中各自为政，缺乏有效的沟通和协作机制。例如，海关在对入境人员进行检疫时发现猴痘疑似病例，但未能及时与卫生部门协调，导致病例转运和后续检测治疗工作延迟。在社区层面，政府部门与社区组织之间的沟通不畅，使得防控措施在基层的落实效果大打折扣。

此外，在信息传播方面，存在大量的虚假信息和谣言。一些不实信息在社交媒体上广泛传播，误导公众，影响了公众对疫情的正确认知和防控措施的有效实施。政府部门在应对虚假信息方面，缺乏快速有效的辟谣机制和宣传引导手段。

4. 社会认知与行为改变困难

在一些受疫情影响的国家，民众对猴痘疫情的认知不足，防范意识淡薄。部分民众不了解猴痘的传播途径和危害，仍然保持不良的卫生习惯和社交行为，如不注意个人卫生、频繁参加聚集性活动等，增加了病毒传播的风险。在非洲一些社区，由于文化和传统观念的影响，人们对疫情防控措施存在抵触情绪，不愿意配合政府的防控工作，例如拒绝接受隔离、不遵守社交距离规定等。

在欧美国家，一些高风险人群，如男男性行为者，尽管猴痘疫情与该群体有一定关联，但部分人仍然没有改变高危性行为方式，导致疫情在该群体中持续传播。而且，一些公众对疫苗接种存在疑虑，担心疫苗的安全性和有效性，从而拒绝接种疫苗，影响了疫苗接种率的提高和群体免疫的形成。

在亚洲国家，尽管整体公众对疫情保持高度关注，但部分民众仍表现出过度恐慌的情绪。这种过度恐慌引发了一些非理性行为，例如抢购防疫物资、对猴痘病例及其密切接触者进行歧视等。这不仅无助于疫情防控，还可能诱发社会不稳定因素。

（四）经验与教训

1. 强化全球公共卫生合作

其一，各国应积极响应世界卫生组织的呼吁，加强在疫情监测、信息共享、疫苗研发与分配等方面的合作。建立全球统一的疫情监测网络，确保及时、准确地掌握疫情动态。例如，各国可以共同投入资源，开发一个实时更新的猴痘疫情数据平台，让全球各国都能实时了解疫情的传播情况、病例分布等信息，以便及时调整防控策略。

其二，富裕国家应承担更多的责任，向发展中国家提供援助，包括资金、技术和物资支持。例如，美国、欧盟等发达国家和地区，可以加大对非洲国家的疫苗捐赠力度，帮助非洲国家建立疫苗生产设施，提高其疫苗自主生产能力。同时，派遣医疗专家团队，为发展中国家提供疫情防控技术指导和培训。

其三，加强国际组织之间的协作，如世界卫生组织、非洲疾病控制和预防中心等，形成合力，共同应对全球性公共卫生危机。各国际组织可以明确分工，发挥各自的优势，例如世界卫生组织负责制定全球疫情防控策略和标准，非洲疾病控制和预防中心负责协调非洲地区的疫情防控工作，共同推动全球猴痘疫情防控工作的开展。

2. 完善公共卫生体系建设

其一，各国应加大对公共卫生体系建设的投入，提高公共卫生设施水平，增加医疗资源储备。特别是发展中国家，要加强基层医疗卫生机构建设，改善医疗条件，培养和留住专业的医疗卫生人才。例如，刚果民主共和国可以利用国际援助资金，新建和修缮一批医疗卫生机构，配备先进的医疗设备，同时制定优惠政策，吸引国内外医疗人才到该国工作。

其二，建立健全公共卫生应急响应机制，提高应对突发公共卫生事件的能力。制定完善的应急预案，明确各部门在疫情防控中的职责和分工，加强部门之间的协调配合。定期组织应急演练，检验和提高应急预案的可行性和有效性。例如，各国可以每年组织一次猴痘疫情防控应急演练，模拟疫情暴发后的各种场景，检验各部门的应急响应能力和协同作战能力。

其三，加强公共卫生信息化建设，提高疫情监测、预警和信息沟通能力。建立高效的疫情信息管理系统，实现疫情数据的快速收集、分析和共享。例如，利用大数据、人工智能等技术，对疫情数据进行实时分析，预测疫情发展趋势，为疫情防控决策提供科学依据。

3. 优化疫苗策略

其一，加大对猴痘疫苗研发的投入，鼓励更多的科研机构和企业参与疫苗研发，提高疫苗研发效率。同时，加强对疫苗研发的国际合作，共享研发成果和数据，缩短疫苗研发周期。例如，各国科研团队可以通过线上会议、联合研究项目等方式，共同探讨疫苗研发中的技术难题，加速疫苗的研发进程。

其二，优化疫苗生产和供应体系，提高疫苗产量。政府可以通过政策支持、资金补贴等方式，鼓励疫苗生产企业扩大生产规模，提高生产效率。同时，建立疫苗储备机制，确保在疫情暴发时能够及时供应疫苗。例如，各国可以根据自身人口规模和疫情风险，储备一定数量的猴痘疫苗，以便在疫情初期能够迅速开展疫苗接种工作。

其三，确保疫苗分配的公平性和可及性。建立公平合理的疫苗分配机制，优先保障疫情严重地区和高风险人群的疫苗接种需求。同时，降低疫苗价格，提高发展中国家的疫苗购买能力。例如，世界卫生组织可以牵头制定疫苗分配方案，根据各国疫情严重程度、人口数量等因素，合理分配疫苗资源。并且，通过与疫苗生产企业协商，降低疫苗价格，或者提供疫苗采购补贴，帮助发展中国家获得足够的疫苗。

4. 加强宣传教育与引导

其一，各国政府应通过多种渠道，如电视、广播、网络、社交媒体等，广泛宣传猴痘疫情防控知识，提高公众的认知水平和防范意识。制作通俗易懂的宣传资料，向公众普及猴痘的传播途径、症状、预防方法等知识。例如，制作动画视频、宣传海报等，在公共场所、社区、学校等地张贴和播放，让公众直观地了解猴痘疫情防控知识。

其二，针对不同群体，开展有针对性的宣传教育活动。对于高风险人群，如男性行为者、医护人员等，要加强健康教育，引导其改变高危行为，提高自我防护能力。对于普通公众，要消除恐慌情绪，倡导理性对待疫情。例如，针对男男性行为者群体，可以通过社区组织、志愿者团队等，开展一对一的宣传教育活动，发放安全套等防护用品，宣传正确的性行为观念和防护知识。

其三，建立健全信息发布和辟谣机制，及时发布权威的疫情信息，回应公众关切，严厉打击虚假信息和谣言。政府部门要加强对社交媒体的监管，及时发现和删除虚假信息，避免误导公众。例如，设立专门的疫情信息发布平台，由政府部门权威发布疫情数据、防控措施等信息，同时安排专人负责收集和回应公众的疑问和关切，及时辟谣，稳定公众情绪。①

通过对 2024 年世界主要国家猴痘疫情防控实践的深入剖析，我们可以发现，在疫情防控过程中，既有各国积极应对的显著努力，也暴露出不少亟待解决的问题。从这些实践中提炼出的经验与教训，对于未来全球应对类似重大疫情具有至关重要的参考价值。这将促使各国不断完善疫情防控体系，提升应对能力与应急指挥水平，共同守护全球公共卫生安全。

第四节　社会安全事件处理：
群体性事件处置实践剖析

在社会发展进程中，各类矛盾错综复杂，重大群体性事件频发，对社会秩序、公共安全和人民生活造成严重冲击。这些事件不仅考验政府的应急处理能力，更是对现代社会治理体系和治理能力提出的严峻挑战。深入剖析典型案例，从中总结经验教训，对提升应急指挥水平、有效预防和妥善处置群体性事件意义重大。

---

① Hanson 临床科研. 之前温和的猴痘感染，缘何变成了新的杀手. 梅斯传染科，2024-08-30.

一、群体性事件概述与应急指挥体系构建

在社会发展过程中，群体性事件时有发生，若处理稍有不慎，便会直接影响社会稳定。面对这类复杂局面，构建一套完善的应急指挥体系显得尤为关键。这不仅关系到事态能否迅速平息，更与社会的和谐稳定紧密相连。接下来，我们将首先对群体性事件进行简要概述，并深入探讨应急指挥体系的构建策略。

（一）群体性事件的定义、特点与危害

1. 定义

群体性事件是指由某些社会矛盾所引发，特定群体或不特定多数人临时聚合形成的偶合群体。这类事件以人民内部矛盾的形式呈现，通过未经合法授权的规模性聚集、对社会产生负面影响的群体活动，以及多数人之间语言或肢体行为的冲突等群体行为方式，旨在表达诉求和主张、直接争取或维护自身利益，或是发泄不满、制造影响。因此，这类事件对社会秩序和社会稳定带来了重大的负面影响。[①]

2. 特点

群体性事件具有组织性、突发性、聚众性、行为的过激性和社会影响的严重性等特点，不仅会破坏社会秩序，影响社会稳定，还可能损害政府公信力，对社会经济发展造成阻碍。

从组织性来看，部分群体性事件起初可能是自发的，但随着事态发展，会有核心人物出现进行组织和策划，使得原本分散的个体行动变得有序且目标明确，行动方式与策略也更加统一，增加了事件的复杂性和可控难度。

行为方式呈现出多样性与过激性，既涵盖和平的集会、示威、上访，也包括暴力冲突，如打砸抢烧等极端行为，给社会秩序和公共安全带来不同程度冲击。

群体性事件还具有较强的突发性，常由一些看似平常的小事引发，由于民众情绪积累和信息传播迅速，短时间内就能聚集大量人群，演变成大规模事件，让相关部门难以提前精准预警和充分准备应对。

社会影响的严重性在于事件一旦发生，会迅速引发社会关注，破坏社会的和谐稳定氛围，干扰正常的生产生活秩序。如在一些因拆迁补偿问题引发的群体性事件中，群众与相关部门发生冲突，不仅导致拆迁工作停滞，还对当地社

---

① 崔亚东.群体性事件应急管理与社会治理[M].北京：中共中央党校出版社，2013.

会秩序造成了严重破坏，影响了政府与民众之间的信任关系。涉及利益问题时，群众往往诉求相似，容易引发共鸣，在群体效应下，情绪相互感染，使规模迅速扩大，传播范围也不断拓展，甚至借助互联网在全国乃至全球范围内扩散。

3. 危害

群体性事件会带来多层面危害。

其一，对社会秩序而言，暴力冲突直接破坏公共设施，干扰正常交通秩序，影响居民的日常生活，使人们缺乏安全感，降低对社会稳定的信心，冲击法治权威，削弱法律在民众心中的公信力。

其二，经济发展方面，群体性事件会造成直接经济损失，商业活动被迫中断，企业生产经营受阻，商业场所受损，还会影响投资环境，使外部投资者对该地区望而却步，阻碍地方经济发展，破坏当地产业链和供应链的稳定。

其三，社会心理层面，事件引发公众的恐慌、焦虑和不满情绪，破坏社会和谐信任氛围，撕裂社会关系，引发不同群体间的对立和冲突，破坏社会凝聚力和向心力，阻碍社会和谐发展。

群体性事件因对社会秩序、经济和公众心理造成严重破坏，需要政府、社会各界共同努力，通过完善社会矛盾化解机制、畅通民意表达渠道等方式，预防和妥善处理，维护社会的和谐稳定。

（二）应急指挥体系的组建与职责分工

面对群体性事件，迅速构建科学且合理的应急指挥体系至关重要。高效的应急指挥体系是妥善处置群体性事件的关键，它能够整合各方资源，协调各部门行动，形成强大的处置合力。[①]

应急指挥体系通常以政府为主导，联合公安、司法、民政、宣传等多个部门共同组成。

在指挥体系中，政府作为核心，负责统筹协调各方力量，制定总体处置策略和方针。

公安部门承担着维护现场秩序、保障人员安全的重要职责，他们需要迅速到达现场，控制事态发展，防止冲突升级。在某起群体性事件中，公安部门在接到报警后，第一时间派出警力赶赴现场，设置警戒线，隔离冲突双方，避免了事件的进一步恶化。

---

① 李春娟.突发事件应急管理知识系统演化研究[D].秦皇岛：燕山大学，2015.

司法部门为事件处置提供法律支持，确保处置过程严格依法依规进行，保障各方合法权益。民政部门负责对事件中的受影响群众进行安抚和救助，切实解决他们的实际困难，有效缓解群众的不满情绪。宣传部门及时发布准确信息，积极回应社会关切，防止不实信息传播引发社会恐慌。

各部门在应急指挥体系中各司其职，密切配合，共同推进群体性事件的妥善处置。

具体到各个单位，也应制定相应的群体性事件处置方案。如图7-5所示，为某建筑企业京内突发性事件处理流程。

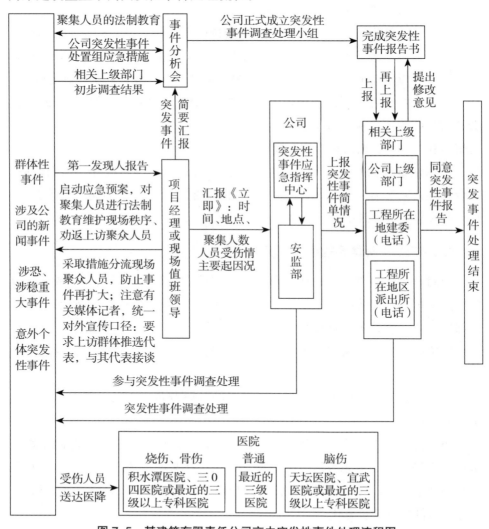

图 7-5　某建筑有限责任公司京内突发性事件处理流程图

图片来源：360 免费文档中心《群体性事件处理应急预案流程图》

二、群体性事件处置的沟通协调与现场应对

群体性事件发生之际，现场情形错综复杂且高度敏感，稍有不慎即可能加剧矛盾。有效沟通协调与科学现场应对是化解危机的关键，既能安抚群众情绪，又能精准把控事态发展。

（一）与群众的沟通协调策略

与民众进行高效沟通与协调，是妥善化解群体性事件的核心环节。在群体性事件处置中，真诚、平等、及时的沟通能够了解群众诉求，缓解群众情绪，为问题的解决奠定基础。

在沟通策略上，首先要倾听群众的声音，让群众充分表达自己的诉求和意见。政府部门应派出专门的沟通代表，深入群众中间，耐心倾听他们的心声，让群众感受到被尊重和关注。在某起因环境污染问题引发的群体性事件中，政府沟通代表与群众面对面交流，认真记录群众对污染问题的不满和诉求，使群众情绪得到一定程度的缓和。

其次，要及时回应群众关切，对于群众提出的合理诉求，要明确表态并尽快采取措施解决；面对不合理的诉求，应保持耐心进行解释，详细阐述相关政策法规及实际情况，力求赢得群众的充分理解。政府部门应通过新闻发布会、官方网站等渠道，及时公布事件处理进展和解决方案，让群众了解政府的工作态度和行动，增强群众对政府的信任。

（二）现场应对措施与应急处置流程

在群体性事件现场，采取科学合理的应对措施至关重要。

现场应对措施涵盖现场秩序维护、冲突化解以及人员疏散等多个方面。公安部门通过科学部署警力，采取恰当的执法手段，确保现场秩序的稳定。在冲突化解方面，采取柔性执法与劝解疏导相结合的方式，避免与群众发生直接冲突。对于情绪激动的群众，现场工作人员需进行耐心劝解，缓解其情绪，引导其理性表达诉求。

应急处置流程通常包括事件报告、应急响应、现场处置和后期处理等环节。一旦发生群体性事件，相关部门须迅速将事件情况上报至上级部门，并启动应急响应机制。应急指挥体系高效运转，各部门按职责分工协作。现场处置结束后，需对事件进行深入调查，分析事件成因，总结经验教训，对相关责任人进行妥善处理，并采取有效措施防止类似事件再次发生。

三、群体性事件处置的善后工作与反思改进

成功处置群体性事件，不仅在于事发时的应对，善后环节同样关键。妥善的善后工作能够修复社会关系，避免矛盾反复出现；而深刻的反思与改进，则为未来应对类似情况积累宝贵经验。

（一）群体性事件后的善后处理工作

群体性事件犹如社会肌体上的创口，即使事件本身得到了暂时控制，若不妥善处理善后事宜，创口可能会反复溃烂，影响社会的健康与稳定。善后处理工作是一场与时间赛跑、与矛盾周旋、与民心重建相关的持久战役，包含多维度的关键举措。[①]

1. 物质层面：损失弥补与设施修复

（1）群众损失补偿。对于在群体性事件中遭受财产损失、人身伤害的群众，政府及相关责任主体应依据法律法规、政策条例，迅速启动补偿机制；精准核算损失，及时发放补偿金，确保群众的经济损失得到合理弥补。比如在因城市改造拆迁引发的群体性事件里，若群众房屋被不合理强拆，事后就应按照市场价值及相关拆迁补偿标准，给予足额的经济赔偿，帮助其重新安置生活。

（2）公共设施修复。事件中被破坏的道路、桥梁、路灯、公共活动场所等公共设施，严重影响城市运行和居民生活，需立即组织专业施工团队，调配充足物资，争分夺秒开展修复工作。像在一些因群体活动中导致街道设施受损的情况，施工队伍应快速进场，在短时间内恢复道路通行，重新点亮路灯，让城市尽快恢复往日的有序运转。

2. 民生保障：生活救助与就业扶持

（1）生活救助。对于因事件陷入生活困境、基本生活难以为继的群众，要给予生活救助，包括提供临时住所、食物、医疗救助等基本生活物资，保障其生存需求。在某起企业倒闭引发的群体性事件中，许多员工失业且生活陷入困境，政府及时发放生活补贴，提供临时住所，解决了他们的燃眉之急。

---

① 盛明科、郭群英.公共突发事件联动应急的部门利益梗阻及治理研究 [J].中国行政管理，2014（3）:13-1.

（2）就业扶持。失业往往是群体性事件后部分群众面临的难题。政府应联合企业、社会机构搭建就业服务平台，开展职业技能培训，提供就业信息，拓宽就业渠道，帮助失业人员重新走上工作岗位。如针对因产业转型引发群体性事件地区的失业工人，应组织开展新兴产业技能培训，与相关企业合作举办招聘会，助力他们实现再就业。

3. 责任认定：调查真相与严肃问责

（1）全面调查。组建独立、专业、公正的调查委员会，深入事件核心，全面收集证据，还原事件发生的全过程，调查内容涵盖事件起因、发展过程、各方行为、矛盾激化节点等。例如在一些环境污染引发的群体性事件中，调查委员会不仅要了解污染企业的违规行为，还要查明监管部门是否存在失职渎职。

（2）责任追究。依据调查结果，对事件中的责任主体，无论是涉事企业、相关部门工作人员，还是在事件中故意煽动、制造混乱的个人，都要依法依规严肃问责，该罚款的罚款，该撤职的撤职，该追究刑事责任的坚决移送司法机关，绝不姑息迁就，给公众一个满意的交代。

4. 心理安抚：情绪疏导与社会和解

（1）心理干预。某些群体事件会给群众带来心理创伤，需要专业心理团队介入，针对受影响群众开展心理咨询、心理辅导、情绪疏导等服务，帮助他们缓解恐惧、焦虑、愤怒等负面情绪，恢复心理健康。

（2）社会和解。如组织社区活动、对话交流平台等，促进不同群体间的沟通与理解，消除对立情绪，修复社会关系，重建社会信任，推动社会重新回归和谐稳定。

（二）对群体性事件处置的反思与改进方向

反思群体性事件的处置过程，是完善应急管理体系、提升社会治理能力的重要途径。通过对群体性事件处置的深入反思，可以及时发现存在的问题，进而优化工作流程，有效提高应对群体性事件的能力。反思的重点包括应急指挥体系的运行效率、与群众的沟通效果、现场应对措施的科学性等方面。[1]

在应急指挥体系方面，需进一步优化组织架构，明确各部门职责，强化信息共享与协调配合，以提升指挥效率。

---

① 成长群.群体性事件案例分析与研究[M].北京：中共中央党校出版社，2024.

在与群众沟通方面，应持续完善沟通机制，拓宽沟通渠道，提升沟通能力，从而增强群众对政府的信任。

在现场应对措施方面，要加强对工作人员的培训，提高他们的应急处置能力和执法水平，确保现场应对措施科学有效。

同时，需构建和完善社会矛盾排查化解机制，及时发现并有效解决社会矛盾，从源头上预防群体性事件的发生。

通过持续反思与改进，提升应对群体性事件的能力，确保社会的和谐与稳定。

四、2004 年咸阳华润集团群体性事件处置实践剖析

2004 年 9 月 14 日，咸阳华润集团发生了一起轰动全国的群体性事件。此次事件不仅对咸阳当地的社会稳定与经济发展造成冲击，也为企业改制及劳动关系处理等方面提供了深刻教训。

（一）事件背景与起因

2004 年，陕西省政府引入华润轻纺投资公司对省属天王集团（西北国棉七厂）进行改制重组，旨在推动企业发展、适应市场变化。然而，9 月 14 日，新设立的咸阳华润纺织有限公司与员工签订劳动合同时，矛盾爆发，引发了严重的群体性事件。[①]

咸阳作为西北重要的纺织工业基地，产业规模庞大，仅天王集团就有在职职工 10000 多名，加上离退休人员，群体规模极为可观。

该地区纺织行业国企长期占据主导，社会思想观念较为传统保守，国企改革的社会氛围、政策环境和营商环境不佳。陕西天王集团曾是"全国百户现代企业制度试点单位"之一，技术和效益领先，职工对原国企的福利和分配体制依赖度高；且当地就业机会有限，职工极为看重国企职工身份。天王集团生活区居住着 4700 多名离退休人员，企业承担着学校、医院、社区水、电、暖维护等沉重负担，入不敷出；同时，许多员工子女也在相关企业工作，他们担心重组会损害自身及子女利益，对改制抵触情绪强烈。

从根本原因来看，此次事件是未能妥善平衡发展速度、改革力度和稳定程度之间关系的结果；在改制方案制定和实施过程中，存在左右摇摆、失信于民的问题。改制方案的指导思想是尽量将原企业职工划转至咸阳华润，减

---

① 陈新铭 . 咸阳华润身份困局：国企还是外资 [J]. 经济观察报，2004-10-24.

应急指挥：理论、实践与创新

236

少存续企业支出负担。虽经职代会通过和省政府批准，但在执行时未能充分考虑职工诉求。参与事件的人员涵盖在职职工、退休职工、已办理"两不找"的离职、辞职和开除人员等，诉求复杂多样，合理诉求与无理要求相互交织。部分职工对安置方案某些规定不满，也有部分人要求政府突破政策底线，双方僵持不下，为事件的爆发埋下了隐患。

（二）事件发展与应急指挥体系响应

2004年9月13日，部分车间下发劳动合同准备签订，其中几个条款引发员工强烈不满。员工认为咸阳华润颁布的用工政策条件苛刻，可能导致大规模裁员。同时，他们对华润轻纺收购天王集团行为的公正性存疑，争议焦点之一是咸阳华润的身份问题。天王集团员工认为华润轻纺以港资身份兼并，应给予员工身份置换金；但重组后华润轻纺强调自身是国有企业，不存在身份转换和转换金问题。

由于不满情绪无法得到有效疏导，9月14日，事件升级为群体性事件。从9月14日到11月1日，历时48天，参与职工人数众多，触动社会面广。事件迅速从职工静坐、罢工发展到封堵厂门，并于10月24日夜阻断陇海铁路，事态不断升级，造成巨大经济损失和恶劣社会影响，对咸阳社会大局稳定构成严重威胁。

面对这一严峻形势，应急指挥体系迅速启动。省政府迅速派驻专门工作组，多方协调，全力维护社会稳定。咸阳市政府积极响应，以市政府为主导，联合公安、司法、民政、宣传等多部门，迅速组建了应急指挥机构。政府统筹协调各方力量，制定总体处置策略，明确各部门职责分工。

公安部门第一时间赶赴现场，维护秩序，防止冲突进一步升级；司法部门为事件处置提供法律支持，确保依法依规解决问题；民政部门对受影响职工进行安抚和救助，有效缓解他们的不满情绪；宣传部门则负责及时发布信息，避免不实信息传播引发社会恐慌。

在此次事件中，各部门密切配合，协同作战，为后续问题的顺利解决奠定了坚实基础。

（三）沟通协调与现场应对举措

在事件处置过程中，与职工的沟通协调至关重要。政府派出沟通代表，深入职工群体，倾听他们的诉求，耐心解释相关政策法规。通过搭建沟通平台，组织职工代表与企业管理层、政府相关部门进行面对面交流，让职工充分表达意见，也使政府和企业能够准确了解职工关切。

在沟通中，政府对职工的合理诉求给予积极回应，承诺尽快研究解决方案；

对于不合理诉求，也进行了耐心细致的解释，争取职工的理解。

在现场应对方面，公安部门采取了科学且合理的措施。一方面，运用柔性执法手段，避免与职工发生直接冲突；另一方面，对一些过激行为进行了适度管控，确保现场秩序的稳定。在封堵厂门和阻碍铁路运行等情况发生时，公安干警在现场积极劝解和疏导，引导职工通过合法且合理的途径表达诉求；同时，加强现场警戒，防止无关人员进入，避免事态进一步扩大。通过这些措施，有效控制了现场局势，为后续的协商解决奠定了良好基础。

（四）善后工作与经验反思

事件平息后，善后工作随即迅速展开。政府全面安抚并救助受影响的职工，切实解决他们的实际困难。针对下岗职工，政府提供就业培训和岗位推荐，助力其重新就业；对于生活陷入困境的职工，则发放相应的生活补贴和救助款项。与此同时，受损的公共设施也得到了及时修复，以尽快恢复正常的生产生活秩序。

随后，相关部门对事件进行深入调查，查明事件发生的原因和责任，对相关责任人依法进行处理，给职工和社会一个交代。

此次事件也为我们提供了深刻的经验与反思。

1. 社会稳定

此次事件严重影响了咸阳当地的社会秩序，造成了民众的恐慌和不安，政府公信力也受到一定程度的冲击。这提醒我们，在推进改革过程中，要充分考虑群众利益，做好风险评估与应急预案，避免因改革措施引发社会动荡。

2. 企业发展

对咸阳华润纺织有限公司而言，事件使其声誉受损，生产经营陷入困境，原计划对其他棉纺厂的收购及"纺织工业园"建设项目暂停。企业在改制及管理过程中，应重视与员工的沟通交流，确保员工的知情权和参与权，构建和谐的劳动关系，推动企业可持续发展。

3. 劳动关系

事件深刻揭示了企业改制过程中劳动关系处理的复杂性与重要性。企业必须严格遵守相关法律法规，在制定用工政策及签订劳动合同时，充分尊重并保障员工的合法权益，避免因不合理的劳动政策而导致员工不满情绪的产生。同时，政府部门亦需加大对企业监管的力度，切实维护劳动者的合法权益。

4. 应急指挥

在应急指挥体系方面，虽然各部门能够迅速响应，但在信息共享和协调配合上仍存在不足，需要进一步优化组织架构，提高指挥效率。在与群众沟通方面，沟通渠道还不够畅通，沟通方式有待改进，应加强与群众的互动，建立长期稳定的沟通机制。在预防群体性事件方面，应加强对社会矛盾的排查和化解，及时发现潜在问题，提前采取措施解决。

通过对咸阳华润集团群体性事件的总结和反思，我们能够不断改进工作方法，提升应对群体性事件的能力，更好地维护社会安全和稳定。

五、2022 年韩国首尔梨泰院踩踏事故应急指挥实践剖析

2022 年 10 月 29 日晚，韩国首尔龙山区梨泰院洞一带发生的踩踏事故，成为韩国近十年来伤亡最惨重的公共安全事件。这场悲剧不仅暴露了城市公共安全管理的漏洞，也为应急指挥体系的建设与完善敲响了警钟。

（一）事故概况

梨泰院位于首尔龙山区，是当地著名的旅游与娱乐区域，以国际化氛围和丰富的夜生活闻名。每年万圣节期间，梨泰院都会举办盛大的庆祝活动，吸引大量民众和游客参与。2022 年 10 月 29 日，因新冠疫情限制措施解除，韩国民众压抑已久的出行热情集中释放，当晚约 10 万人涌入梨泰院狭窄的街巷参与万圣节狂欢。

事故发生在梨泰院一条长约 45 米、宽仅 3.2 米，且有大约 35° 倾斜的下行斜坡小巷中。当晚 22 时 10 分左右，密集的人群突然出现拥挤，有人摔倒后引发连锁反应，后方不知情的人群持续向前挤压，导致大量人员被推挤倒地并互相踩踏。

截至事故发生后 72 小时，此次踩踏事故共造成 159 人死亡 196 人受伤，遇难者中女性占比约 70%，年龄主要集中在 20–30 岁，还包括 26 名外籍人士，涉及 19 个国家，其中中国公民 4 人遇难。此次事故的遇难者数量之多、涉及范围之广，在韩国公共安全事件历史上极为罕见。

（二）应急措施

事故发生后，韩国政府和相关部门迅速启动应急响应机制，开展救援工作。首尔警察厅在事故发生后第一时间接到报警,随后立即增派警力前往现场。

消防部门也迅速行动,调派附近区域的消防车和救援人员赶赴梨泰院。据统计,事故发生后 1 小时内,超过 500 名警察、200 余名消防员抵达现场,全力开展救援工作。

在救援过程中,现场救援人员主要采取了紧急医疗救助和疏散人群两项核心措施。医疗人员迅速对倒地伤者进行紧急救治,实施心肺复苏、止血包扎等急救措施,并将重伤员快速转运至附近医院。与此同时,警方和其他救援力量积极疏导现场人群,引导民众从周边出口有序疏散,以有效缓解现场拥挤状况。

韩国政府高层对事故作出了迅速反应,总统尹锡悦指示全力救治伤员,并立即成立事故调查特别委员会,要求彻底查明事故原因。政府宣布首尔进入紧急状态,暂停一切娱乐活动,减少人员聚集,同时开通心理援助热线,为事故受害者及其家属提供心理支持。此外,政府还组织了大规模的志愿者服务,协助家属辨认遗体、处理善后事宜,并在全国范围内开展公共安全宣传活动,提升民众的安全意识。

(三)应急指挥中存在的问题

尽管应急救援工作迅速展开,但在整个应急指挥过程中,暴露出诸多严重问题。

1. 事前风险预判与预防不足

在活动筹备阶段,相关部门对此次万圣节活动可能带来的安全风险缺乏充分的评估和预判。梨泰院地区街道狭窄,基础设施有限,难以承受大规模人群聚集。然而,首尔警方在活动前仅部署了 137 名警力,远不足以维持 10 万人规模活动的秩序。

此外,现场没有设置有效的人流管控设施,如单向通行通道、人数限制装置等,也没有制定详细的应急预案和人群疏导方案,使得在人群密度达到危险阈值时,无法及时采取有效的预防措施。

2. 现场指挥协调混乱

事故发生后,现场指挥体系暴露出严重的协调问题。警察、消防、医疗等多部门虽然迅速响应,但在实际救援过程中,各部门之间缺乏有效的沟通与协作机制。例如,警方负责现场秩序维护和人群疏散,消防部门负责救援和医疗救助,但由于信息共享不畅,导致救援资源无法合理调配。有现场救援人员反映,在救援初期,存在部分区域救援力量过度集中,而其他区域却无人问津的情况。同时，现场指挥层级过多，决策流程繁琐，使得应对措施无法及时有效执行，延误了最佳救援时机。

3. 应急通信不畅

在事故现场，由于人员密集，通信信号遭受严重干扰，导致救援人员之间以及指挥中心与现场人员之间的通信受阻。众多救援人员无法及时接收指挥中心的指令，同时也难以将现场情况准确反馈至指挥中心。此外，各部门所使用的通信设备和频率不统一，进一步加剧了通信混乱，严重影响了应急指挥的效率和准确性。

4. 公众安全引导缺失

在人群大量聚集的情况下，现场缺乏有效的公众安全引导。没有足够的广播设备和人员对民众进行安全提示和疏散引导，导致民众在事故发生时陷入恐慌，无法获得正确的逃生信息和方向指引。同时，部分民众缺乏基本的应急避险知识和技能，在拥挤环境中不知道如何保护自己和他人，加剧了事故的严重性。

（四）经验与教训

梨泰院踩踏事故为全球公共安全管理和应急指挥工作提供了深刻的经验教训。

1. 强化风险评估与预防机制

此次事故凸显了事前风险评估和预防工作的至关重要性。政府和相关部门在举办大型活动或面对人员密集场所时，必须构建科学、全面的风险评估体系，充分考虑场地承载能力、人员流量、环境因素等多维度因素，制定详尽的风险防控措施和应急预案。同时，需加强对重点区域和场所的日常安全检查与管理，及时消除安全隐患，从源头上降低事故发生的概率。

2. 优化应急指挥协调体系

完善的应急指挥协调体系是提高应急救援效率的关键。应建立统一的应急指挥机构，明确各部门职责，加强部门间的协同合作和信息共享。采用先进的信息化技术，搭建应急指挥平台，实现实时监控、快速响应和资源合理调配。此外，要定期开展跨部门的应急演练，提高各部门之间的默契和协同作战能力，确保在突发事件发生时能够迅速、高效地开展救援工作。

3. 加强应急通信保障

应急通信是应急指挥的"生命线"，必须加强通信基础设施建设，提高通信设备的抗干扰能力和稳定性。推广使用统一的应急通信标准和设备，确保各部门之间的通信畅通。同时，探索利用卫星通信、物联网等新技术，建立多元化的应急通信手段，保障在极端情况下应急指挥工作的顺利进行。

4. 提升公众安全意识与应急能力

公众的安全意识和应急能力直接影响着突发事件的应对效果。因此，政府和社会应当加大公共安全宣传教育的力度。通过学校教育、社区宣传、媒体传播等多种途径，普及安全知识和应急避险技能，从而提升民众的自我保护意识和能力。此外，积极鼓励公众参与应急演练和培训活动，以增强他们在紧急情况下的应变能力和自救互救能力。[①]

韩国首尔梨泰院踩踏事故是一场本可避免的悲剧，其暴露出的应急指挥问题为全球公共安全管理提供了宝贵的警示。通过总结此次事故的经验教训，不断完善应急指挥体系和公共安全管理机制，才能有效预防和应对类似突发事件，切实保障人民群众的生命财产安全。

本章小结

本章聚焦应急指挥实践案例，通过对多起不同类型的典型突发事件应急指挥过程的深度剖析，为理解应急指挥理论在现实场景中的应用提供了丰富视角。

在自然灾害应急指挥案例中，以汶川地震灾害为例，从地震发生后的紧急响应阶段，快速启动应急预案，到救援过程中协调各方力量，包括消防、武警、医疗等部门，共同开展人员搜救、伤员救治和受灾群众安置工作。案例展现出应急指挥体系在面对巨大灾害时的组织协调能力，同时也暴露出信息沟通不畅、资源调配初期不够精准等问题，为后续改进提供了方向。

事故灾难应急指挥案例深入剖析了江苏响水"3·21"特别重大爆炸事故。在该事故中，应急指挥体系迅速响应，立即成立现场指挥部，第一时间有效控制危险源，成功遏制事故蔓延；同时，通过整合周边企业资源，高效化解

---

① 国际时政前沿站. 首尔悲剧：踩踏事件的无删减回顾与反思. 百度百家号 (https://baijiahao.baidu.com/baijiahao.baidu.com/s?id=18269906532458599249&wfr=spider&for=pc), 2025-03-19.

了救援物资短缺的难题。但在决策过程中，由于对化工原料特性了解不足，部分救援措施的科学性受到挑战，这凸显了专业知识在应急指挥决策中的重要性。

以 SARS 疫情为例，公共卫生事件应急指挥体系全面展现了其在长时间、大规模公共卫生危机中的高效运作。从疫情监测与预警，到实施封控、隔离等防控措施，再到医疗资源的大规模调配和疫苗接种的组织实施，案例体现了应急指挥跨部门、跨区域协同的强大力量。同时，也反映出舆情引导、国际合作等方面在应急指挥中的新课题。

在社会发展进程中，群体性事件犹如不期而至的风暴，严重冲击社会秩序与稳定。咸阳华润集团群体性事件的处置历程，是对社会安全事件应急管理体系的一次严峻考验，也为我们留下了深刻的启示。通过对这一事件的全面分析，我们清晰认识到，健全且高效的应急指挥体系是协调各方力量、有效控制事态的核心保障；真诚平等的沟通协调与科学合理的现场应对是化解矛盾、平息冲突的关键举措；扎实细致的善后工作与深刻全面的经验反思是修复社会关系、预防类似事件再次发生的重要支撑。[①]

通过这些案例分析，我们清晰地看到应急指挥决策在不同场景下的实践特点和难点。应急指挥不仅需要高效的组织协调能力、精准的决策判断，还需要在复杂环境下灵活应对各种突发状况。案例中的成功经验为未来应急指挥工作提供了可借鉴的模式，如建立统一高效的指挥机构、强化信息共享机制等；而暴露出的问题则警示我们，要不断完善应急预案，提升专业技术水平，加强跨领域合作。这些实践案例为应急指挥理论的完善和发展提供了丰富的现实依据，推动应急管理体系在实践中不断优化，以更好地应对未来各类突发事件。

应急指挥：理论、实践与创新

---

① 何显明 . 群体性事件的发生机理及其应急处置——基于典型案例的分析研究 [M]. 北京：学林出版社，2010.

第八章 应急指挥的创新探索与发展趋势展望

在时代快速发展与社会变革加剧的背景下，应急指挥作为维护社会安全稳定的关键环节，其创新与发展至关重要。

应急指挥体系需紧跟时代步伐，不断吸纳新技术、创新模式、培养专业人才，才能有效应对复杂多变的突发事件。

通过以上对应急指挥多方面的深入研究，本章将对全书内容进行总结回顾，梳理研究成果，剖析现存问题，展望未来发展趋势，并提出针对性建议，提升应急管理水平，为应急指挥领域的研究与实践画上阶段性句号，同时开启新的探索篇章。

第一节 研究成果总结与梳理

近年来，学界与业界围绕应急指挥展开了深入研究与积极实践，在新技术应用、指挥模式探索、人才培养与学科建设等方面取得了丰硕成果。通过对这些成果进行系统总结与梳理，不仅能清晰呈现应急指挥领域的发展脉络，还能为未来的理论研究与实践应用提供有力支撑，进一步推动应急指挥体系朝着科学化、高效化方向迈进。

一、新技术在应急指挥中的应用成果

在科技飞速发展的当下，应急指挥领域迎来重大变革。大数据、人工智能、物联网等新技术不断融入，革新传统模式，为精准决策、高效救援注入强大动力。它们在应急指挥中究竟发挥了怎样的作用，又取得了哪些突破性成果？让我们深入探究。

（一）大数据驱动的应急决策支持系统

随着信息技术的迅猛发展，大数据技术在应急指挥领域的应用已取得显著成效。大数据能够整合海量应急相关数据，为应急指挥决策提供全面、精准的信息支持。通过构建大数据驱动的应急决策支持系统，实现了对多源数据的实时采集、存储及分析。

在自然灾害应急指挥中，该系统可实时收集气象、地质、地理信息等数据，并结合历史灾害数据进行深度挖掘与分析。以洪水灾害为例，通过对河流流量、水位变化、降雨量以及周边地形地貌等数据的实时监测和分析，系统能够提前精准预测洪水的发生概率、淹没范围和可能造成的损失。

科学决策是应急指挥的核心，大数据驱动的应急决策支持系统能够根据分析结果，为指挥者提供多种应对方案，并对各方案的效果进行模拟评估，帮助指挥者快速做出科学决策。在决策过程中，系统还能依据实时数据的动态变化，灵活调整决策方案，从而显著提升决策的时效性与精准度。

（二）人工智能赋能的应急指挥智能化升级

人工智能技术的进步为应急指挥领域带来了革命性的变革，实现了应急指挥系统的智能化升级。人工智能在应急指挥中的广泛应用，显著提升了应急指挥的效率和效能。

在应急预警方面，利用人工智能算法对海量的监测数据进行分析，能够快速识别潜在的风险和异常情况，提前发出预警信息。例如在公共卫生事件防控中，人工智能技术可以通过分析医疗机构的就诊数据、药品销售数据以及社交媒体上的健康信息，及时发现疾病的异常传播趋势，为疫情防控争取宝贵的时间。

在应急救援行动中，人工智能技术同样扮演着至关重要的角色。智能救援机器人和无人机能够在复杂危险的环境中执行任务，如地震后的废墟搜救、火灾现场的侦察等。这些智能设备具备自主导航、环境感知和目标识别等功能，能够快速准确地完成任务，减少救援人员的伤亡风险。

同时，人工智能还可以实现应急指挥系统的智能化调度，根据救援现场的实际情况，自动调配救援力量和物资，提高救援效率。

二、应急指挥模式创新的探索与实践

在应急管理领域，传统指挥模式在复杂多变的灾害与事故面前，常显露出诸多局限。时代的发展和风险格局的演变，迫切需要我们探索新路径、开拓新模式。接下来，让我们一同回顾指挥模式创新在探索与实践过程中的宝贵成果与经验。

（一）智慧指挥模式的构建与成效

智慧指挥模式是应急指挥领域的重要创新，它充分融合了大数据、人工智能、物联网等新一代信息技术，实现了应急指挥的智能化、精准化和高效化。通过构建智慧指挥平台，整合各类应急资源和信息，实现了对突发事件的全方位实时监测、智能分析与科学决策。

如图 8-1 所示，在智慧指挥模式下，应急指挥中心可以通过物联网设备实时获取救援现场的情况，包括人员位置、设备状态、物资储备等信息。利用大数据分析技术对这些信息进行整合与深度分析，为指挥决策提供坚实依据。

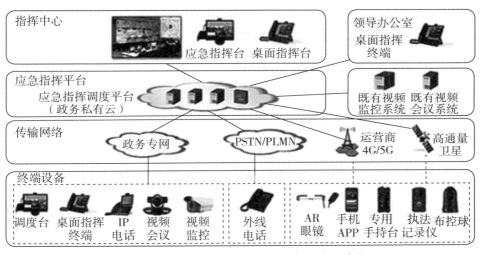

图 8-1　突发公共卫生事件应急指挥调度系统图

图片来源：佳讯飞鸿：构建智慧运维平台、突发公共事件应急指挥系统等产品，为城市管理、公共安全及城市交通的"智慧升级"赋能

在城市应急管理领域，智慧指挥模式展现了显著的功效。通过智慧指挥平台，城市管理者可以实时监控城市的运行状态，及时发现并处理各类安全隐患。在交通拥堵、火灾事故等突发事件发生时，智慧指挥平台能够迅速做出响应，通过智能调度系统优化交通流量，调配消防力量，提高应急处置效率。实践证明，智慧指挥模式的应用，有效提升了城市应急管理的水平，保障了城市的安全稳定运行。[①]

（二）跨界指挥模式的协同机制与实践意义

跨界指挥模式打破了传统应急指挥中部门和领域间的壁垒，实现了跨部

---

① 李纲，李阳.智慧城市应急决策情报体系构建研究 [J].中国图书馆学报，2016，42(3)：39-54.

应急指挥：理论、实践与创新

门、跨领域的协同作战。

在复杂的突发事件面前，单一部门或领域往往难以应对，跨界指挥模式能够整合各方资源，充分发挥不同部门和领域的专业优势，形成强大的应急救援合力。

在重大事故灾难应急中，涉及应急管理、消防、医疗、环保等多个部门，跨界指挥模式通过建立协同机制，明确各部门的职责和任务，加强沟通协作，实现了各部门之间的无缝对接和高效协同。

跨界指挥模式的实践意义重大，它不仅提高了应急救援的效率和效果，还促进了不同部门和领域之间的交流与合作，推动了应急管理体系的完善和发展。通过跨界指挥，各部门能够在应急实践中相互学习、相互借鉴，提高自身的应急处置能力。同时，跨界指挥模式也为解决复杂的社会问题提供了新的思路和方法，有助于提升社会的整体治理水平。

三、人才培养与学科建设的进展

应急管理工作的有效开展，离不开专业人才的坚实支撑和学科建设的科学引领。我们需大力培养高素质的应急管理人才，同时加强应急管理学科的系统性建设，为该领域的人才培养和学科发展明确方向。

（一）应急指挥人才培养体系的完善

应急指挥人才是应急指挥体系的核心要素。近年来，我国在应急指挥人才培养体系方面取得了显著进展。

高校作为人才培养的重要阵地，持续优化应急管理相关专业的课程设置，强化实践教学环节，不断提升人才培养质量。在课程设置方面，注重多学科交叉融合，开设了应急管理概论、应急决策与指挥、应急资源管理、信息技术应用等课程，旨在培养学生的综合素养和专业能力。[①]

同时，高校积极加强与应急管理部门、企业及社会组织的合作，构建实践教学基地，为学生提供更为丰富的实践机会。通过参与实际的应急演练与救援行动，学生得以将所学理论知识有效应用于实践，从而显著提升自身的应急处置能力。

此外，高校还开展了多种形式的培训和继续教育，为在职的应急指挥人员提供提升能力的机会，不断完善应急指挥人才队伍的知识结构和能力水平。

（二）应急指挥学科理论的丰富与发展

应急指挥学科理论的发展为人才培养和实践应用提供了坚实的理论基础。

① 王宏伟.为应急管理立学育人选才——人才培养与招录制度探索[M].北京：应急管理出版社，2024.

随着应急管理实践的不断深入，应急指挥学科理论也在不断丰富和发展。在多学科融合的背景下，应急指挥学科理论吸收了管理学、社会学、工程学、信息技术等多个学科的理论成果，形成了具有自身特色的理论体系。[①]

基于复杂系统理论的应急指挥模型构建，为应急指挥实践提供了更科学的指导。该模型将应急指挥体系视为一个复杂的自适应系统，通过模拟和分析系统的运行机制，优化应急指挥流程，提高应急指挥的效率和效果。同时，应急指挥学科理论还关注应急指挥中的伦理、法律等问题，为应急指挥实践提供全面的理论支持。

通过对新技术应用、指挥模式创新以及人才培养与学科建设等方面研究成果的总结与梳理，我们可以看到，应急指挥领域在不断创新与发展中取得了显著成就。

综上所述，通过对新技术在应急指挥中的应用、指挥模式创新以及人才培养与学科建设等多方面研究成果的总结梳理，我们清晰地看到应急指挥领域在创新发展道路上取得的显著成就。大数据、人工智能等新技术的应用，极大提升了应急指挥的决策科学性与响应速度；智慧指挥、跨界指挥等创新模式，打破传统局限，实现更高效的协同作战；人才培养体系的完善与学科理论的丰富发展，则为应急指挥提供了坚实的人才保障与理论基石。

然而，应急指挥领域仍面临诸多挑战，如技术应用的深化、指挥模式的持续优化、人才的高质量培养等。未来，需持续关注行业发展动态，加强多学科交叉融合研究，促进产、学、研、用协同创新，进一步完善应急指挥体系，提升应急指挥能力。

第二节　现存问题与挑战深度剖析

应急指挥作为维护社会安全稳定的关键防线，在面对日益复杂的突发事件时，其创新与发展的紧迫性不言而喻。

随着时代的演进，应急指挥体系亦需不断更新升级，方能有效应对新兴的风险与挑战。目前尽管在新技术应用、指挥模式探索以及人才培养与学科建设等方面取得了一定进展，但不可忽视的是，应急指挥领域仍存在诸多深层次的问题与挑战。这些问题不仅制约着应急指挥效能的提升，更关系到关

---

① 赵德胜,马海韵.中国应急管理学科建设的实践路径[J].中国社会科学报,2024,7(2930):18-20.

键时刻能否有效保障人民生命财产安全和社会秩序稳定。深入剖析这些现存问题，是寻求解决方案、推动应急指挥体系不断完善的重要前提。

一、技术应用层面的困境

随着科技在应急指挥领域的深入应用，新技术引发了显著的变革。但在实际应用中，也遭遇了一系列棘手难题。这些困境制约着应急指挥效能的进一步提升，关乎着应急响应的速度与质量，亟待我们深入剖析，找出破局之法。

（一）技术集成与兼容性难题

在应急指挥领域，大数据、人工智能、物联网等新兴技术的应用虽为革新提供了契机，但技术集成与兼容性问题日益凸显。

应急指挥涉及多部门、多系统的协同运作，各部门使用的技术设备和信息系统往往来自不同厂商，缺乏统一标准；不同品牌的传感器所采集的数据格式、传输协议存在差异，导致在数据汇总与分析时难以兼容，无法形成高效的应急指挥数据链。这导致应急指挥系统难以实现实时、全面的信息获取，进而影响了指挥决策的及时性与准确性。

在实际应急场景中，消防部门的火灾监测系统与应急管理部门的指挥调度系统若无法无缝对接，火灾现场的实时数据就不能迅速反馈至指挥中心，指挥人员难以及时掌握火势蔓延情况、消防设备运行状态等关键信息，从而延误救援时机。

应急指挥需要高效的数据流通与整合，技术兼容性问题阻碍了这一目标的实现，降低了应急响应效率。

（二）数据安全与隐私风险

随着应急指挥对数据的依赖日益加深，数据安全与隐私风险已成为亟待解决的关键问题。大量应急相关数据涉及公民个人信息、企业商业机密以及关键基础设施运行数据等，一旦数据泄露，将对个人权益、企业利益和国家安全造成严重损害。

当前，部分应急指挥系统的数据加密技术还存在漏洞，容易受到黑客攻击。在网络安全事件频发的背景下，不法分子可能窃取应急物资储备信息，干扰应急物资调配，影响救援工作的正常开展。

应急指挥的数据安全不仅关乎应急响应的有效性，更涉及社会稳定和公众信任。然而，目前针对应急指挥数据安全的法律法规和监管机制尚不完善，数据使用和管理过程中的权限界定模糊，数据存储和传输环节的安全防护措施有待加强，这些都增加了数据安全与隐私风险。

二、指挥模式变革的阻碍

应急指挥模式的变革，是提升应急管理效能、确保人民生命财产安全的关键举措。目前虽取得了不少进展，可变革之路绝非坦途，传统观念束缚、体制机制障碍、利益格局固化等诸多因素交织，都会成为前行路上的"拦路虎"，亟待深入剖析。

（一）传统观念与体制束缚

智慧与跨界指挥模式的推广受到传统观念和体制的重重束缚。传统应急指挥模式下，各部门形成了相对固定的工作思维和职责划分，对新的指挥模式存在抵触情绪。一些部门过于强调自身工作的独立性，不愿打破部门壁垒，参与跨界协同。在突发事件应急处置中，部分部门仍习惯按传统流程层层汇报、逐级审批，缺乏主动协同和快速响应的意识，导致应急指挥效率低下。[①]

现行的行政管理体制亦限制了指挥模式的革新。各部门间的职责交叉与权限界定模糊的问题仍未得到有效解决，导致在应急指挥过程中，推诿扯皮的现象时有发生。应急管理部门与其他相关部门在应急资源调配、指挥权界定等方面缺乏明确的协调机制，导致智慧与跨界指挥模式难以有效落地。体制机制的改革滞后于应急指挥模式创新的需求，成为阻碍应急指挥现代化进程的重要因素。

（二）协同沟通机制不完善

在跨部门、跨领域的应急指挥中，协同沟通机制不完善会导致协同效果不佳。虽然在理论上强调跨界指挥的协同合作，但在实际操作中，可能会缺乏统一的沟通平台和规范的沟通流程，如各部门使用的通信设备和通信协议不统一，导致信息传递存在延迟和失真。在地震灾害救援中，救援队伍、医疗团队、交通部门之间的信息沟通不畅，可能导致救援物资运输路线规划不合理，影响救援进度。

此外，各部门往往从自身利益出发，对信息进行封锁，不愿共享关键数据，缺乏有效的信息共享机制。应急管理部门在关键时刻难以迅速获取其他部门的专业数据，例如气象部门的精准气象信息、水利部门的水文数据等，这一情况显著削弱了应急指挥决策的科学性和准确性。

协同沟通机制的不完善使得跨界指挥难以形成合力，无法充分发挥各部门的专业优势。

---

① 唐钧.应急管理理论与实践（新编 21 世纪公共管理系列教材）[M].北京：中国人民大学出版社，2025.

三、人才与学科发展短板

应急指挥效能的提升，离不开专业人才的支撑与学科发展的助力当前，应急指挥领域在人才与学科发展方面却面临诸多短板，如专业人才匮乏、人才结构不合理、学科体系尚不完善等，限制了应急指挥工作的高质量推进。[①]

（一）专业人才短缺与结构不合理

随着应急指挥领域对新技术、新模式应用需求的不断增长，对既精通应急管理又掌握信息技术的复合型人才的需求日益旺盛。然而，目前高校相关专业的培养规模尚难以满足实际需求，人才供给与需求之间存在明显差距。

在人才结构方面，专业分布不均衡的问题尤为突出。传统应急管理专业人才相对充足，而具备大数据分析、人工智能应用、物联网技术等新兴技术能力的人才却严重匮乏。在应急指挥实践中，专业技术人才的缺乏导致新技术的应用和维护面临诸多困难。例如，应急指挥中心的大数据分析系统因缺少专业运维人员，无法充分发挥其数据挖掘和分析功能，进而影响了指挥决策的科学性和精准度。

专业人才短缺和结构不合理制约了应急指挥的创新与发展，无法满足新时代应急管理的复杂需求。

（二）学科理论体系不完善

当前，应急指挥学科理论体系尚不完善，制约了学科的发展和人才培养质量。

目前，应急指挥学科的理论研究主要分散在管理学、公共管理、信息技术等多个学科领域，缺乏系统性和整合性。不同学科的理论和方法在应急指挥中的应用缺乏统一的逻辑框架，导致理论与实践结合不紧密。

在学科研究内容方面，对部分新兴领域及前沿课题的探讨尚显不足。对于网络安全应急指挥、生物安全应急管理等新型突发事件的应急指挥研究相对薄弱，缺乏针对性的理论指导。

完善的学科理论体系是应急指挥学科发展的基石，目前的理论体系无法为应急指挥实践提供全面、深入的理论支持，在一定程度上影响了应急指挥人才的培养质量和行业的发展水平。

由此可见，应急指挥在创新与发展过程中面临着技术、指挥模式、人才与学科发展等多方面的问题与挑战。只有正视这些问题，采取针对性的措施加以解决，才能推动应急指挥体系不断完善，提升应对各类突发事件的能力。

[①] 王宏伟.为应急管理立学育人选才——人才培养与招录制度探索 [M].北京：应急管理出版社，2024.

综上所述，通过对技术应用、指挥模式变革以及人才与学科发展等层面现存问题的深度剖析，可以认识到应急指挥创新与发展道路上的重重阻碍。应急指挥体系的完善是一个复杂而长期的过程，技术集成与兼容性难题、数据安全风险阻碍了新技术在应急指挥中的高效应用；传统观念与体制束缚、协同沟通机制不完善制约了指挥模式的变革；专业人才短缺和学科理论体系不完善则给应急指挥的持续发展带来了挑战。

正视问题才是解决问题的关键。未来，需从技术创新、体制改革、人才培养和学科建设等多方面着手，制定针对性的策略。加强技术标准统一和安全防护，打破传统观念与体制壁垒，完善协同沟通机制，加大专业人才培养力度，健全学科理论体系，从而逐步攻克这些难题，推动应急指挥体系不断优化升级，提升全社会应对突发事件的能力。

第三节　未来发展趋势与研究方向展望

在全球风险环境日益复杂的当下，应急指挥作为维护社会安全稳定的关键防线，正处于持续革新的重要节点。应急指挥体系必须紧跟时代步伐，积极拥抱技术变革、创新指挥模式、强化人才培养与学科建设，方能有效应对各类突发状况。

当前，应急指挥领域虽取得了阶段性成果，但面对未来不断涌现的新风险与新挑战，其发展趋势与研究方向备受瞩目。深入探究这些内容，不仅有助于我们提前布局、抢占先机，更能为构建更为科学、高效的应急指挥体系奠定坚实基础。

一、技术创新驱动应急指挥智能化升级

科技浪潮正以迅猛之势席卷各个领域，应急指挥系统亦不例外。大数据、人工智能、物联网等前沿技术的飞速发展，为应急指挥的智能化升级提供了前所未有的契机。这些新技术将如何重塑应急指挥流程，又将如何引领应急指挥步入全新的智能化时代？下面，我们将试作探讨。

（一）新技术融合应用前景

在未来，应急指挥领域将迎来新技术的广泛融合与应用。随着信息技术的迅猛发展，大数据、人工智能、物联网、区块链、5G乃至6G等前沿技术将实现深度整合，为应急指挥带来全方位的革新。

如图8-2所示，大数据技术能够收集和整合海量的应急相关数据，从社会舆

情、地理信息到气象变化、基础设施运行状态等，为应急指挥提供全面的数据支撑。

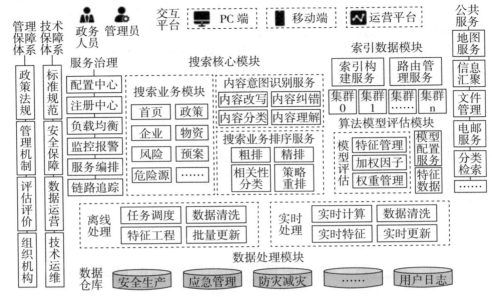

图 8-2　智慧应急管理综合分析平台

图片来源：云坤科技官网 .https://www.wingconn.com/

人工智能借助机器学习和深度学习算法，对这些数据进行智能分析与预测，从而实现应急预警的精准化及应急决策的科学化。

物联网技术将把各类应急设备、救援物资以及人员连接成一个有机整体，实现对应急资源的实时监控和动态调配。

区块链技术凭借其去中心化、不可篡改等特性，保障应急数据的安全共享和应急指挥流程的透明公正。

5G 及未来的 6G 技术将提供高速、低时延的通信保障，使应急指挥中心能够实时获取现场高清视频及各类传感器数据，从而实现远程实时指挥。

可以想象，在未来的自然灾害救援中，通过无人机搭载高清摄像头和各类传感器，利用 5G/6G 技术将现场图像和数据实时传输回指挥中心，指挥中心借助大数据分析和人工智能算法，迅速制定救援方案，并通过物联网远程操控救援机器人和智能救援设备展开救援，会大大提高救援效率和准确性。[①]

（二）智能化应急指挥系统构建

构建智能化应急指挥系统是未来的重要发展方向。

---

① 李清彬，宋立义，申现杰 . 国家应急管理体系建设状况与优化建议 [J]. 改革，2021（8）：12-24.

如图 8-3 所示，智能化应急指挥系统将实现从信息采集、分析、决策到执行的全流程智能化。该系统具备自主学习能力，能够基于历史应急案例和实时数据不断优化自身的决策模型。在突发事件发生时，系统能够自动识别事件的类型和严重程度，迅速生成多种应对方案，并根据实时情况动态调整这些方案。

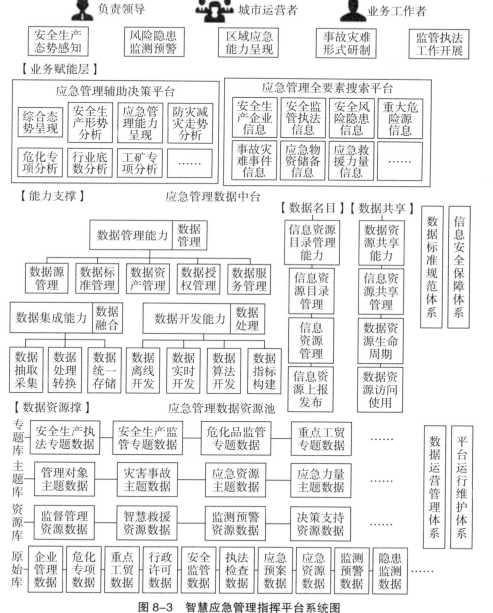

图 8-3　智慧应急管理指挥平台系统图

图片来源：云坤科技官网 .https://www.wingconn.com/

智能化应急指挥系统将实现与各类应急救援力量的无缝对接。通过智能调度系统，根据救援现场的实际需求，合理调配消防、医疗、公安等救援队伍和物资，确保资源的最优配置。

此外，该系统将配备强大的模拟仿真功能，能够在事件发生前对潜在风险进行模拟预测，提前制定应对预案；在事件发生后，对救援效果进行全面评估，总结经验教训，为后续应急指挥提供有力参考。

二、指挥模式持续创新与协同深化

在复杂多变的应急形势下，单一的、传统的指挥模式已难以适应需求。持续创新指挥模式、深化协同合作，已成为应对挑战的必然趋势。

（一）智慧与跨界指挥模式的优化

其一，智慧指挥模式将更加注重人机协同，充分激发人的创造性思维与机器的高效计算能力。指挥人员通过与智能辅助决策系统的互动，能够迅速获取精准的决策建议，并结合自身经验和专业知识进行判断和决策。在决策过程中，系统将实时展示不同决策方案的模拟效果，协助指挥人员更全面地理解和选择最优方案。

其二，跨界指挥模式将进一步深化协同机制。不同部门和领域之间将构建更为紧密的合作关系，形成常态化的协同工作机制。通过制定统一的应急指挥标准和流程，明确各部门的职责与权限，有效避免应急处置中出现推诿扯皮的现象。

其三，跨界指挥模式将进一步加强跨部门的信息共享与沟通交流，建立统一的应急指挥信息平台，实现各部门信息的实时共享和协同处理。在应对重大公共卫生事件时，卫生健康部门、交通运输部门、公安部门等将通过该信息平台，实时共享人员流动、疫情监测、医疗资源等信息，协同开展疫情防控工作。

（二）多元主体参与的应急指挥格局形成

未来，应急指挥将构建一个由政府、企业、社会组织和公众等多元主体共同参与的格局。在此格局中，政府仍将扮演主导角色，负责制定政策、统筹协调及资源调配；企业则将在应急物资生产和技术支持等方面发挥关键作用；社会组织，如志愿者团体和慈善机构，将在应急救援、心理疏导和受灾群众救助等方面提供有力补充；公众通过参与应急培训、自救互救和信息报告等活动，将成为应急指挥体系不可或缺的一部分。[1]

为促进多元主体的有效参与，亟需建立健全相关法律法规和政策支持体系，明确各主体在应急指挥中的权利与义务，保障其合法权益；同时，需加强对社会组织和公众的培训与教育，提升其应急意识和能力；还应建立应急志愿服务激励机制，鼓励更多人投身应急志愿服务。通过多元主体的共同努力，形成全社会协同应对突发事件的强大合力。

三、人才培养与学科建设的新方向

应急指挥效能的高效发挥，人才是核心要素，学科则是坚实支撑。面对愈发复杂的应急形势，当前人才培养与学科建设短板尽显。为提升应急指挥水平，亟须探索人才培养与学科建设新方向，打造高素质人才队伍，完善学科体系，为应急指挥注入持久动力。

（一）跨学科复合型人才培养的强化

随着应急指挥领域对新技术、新模式的应用需求不断增加，跨学科复合型人才的培养将成为未来的重点。跨学科复合型人才需具备应急管理、信息技术、工程技术、社会学等多领域的知识和技能。[2]

在高等教育中，应着力强化跨学科课程的构建，打破学科间的壁垒，全面培养学生的综合素养与创新能力。

一是开设"应急管理与信息技术""应急工程与社会治理"等跨学科课程，使学生系统掌握大数据分析、人工智能应用、应急工程技术以及社会心理学等多领域的知识。

二是加强实践教学环节，通过实习实训、应急演练等多种形式，有效提升学生的实际操作能力及问题解决能力。

三是鼓励学生参与科研项目和实际应急管理工作，积累实践经验，培养学生的创新思维和团队协作能力。

---

[1]　李清彬，宋立义，申现杰.国家应急管理体系建设状况与优化建议[J].改革，2021（8）：12–24.

[2]　赵德胜，马海韵.中国应急管理学科建设的实践路径[J].中国社会科学报，2024,7(2930)：18–20.

（二）应急指挥学科理论的拓展与完善

未来，应急指挥学科理论将不断拓展和完善，在多学科融合的基础上，进一步深化对应急指挥本质、规律和方法的研究。

一是加强对新兴技术在应急指挥中应用的理论研究，探索新技术与应急指挥的深度融合模式和应用效果评估方法。

二是研究大数据、人工智能等技术如何改变应急指挥的决策模式、资源调配方式和指挥流程，为新技术的应用提供理论指导。

三是关注应急指挥中的伦理、法律和社会问题，研究在应急指挥中如何保障公民的基本权利，如何规范应急指挥行为，如何协调各方利益关系等。

四是加强应急指挥学科的国际交流与合作，学习借鉴国际先进的应急管理理论和实践经验，推动我国应急指挥学科理论的创新发展。

应急指挥的未来发展充满机遇与挑战。通过技术创新驱动智能化升级、指挥模式持续创新与协同深化以及人才培养与学科建设的不断推进，应急指挥体系将不断完善，为有效应对各类突发事件，保障人民生命财产安全和社会稳定提供更加坚实的支撑。

综上所述，展望未来，应急指挥领域将在技术创新、指挥模式变革以及人才培养与学科建设等多方面迎来深刻变革。应急指挥体系的持续完善是社会稳定发展的重要保障，新技术的融合应用与智能化应急指挥系统的构建，将大幅提升应急指挥的效率与精准度；智慧与跨界指挥模式的优化以及多元主体参与格局的形成，能够进一步强化应急协同能力；跨学科复合型人才的培养和应急指挥学科理论的拓展完善，则为应急指挥的长远发展提供智力支持与理论基石。

然而，实现这些发展目标并非一蹴而就，需要政府、高校、科研机构、企业以及社会各界共同努力，持续加大科研投入，推动技术创新与应用；深化体制机制改革，推动指挥模式协同发展；加大人才培养力度，完善学科建设体系。通过多管齐下，使应急指挥体系不断适应时代发展需求，在应对各类突发事件中发挥更大作用。

第四节　国际经验借鉴与本土创新融合

在全球风险日益复杂多样的当下，应急指挥作为应对各类突发事件、维护社会稳定的关键手段，其体系的完善与发展至关重要。世界各国在应急指挥领域的先进实践，为我们提供了宝贵的借鉴素材。同时，我国在长期的应急管理实践中积极探索本土创新，并取得了一系列显著成果。深入研究国际先进经验，结合本土实际进行创新融合，不仅是提升我国应急指挥能力的必然选择，也是适应全球化背景下应急管理发展趋势的迫切需求，对于保障人民生命财产安全和社会的可持续发展具有深远意义。

一、国外应急指挥体系概述

在全球风险挑战频繁涌现的当下，构建和完善应急指挥体系显得尤为关键。不同国家基于自身国情和发展历程，形成了各具特色的先进应急指挥体系。它们在理念、机制、技术应用等方面各有千秋，对我们有着极大的参考价值。[①]

（一）美国应急指挥体系剖析

美国拥有一套较为完善且成熟的应急指挥体系，在全球应急管理领域具有重要影响力。

美国应急指挥体系主要依托于国家应急管理信息系统（National Incident Management System，NIMS），该系统涵盖了事故指挥系统（Incident Command System，ICS）。

1. 机构设置

（1）国土安全部。为应对"9·11"事件后的安全挑战，美国于2003年成立了国土安全部，该部门主要负责危机管理和应急处置工作，涵盖边防、海关、海岸警卫队、移民局、秘密警察局以及联邦紧急事务管理局等多个机构。

（2）联邦紧急事务管理局（FEMA）。作为国土安全部的重要组成部分，FEMA负责和平时期的救灾工作以及战时紧急情况下的紧急准备、政策制定、计划安排和协调工作，并在全国范围内设立了10个区办事处。

2. 运行程序

（1）ICS的启动。当紧急事件发生时，公共机构会启动ICS来管理应急响应，它可根据事件规模和复杂程度进行扩展或收缩。小型事件可能仅需指定事件指挥官，而大型复杂事件则会涉及多个职能部门和人员。

（2）应急指挥中心（EOC）的运作。事件相关人员会向EOC报告，EOC

① 赵来军.世界主要国家应急管理体系与实践及启示[M].北京：科学出版社，2023.

是协调和支持事件管理活动的实体或虚拟场所，负责统一指挥和协调各方资源，确保应急工作反应敏捷、运行高效。

美国应急指挥体系以联邦应急管理署（FEMA）为核心，构建了多层次、全方位的应急响应机制。从联邦层面到州、地方政府，各层级职责明确，形成了一个有机整体。

在组织架构上，FEMA统筹协调全国范围内的应急事务，负责制定应急政策、规划和标准，提供应急资源支持和技术指导。州政府在应急指挥中扮演着承上启下的角色，根据本州实际情况制定应急计划，协调州内各部门开展应急响应工作，并在必要时向联邦政府请求援助。地方政府则是应急响应的直接执行者，负责本地区的应急准备、灾害应对和恢复重建工作。这种层级分明的组织架构确保了应急指挥的高效性和协调性。

3. 职责分工

（1）事件指挥官。负责组织现场响应，包括评估情况、下达指令、协调资源等。

（2）安全官。负责识别和评估潜在危险，制定周密的安全计划，有效预防事故的发生。

（3）联络官。作为与外部机构和公司的关键联络点，持续监测行动，及时发现并解决组织间的问题。

（4）公共信息官。负责与媒体进行有效沟通，策划并制定新闻发布内容，组织媒体简报会等活动。

（5）行动部门。全面管理事件中的各项战术行动，确保响应人员的安全，并根据需要申请额外资源以支持战术行动。

（6）计划部门。负责组织和促进计划会议，监督事件行动计划的准备工作，确定是否需要内部或外部的技术专家。

4. 技术支撑

FEMA提供标准化的NIMS核心课程，确保全国范围内对事件指挥系统和响应框架有统一的理解，促进不同机构和人员之间的互操作性和协同工作能力。

美国应急指挥体系高度重视信息共享与沟通。通过先进的信息技术手段，建立了覆盖全国的应急信息网络，实现了各级政府、应急救援机构、企业和社会组织之间的信息实时共享。

5. 资金保障

美国各级政府会安排应急资金，用于突发事件的应急支出、应急管理机制的日常运行以及相关系统和预案的建设等；同时，会对资金使用情况进行定期审核。

（二）日本应急指挥体系特色

日本作为一个自然灾害频发的国家，在应急指挥方面积累了深厚的经验。其应急指挥体系以法律为基石，构建了一套完备而严密的防灾减灾机制。

日本应急指挥体系以内阁首相为最高指挥官，形成了从中央到地方较为完备的架构

1. 法律基础

《紧急事态法》是日本灾难管理的法律基础，此外还有《灾害对策基本法》《大规模地震对策特别措施法》《原子能灾害对策特别措施法》等一系列法律法规，规定了发生灾害后应采取的对策，明确了各级政府、社会组织和公民在应急管理中的权利和义务，为应急指挥提供了坚实的法律保障。

2. 中央层面

（1）中央防灾会议。该会议由首相领导，成员包括负责防灾的国土交通大臣、其他相关内阁成员以及公共机构的负责人。其主要职责是应对全国性的自然灾害，制定并推动防灾计划的实施。

（2）全国危机管理中心。该中心位于首相官邸地下一层，负责指挥应对包括战争在内的各类危机。在核事故应急方面，若发生需公众撤离的严重核事故，内阁首相将亲自担任核事故对策总部的最高指挥官。

（3）相关行政部门。经济产业省原子力安全保安院是核事故应急准备的主管部门。一旦核设施发生事故，经济产业省将成立原子力灾害对策本部，并在事故现场的场外核应急指挥中心设立现场对策本部，由经济产业省的一名副大臣前往现场担任总指挥。

3. 地方层面

各级地方政府均设有地方防灾会议及应急对策本部。应急对策本部配备宽敞的大厅，设有应急指挥座席、完备的通信系统、先进的防灾救灾综合软件系统以及高效的指挥调度系统。都、道、府、县知事办公室与应急对策本

部有坚固的地下通道，且本部储备有食品和饮用水，还准备有可移动的"非常灾害对策本部"，以便在重灾区临时组建设置。

4. 技术支持

日本原子力安全基盘机构及其核动力工程设计试验中心（NUPEC）是核应急体系的核心技术支持单位，为核应急工作提供坚实的技术支撑。

5. 社会参与

日本红十字会等相关机构参与各级防灾会议。民间企业也积极参与防灾，如森大厦公司在地震发生时迅速成立对策总部，储备物资为居民提供避难场所和物资支持。

日本应急指挥体系强调全民参与及防灾教育的重要性，通过全面开展防灾减灾宣传教育活动，有效提升国民的防灾意识和自救互救能力。学校将防灾教育纳入日常课程，企业也定期组织员工进行防灾演练，使全民在面对灾害时能够迅速做出正确反应，有效减少灾害损失。

6. 应急演练机制

日本应急演练机制较为完善，相关举措值得学习。

（1）演练类型与内容。

一是综合演练。如在"防灾日"，日本多地会开展应对大地震及海啸等灾害的综合防灾训练，涉及政府部门、企业和居民等多主体，涵盖地震应急响应、海啸预警与防范、火灾扑救、人员搜救、医疗救护等多个方面。

二是专项演练，包括针对地震的防震抗震演习，模拟地震发生时的紧急疏散、避难所使用及自我保护措施；消防灭火演练，教授灭火器等消防设备的使用方法及火灾逃生技巧；人员搜救演练，模拟建筑物倒塌后的搜救行动。

（2）组织与参与主体。

一是政府主导。中央防灾会议负责制定全国性防灾演练规划和指导方针，各级地方政府的防灾会议具体组织实施当地演练。如在"防灾日"，政府会设定地震假想场景，相关部门迅速响应，成立"紧急灾害对策总部"，开展应急处置工作。

二是社会参与。学校、企业、民间团体和普通民众积极参与。学校是演练重要场所，幼儿园到中小学每年安排多次演练，如东京都规定幼儿园和学校每年进行 11 次以上演习训练。企业也积极组织员工参与，如森大厦公司每年组织两次全体职工防灾演练和一次街区居民参与的演练。

（3）演练频率。

一是定期演练。在政府层面，每年9月1日被定为"防灾日"，届时全国各地都会组织开展大规模的防灾演练活动。学校和企业也有定期演练安排，学校按规定经常开展，企业如森大厦公司每年组织固定次数的演练。

二是不定期演练。一些地区或单位会根据实际情况，如季节特点、灾害发生可能性等，不定期组织额外演练。

（4）技术支持与保障。

科技应用方面，利用地震模拟器、VR技术等让民众体验地震，通过数字化系统管理应急物资和人员信息，为演练提供技术支撑，使演练更贴近实际灾害场景，提高演练效果。

物资保障方面，各级政府和公共团体储备基本应急物资，企业也储备物资用于演练和灾害应对，为演练中模拟灾害场景和保障人员需求提供物质基础。

（5）效果评估与改进。

演练结束后，相关部门及组织将全面评估演练效果，系统总结经验教训。针对演练过程中暴露的各类问题，及时优化应急预案和应急管理工作，持续提升应急响应能力和整体水平。

（三）英国应急指挥体系洞察

英国应急指挥体系在中央和地方层面有不同的设置和运行机制。

1. 中央层面

英国没有常设的中央级部门专职负责应急管理工作，国家层面主要由内阁国民应急事务秘书处牵头，建立了中央政府三级响应模式：

第一级：对于超出地方处置范围和能力，但无需跨部门协调的重大突发公共事件，由相关中央部门担任"主责政府部门"，负责协调上下级关系，主导事件处理。

第二级：针对产生大范围影响且需中央协调处置的突发公共事件，启动内阁简报室（COBR）机制，协调军队、情报机构等相关部门共同应对。

第三级：面对产生大范围蔓延性、灾难性影响的突发公共事件，启动COBR机制，并在首相或副首相的领导下运行，制定全国范围内的应对措施。

2.地方层面

地方层面,建立了"金、银、铜"三级指挥运行机制。

"金"层级:负责决策"做什么",通常不在现场,而是在远离现场的控制室内,对本组织在事件中的资源进行总体把控,制定应对事件的战略。

"银"层级:负责"如何做",根据"金"层级下达的指令分配任务。作为现场的高级指挥官,负责指挥本组织的所有资源,决定如何利用这些资源来实现"金"层级制定的战略目标,确定战术。

"铜"层级:负责现场具体应急处置任务的执行,直接管控组织在事件现场的各项资源,带领工作人员在一线展开工作。

地方上,地方当局负责本地应急事务,通过与消防、警察、医疗等应急服务部门紧密协作,实现应急行动的有效执行。在2017年伦敦格伦费尔塔大火事件中,英国应急指挥体系快速响应,多部门联合展开救援、疏散民众与后续调查工作,展现出协同作战的能力。

同时,英国还重视社区参与应急管理,通过社区应急志愿者队伍,提升基层应急处置与自救能力,增强社区韧性。

3.法律与技术支持

(1)法律基础。《国民紧急状态法》《民事应急法案》是英国应急安全管理体制机制的基础,为应急指挥体系的运行提供了法律依据。

(2)风险评估与培训。内阁国民紧急事务秘书处制定了相关规程,要求中央和地方每两年定期编制"风险登记书"和"应急计划书",并每五年对提交的风险评估文件进行系统性评级。此外,还设立了应急规划学院,专门负责开展应急培训工作,依据各类应急法案精心设计相应的应急培训课程。

(四)澳大利亚应急指挥体系探究

澳大利亚地域广阔,灾害类型多样,其应急指挥体系基于联邦制国家结构,形成了联邦、州和领地、地方政府三级协同模式。联邦政府在国家紧急事务中提供资源支持与战略指导,州和领地政府承担主要应急职责,负责灾害应对与恢复工作。

澳大利亚应急管理署(EMA)负责统筹全国应急管理事务,并推动应急预案的制定与多方合作。在森林火灾频发的季节,州与领地消防部门全力扑救,联邦政府提供航空灭火等资源协助。

澳大利亚通过国家应急预警系统，及时向民众发布灾害预警信息，借助先进通信技术确保信息传达及时、准确，保障民众生命财产安全。

澳大利亚的应急管理遵循"四个概念和六个原则"。"四个概念"包括全灾害方法、综合方法、所有机构参与的方法以及充分准备的社区。"六个原则"则涵盖适当的组织机构、指挥与控制、支援协调、信息管理、及时启动以及有效的灾害应急方案具备充分的法律依据。

此外，澳大利亚的应急响应志愿者组织拥有约 50 万名训练有素的志愿者，占该国人口的 2.5%。例如，州应急服务中心就是一个协助社区应对洪灾和暴雨的应急与营救志愿者组织，分布于各个社区，负责编制社区洪灾规划、发布警报以及疏散和救助居民等任务。

（五）德国应急指挥体系解析

德国的应急管理将民防视为国防重要部分，构建了以联邦内政部为核心的组织指挥体系。1997 年修订的《民防法》明确规定，民防旨在通过非军事保护措施，确保民众、住宅、重要机关设施及文化遗产免受战争影响，从而降低损失。

联邦内政部下属的联邦民众保护与灾害救助局（BBK）是关键执行机构。其组建的"共同报告和形势中心"成为危机管理的核心枢纽，负责优化跨州和跨组织的信息与资源管理，加强联邦各部门间、联邦与各州间，以及与国际组织在灾害预防领域的协调合作。"德国紧急预防信息系统"则提供一个开放的互联网平台，向民众普及危急情况防护措施，并设有内部信息平台，为决策者提供精准信息，助力危机管理。

此外，德国民防体系拥有庞大的人员队伍。除了约 6 万名专职人员外，还有 150 万名义务和志愿民防工作人员，涵盖消防救护、医疗救护、技术救援等领域。每年约有 1.7 万名服民役人员也投身于民防工作，他们在接受专业训练后，需承担 10 年的义务民保工作。这些人员按地区组成各类专业队伍，配备 1.25 万辆专用车及大量先进设备，确保在灾害发生时能迅速、有效地开展救援行动。

（六）法国应急指挥体系探索

法国民防是国家公共安全和国防体系的关键组成部分，采用中央、防御区、地区和市四级组织指挥架构。内政部下属的民防与公共安全局负责统筹全国范围内的民防事务，具体包括制定相关政策、规划、预案，发布指令，组织救援行动，协调地方工作，管理人力、财政及后勤资源，并积极推进民防教育与消防人员的培训工作。

在应急救援力量构成上，分为三类：军事性质类，由 10 万现役部队依令参与；民众性质类，以 40 余万民防志愿军为主体，承担具体救援任务；公务员性质类，4 万余各级政府公务员负责组织和协调工作。其中，民防志愿军每年需接受 48 小时业务技能培训，涵盖医疗、消防、"三防"等领域，考核合格获得专业技能培训证书。培训与重大灾害救援行动期间，政府会给予一定报酬。

法国的民防应急救援装备以车轮式配套装备为主，便于机动、通信指挥、抢险救灾以及保障救援人员生活，充分发挥各类装备器材作用，但对道路条件有一定依赖。其民防组织于 1980 年从军队剥离后，不断强化建设，完善巡查、值班及请示报告制度，基层民防组织每日逐级上报情况，确保信息畅通，提升应急救灾战斗力。

二、国际经验对我国应急指挥的启示

他山之石，可以攻玉。在应急指挥领域，各国基于自身国情形成各自的应急体系，无论是美国的高效协同、日本的法律保障，还是其他国家的特色举措，都蕴含着宝贵经验。深入探究这些国际经验，对完善我国应急指挥体系，提升应急管理能力有着重要启示。[①]

（一）法律法规与制度建设的完善

从国际经验来看，健全的法律法规和完善的制度是应急指挥高效运行的重要保障。我国应借鉴他国经验，进一步完善应急管理法律法规体系，明确各级政府及部门在应急指挥中的职责权限，规范应急响应流程，确保应急指挥工作有法可依、有章可循。

在法律法规的制定过程中，应充分考虑各类突发事件的特点及其应对需求，增强法律法规的针对性和可操作性；针对网络安全事件、生物安全事件等新型突发事件，制定专门的法律法规，明确应急处置的程序和措施。同时，建立健全相关应急管理制度，如应急资源储备制度、应急演练制度、应急信

---

① 赵来军．世界主要国家应急管理体系与实践及启示 [M]．北京：科学出版社，2023．

息发布制度等，通过制度规范保障应急指挥工作的有序进行。

（二）信息共享与协同合作机制的强化

国际先进应急指挥体系高度重视信息共享和协同合作。

我国应强化应急指挥体系中的信息共享平台建设，整合各部门及各地区的应急信息资源，确保信息的实时传递与共享。借助大数据、物联网等前沿技术，构建统一的应急信息数据库，集中管理和分析各类应急信息，为应急指挥决策提供全面且精准的数据支撑。

在协同合作层面，需加强不同部门与地区间的协调联动，建立健全跨部门、跨地区的应急协调机制，明确各方在应急指挥中的职责与任务，促进沟通交流，凝聚应急救援合力。面对跨区域的自然灾害或公共卫生事件，相邻地区应能迅速联动，协同开展救援与防控工作。

（三）人才培养与专业队伍建设的重视

美国和日本等国都注重应急指挥人才培养和专业队伍建设。

首先，我国应加大对应急指挥人才培养的投入，优化人才培养体系。在高校教育中，应加强应急管理相关专业的建设，完善课程设置，注重培养学生的实践能力和创新思维；开设与国际接轨的应急管理课程，引入国际先进的应急管理理念和方法，培养具备国际视野的应急指挥人才。

其次，需加强应急救援专业队伍建设，提升队伍的专业化水平和应急处置能力。定期组织专业队伍进行培训和演练，学习国际先进的救援技术和经验，持续提升队伍的实战能力；建立应急救援专家库，汇聚各领域专家学者，为应急指挥提供专业的决策咨询和技术支持。

三、数字韧性视角下应急管理新模式

在全球气候变化以及社会环境快速变迁的当下，各类灾害和突发事件的发生频率与复杂程度不断攀升，给社会稳定、经济发展和民众生活带来了前所未有的挑战。传统应急管理模式在面对这些动态、复杂且具有高度不确定性的危机时，逐渐暴露出信息传递迟滞、决策精准度欠缺、协同合作困难等诸多弊端。

随着数字化时代的深入发展，数字韧性作为一个新兴理念，为应急管理体系的革新注入了强大动力，推动了应急管理新模式的诞生与发展，为提升应急管理的整体效能开辟了全新路径。

（一）数字韧性的概念与内涵

数字韧性，是指各类系统在遭受外部冲击时，借助数字技术维持核心功能、快速恢复并实现进阶性适应的能力。这一概念在数字化深入发展的当下，逐渐成为多领域关注的焦点，其内涵丰富且影响深远。

从技术赋能角度来看，数字韧性为系统运作筑牢坚实基础。数字韧性通过数据要素市场化和创新生态构建等途径，充分释放数据作为新型生产要素的价值，有力地推动传统生产力的升级。

面对外部冲击，数字韧性赋予系统强大的复原能力。当遭遇突发状况，如自然灾害、公共卫生事件等，数字韧性使得系统能够迅速响应并恢复运转。以疫情期间为例，众多企业通过数字化转型，开启了远程办公和线上业务模式，借助云计算、大数据等先进技术，成功维持了业务的基本运营；一些零售企业原本依赖线下门店销售，疫情冲击下，迅速搭建线上销售平台，利用数据分析消费者需求，调整营销策略，实现了从线下到线上的业务转移与恢复。这正是数字韧性在危机中发挥作用的体现。

在适应与进阶方面，数字韧性助力系统不断进化。随着数字技术的持续迭代，系统能够基于所获取的数据和技术能力，对自身进行优化升级，以更好地应对未来可能出现的各类复杂情况。例如，城市交通管理系统运用数字技术收集交通流量、路况等数据，通过智能算法分析，动态调整信号灯时长，优化交通疏导方案，不仅能在交通拥堵等冲击下快速恢复正常通行秩序，还能不断根据新情况改进管理模式，提升整体交通运行效率，实现从被动应对到主动适应的进阶。

目前，数字韧性已在多个领域彰显其独特价值。在城市发展方面，它显著提升了城市韧性，有效助力城市抵御自然灾害，缓解大城市病等难题。借助物联网技术，对城市桥梁、道路、水电气管网等基础设施实施实时监测，能够提前预警潜在故障，大幅降低灾害发生的风险。此外，通过深入分析交通流量数据，优化交通信号调控，有效缓解了交通拥堵现象。

总的来说，数字韧性作为数字化时代的关键能力，对系统在复杂多变环境下的稳定运行、快速恢复及持续发展至关重要，其应用范围不断拓展，深刻影响着经济社会的各个层面。

（二）数字韧性与应急管理新模式的构建

周利敏与童星在《数字韧性视角下应急管理新模式：特征、内涵与实践探索》一文中指出，数字韧性已成为组织或系统应对不确定性、压力及灾害的关键属性，对应急管理现代化的推动尤为显著。

数字化技术增强了应急响应效率，场景化赋能了应急场景的动态模拟与实践响应，智慧化手段构建了全新的应急生态系统，敏捷性原则促进了应急管理架构向灵活高效转变，社会化则借助数字平台激发了全民参与。

在具体实践中，集成且韧性的数字平台通过强大的数据共享机制、多维度信息处理技术及跨部门协同响应机制，实现资源调度和决策支持优化。[①]

1. 数字技术提升应急响应效率

当前，物联网、大数据分析及人工智能等前沿数字化技术，已然成为提升应急管理效能的核心驱动力。

在城市防洪应急管理体系中，借助物联网技术，大量分布于城市各处的水位传感器、雨量传感器以及流量传感器等设备，能够实时、精准地收集相关数据，并通过网络迅速传输至应急管理平台。这些源源不断的实时数据，为管理者全方位、动态化掌握洪水的发展态势提供了坚实依据。大数据分析技术宛如一位智慧的分析师，能够对海量的实时数据及历史数据进行深度挖掘与综合分析。它能够揭示洪水演进的规律、预测洪峰的到来时间与水位高度，还能分析不同区域受洪水影响的可能性与程度，从而为应急决策提供极具价值的参考信息。

人工智能技术的应用更是为应急管理带来了智能化的飞跃，通过机器学习算法对多源数据进行学习与分析，人工智能系统能够敏锐地捕捉到潜在的风险信号，提前发出精准的预警信息，极大地提升了应急响应的时效性与准确性。

在疫情防控期间，信息技术发挥了至关重要且不可替代的作用。基于大数据技术搭建的疫情监测与分析系统，能够快速收集人员流动轨迹、疫情传播路径等海量数据，并通过高效的数据分析，为疫情防控决策提供科学、及时的支持，助力疫情防控工作更加精准、高效地开展。

---

① 周利敏，童星. 数字韧性视角下应急管理新模式：特征、内涵与实践探索 [M]. 中国行政管理 ,2024（12）.129-140.

2. 场景化赋能应急管理实践

场景化作为数字韧性在应急管理领域的重要应用方式，能够将抽象、复杂的应急管理策略，转化为直观、可操作的行动指南。

借助先进的数字技术开发的"情境仿真模拟平台"，具有强大的功能。它能够依据不同的灾害类型与场景设定，自动生成高度逼真的应急场景，并对危机事件的演化过程进行动态仿真模拟。在这个过程中，应急管理者可以清晰地观察到灾害的发展趋势、各因素之间的相互作用以及可能产生的后果。基于数字技术构建的应急管理信息系统（EMIS）、地理信息系统（GIS）、卫星图像与遥感（RS）等技术手段，为应急管理的场景仿真、态势感知以及可视化管理提供了强有力的支撑。这些技术手段能够整合多源数据，将地理信息、基础设施分布、人口密度等信息以直观的可视化方式呈现出来，帮助应急管理者精准识别潜在风险点、科学评估灾害可能造成的损失，并高效地优化资源配置。

以火灾应急管理为例，通过场景模拟，能够提前对火灾发生区域的建筑结构、周边道路状况、消防设施分布等进行详细分析，从而规划出最佳的救援路线，评估不同区域的火灾风险等级，进而有针对性地部署消防力量，提高火灾救援的成功率。

3. 智慧化构建应急生态系统

智慧化标志着数字化发展的高级阶段，为应急管理构建了全面且强大的技术支撑体系。数字韧性则赋予应急管理系统卓越的抗冲击能力及高效的自愈能力。

在全球范围内，随着数字技术的迅猛发展，防灾减灾领域也迎来了新的变革，智慧灾难管理（SDM）的概念应运而生。它充分融合了 5G、大数据、云计算、人工智能等前沿技术，通过集成大数据分析、机器学习算法、API 接口以及 AI 工具等，为应急管理者提供了智能化、精准化的决策支持。

卷积神经网络（CNN）作为人工智能领域的重要技术，在智能检测监控视频中的火灾风险方面展现出了显著优势。它能够对监控视频中的图像进行实时分析，快速识别火灾迹象，为火灾防控工作提供及时、准确的信息。

社交媒体与众包技术在危机应对中的作用也日益凸显。在灾害发生时，社交媒体平台能够迅速传播信息，让公众及时了解灾害情况，同时也能收集到大量来自民众的现场信息，为应急管理部门提供更全面的情报。众包技术则可以发动广大公众参与到应急救援工作中来，如志愿者报名、物资捐赠等，充分发挥群体智慧和力量，形成全社会共同参与的应急救援格局。

智慧化与数字韧性的深度融合，有助于构建一个更加智能、动态且具有强大韧性的现代应急管理体系，全面提升突发事件的防范与应对效能，推动应急管理模式从传统的以人力为主导，逐步向人机协同、智能决策的现代化模式转变。

4.敏捷性优化应急管理架构

数字技术的广泛应用，使得应急管理具备了敏捷性这一关键特质，从而实现了对应急管理架构的优化升级。

传统的金字塔式科层制应急管理架构，虽然在一定程度上保障了指挥的统一性和权威性，但在信息传递和决策执行方面存在明显的弊端。信息需要经过多个层级的传递，这不仅耗费时间，还容易导致信息失真，影响决策的准确性和及时性。

而在数字韧性视角下，数字化平台的构建有效打破了传统层级壁垒，实现了信息的扁平化共享。一线应急人员在灾害现场可通过数字化设备，实时将灾害规模、人员伤亡、救援进展等详细信息迅速反馈给上级部门；同时，上级部门的决策指令也能通过平台快速传达至一线人员，大幅缩短信息传递时间，提升应急响应速度。

此外，数字化技术支撑的应急管理系统还展现出卓越的灵活性和适应性。它能根据灾害现场的实时动态，迅速调整资源配置方案和应急策略。如在地震救援过程中，随着余震的发生和现场情况的变化，系统可以及时重新规划救援路线、调配救援力量和物资，使应急管理架构更加灵活高效，能够更好地应对复杂多变的突发事件，提高救援工作的成功率。

5.社会化促进全民应急参与

社会化是数字韧性视角下应急管理新模式的显著特征之一，对于提升全社会的应急管理能力具有重要意义。

数字平台的广泛普及和应用，极大地增强了人与人之间的联系与互动，提升了居民之间的互助合作能力，为充分发挥韧性城市的整体功能创造了有利条件。

通过建立公共治理平台和完善的数据共享机制，能够确保应急组织在纵向层面实现高效联动，从中央到地方各级应急管理部门之间信息畅通、指令传达及时；在横向层面，不同部门之间能够实现协同合作，应急管理部门、交通部门、医疗卫生部门、民政部门等能够在统一的平台上共享信息、协调行动，形成强大的应急合力。

普通民众也可以通过社交媒体、应急管理 APP 等多样化的数字平台，深度参与到应急管理工作中来。在灾害发生时，民众可以利用手机等设备拍摄现场视频、照片，记录灾害情况，并通过数字平台及时上传给应急管理部门，为救援工作提供宝贵的第一手资料。民众还可以通过平台获取应急知识、参与应急培训，提高自身的应急意识和应对能力。一些地方通过开发应急管理 APP，为民众提供了便捷的渠道，让他们能够了解周边的应急避难场所位置、灾害预警信息等，同时还可以通过 APP 参与应急演练、举报安全隐患等活动。

这种全民参与的应急管理模式，能够充分调动社会各界的力量，形成全社会共同应对灾害的良好氛围，提升整个社会的应急韧性，使社会在面对灾害时更加从容、有序，最大限度地减少灾害造成的损失。

（三）数字韧性视角下应急管理新模式的实践探索

1. 重庆"数字应急"模式实践

"数字应急"是安全韧性城市建设的重要措施和内容，重庆为此打造了"数字应急"平台。该平台是以数字化技术为核心、多部门协同为基础、智能应用为抓手的城市安全治理中枢，运行以来应急响应速度实现 300% 的跨越式提升，资源调度效率跃升 150%，用科技力量重塑城市安全防线，实现全市安全"可感、可防、可救"。[①]

（1）智能预警体系建设。

重庆以气象预警为"发令枪"，构建了全市范围的智能预警体系。众多关键责任人可通过相关数字平台实现"一键触发、精准响应"。

在监测方面，整合了多种实时数据来源，部署了大量感知设备，对城市的气象、地质、水文等多方面情况进行实时监测。利用物联网技术，将分布在山区的地质灾害监测点、河流的水位监测站等设备连接起来，实时收集数据并上传至应急管理平台。同时，通过监控摄像头等设备，对城市重点区域进行可视化监测。在此基础上，创新推出"五色图"风险体征管理，将风险普查数据进行整合，以直观的五色图形式呈现城市不同区域的风险等级，实现风险普查数据"一图统览"。各类风险提示信息能够通过数字平台"秒级推送"给相关责任人，达成风险感知"一张网"，让智能预警全域覆盖，极大地促进了防灾减灾全市联动。例如在暴雨天气来临前，通过对气象数据、河流水位

① 重庆市人民政府.应急响应速度提升300%"数字重庆"助力重庆构筑智慧安全防线.第 1 眼 TV- 华龙网,2025 -5-16.

数据以及城市排水系统数据的综合分析，提前预测可能发生内涝的区域，并将预警信息及时推送给相关部门和居民，做好防范准备。

（2）模型分析助力决策。

重庆运用 AI 推演技术，首创"致灾因子 + 承灾体"智能分析模型。该模型可以自动生成风险趋势图，通过对致灾因子如地震、洪水、台风等的发展趋势预测，结合承灾体如城市建筑、人口分布、基础设施等的情况，综合分析灾害可能造成的影响；同时，集成双智能引擎，融合历史灾害灾情库与应急预案库。在面对突发事件时，能够根据实时情况快速检索历史案例，并对应急预案进行智能匹配和调整，实现从风险研判到处置方案的"一键智达"，推动灾害应对从"经验判断"向"仿真预判"转变。在某次地震灾害中，该模型迅速分析出可能受灾的区域和人群，为救援力量的部署和物资调配提供了科学依据，大大提高了救援效率。

（3）立体指挥体系构建。

重庆构建了"天眼 + 地网 + 人防"三位一体的立体指挥体系。借助无人机、布控球、单兵装备等先进设备，实现了空天地一体化的作战模式。无人机能够在灾害现场进行高空侦察，实时回传现场画面，为指挥中心提供全面、详实的灾情信息。布控球则可部署于关键位置，对重点区域实施持续监控。单兵装备则确保一线救援人员与指挥中心实时保持联络，及时接收指令并反馈现场情况。开发的"应急指挥智救"应用，实现了应急信息快速流转、灾害态势三维呈现和资源调度精准匹配。在火灾救援中，指挥中心通过该应用可以实时掌握火灾现场的火势蔓延情况、消防队员的位置以及消防车辆和物资的调配情况，实现精准指挥，提高救援效果。

2. 上海数字应急管理模式实践

近年来，上海在安全应急管理智能化方面取得了多项突破：一是实现了智能化风险管理，全市建立了城市运行的数据集成，整合众多感知终端，能够及时发现和处置问题；二是打造了平台化的运行模式，依托一网统管平台，汇集 72 个部门单位的上千个应用，发挥重要的枢纽平台作用；三是人民城市理念在城市运行和应急管理中得到深度拓展和应用。[①]

（1）智能化风险管理。

上海构建了城市运行的数据集成体系，整合了大量感知终端。借助物

① 高少华．数字应急管理新体系筑基韧性城市．新华社客户端，2025－5－16．

联网、大数据等先进技术，对城市的基础设施、公共服务、交通运行等领域进行实时监测。在城市桥梁管理方面，通过在桥梁上部署各类传感器，实时监测桥梁的结构健康状况和交通流量等关键数据。一旦监测到数据异常，系统能够立即发出预警，相关部门可迅速响应并处理，及时发现问题并妥善处置。此外，利用人工智能技术对收集到的数据进行分析，预测潜在风险，提前采取防范措施，实现了智能化风险管理，有效提升了城市应对风险的综合能力。

（2）平台化运行模式。

依托一网统管平台，上海整合了 72 个部门单位的上千项应用。该平台发挥了关键的枢纽作用，实现了各部门间的数据共享与业务协同。在应急管理方面，不同部门能够通过平台迅速沟通协作，合力应对突发事件。在应对台风灾害时，气象部门可以将台风的实时路径和强度信息发布在平台上，交通部门可以根据这些信息及时调整交通管制措施，并将相关信息反馈到平台上。民政部门则可以根据受灾区域的情况，提前做好救灾物资的调配准备，各部门在平台上形成应急合力，提高了应急管理的效率和效果。

（3）拓展人民城市理念应用。

上海市将人民城市理念深度融入城市运行和应急管理中。通过数字平台，加强了与市民的沟通和互动。市民可以通过相关 APP 或网站，了解应急管理信息、参与应急知识培训，同时也可以将发现的问题及时反馈给相关部门。在疫情防控期间，上海通过数字平台向市民发布疫情防控政策、核酸检测点信息等，同时收集市民的诉求和建议，及时调整防控措施。通过这种方式，充分调动了市民参与应急管理的积极性，提高了市民的应急意识和能力，实现了科技之治、规则之治和人民之治的有机融合，有效提升了城市应急管理能力。

综上所述，数字韧性视角下的应急管理新模式，通过数字化、场景化、智慧化、敏捷性和社会化等特征，重塑了应急管理的方式和流程，为提升应急管理能力提供了新的路径和方法。集成且韧性的数字平台、高效的数字决策支持系统以及数字整合所推动的全面协同，构成了这一新模式的核心架构。重庆、上海等地的实践表明，该模式显著提升了应急响应效率与决策精准度。然而，理论研究滞后、区域发展不平衡、技术普及度不足等问题仍需重视。未来需通过强化理论创新、促进均衡发展、提升全民数字素养，推动数字韧性与应急管理的深度融合。

四、本土创新与国际经验融合策略

我国应急指挥历经多年发展，已积累不少本土经验，但面对复杂多变的风险挑战，仍需汲取国际先进理念与做法。如何将国际经验与本土创新巧妙融合，发挥各自优势，避免水土不服，打造更高效、更完善的应急指挥体系，是当下亟待探讨的重要课题。

（一）基于国情的创新实践

一直以来，我国在应急指挥领域积极展开本土创新实践，结合自身国情探索适宜的应急指挥模式。[①] 在应对疫情过程中，我国充分发挥制度优势，构建了高效的应急指挥体系，以政府为主导，动员全社会广泛参与，迅速组织起大规模的疫情防控力量。通过实施社区网格化管理，实现了对疫情的精准防控，有效遏制了疫情的扩散。这种基于国情的创新实践，充分展现了我国在应急指挥方面的独特优势与创新能力。

在应急资源调配方面，我国创新性地采用了"一方有难，八方支援"的模式。面对重大灾害发生时，全国各地区迅速响应，调配人力、物力和财力资源，全力支援灾区。如在汶川地震救援中，来自全国各地的救援队伍和物资迅速集结，展现了强大的应急资源调配能力和团结协作精神。

（二）融合国际经验的发展路径

在本土创新的基础上，积极融合国际经验，推动我国应急指挥体系的进一步发展。

在信息共享方面，借鉴美国的先进经验，强化信息技术在应急指挥中的应用，构建智能化的应急信息共享平台；借助大数据分析技术，对海量应急信息进行深度挖掘和分析，为应急指挥决策提供更为科学的依据。

推进"一带一路"卫生交流合作、重大传染病联防联控以及关口前移，是维护国家公共卫生安全和促进我国与沿线国家经济社会发展的关键保障。

2018 年和 2019 年，为响应澜湄合作领导人第二次金边峰会的号召，澜湄6 国及孟加拉虫媒传染病防控领导分别在云南普洱和昆明共商传染病防控合作事宜。在"共商、共享、共防"的基础上，秉持平等互利、相互尊重的原则，

---

① 董传仪，范晓娟.构建中国特色应急管理体系应有的基本共识和主体框架 [N]. 中国应急管理报，2024-11-20.

通过友好协商，签署合作协议，达成合作共识，初步建立了疟疾和登革热联防联控机制，如图 8-4 所示。[①]

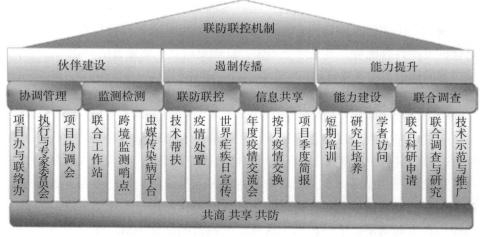

图 8-4　澜沧江 - 湄公河合作疟疾和登革热联防联控机制示意图

（图片来源：周兴武，杨锐，等 . 澜沧江 - 湄公河合作疟疾和登革热联防联控建设成效与启示 [J]. 中国公共卫生，2020，36（12）：1747-1751.）

在应急演练方面，学习日本的经验，注重演练的真实性和实战性，设计复杂的演练场景，模拟各类突发事件，让应急救援队伍在实战中锻炼应急处置能力。同时，强化国际应急演练合作，携手其他国家开展联合演练，汲取国际先进的应急救援技术和经验，增强我国应急救援队伍的国际协作能力。

在人才培养领域，汲取国际前沿的人才培养理念与策略，深化与国际知名高校及科研机构的交流与合作；选派优秀学生和教师到国外学习和交流，引进国际先进的教学资源和教材，培养具有国际竞争力的应急指挥人才。

（三）持续优化应急指挥体系的措施

一是强化应急管理科研创新，加大对该领域的科研投入力度。积极鼓励高校、科研机构及企业投身于应急管理领域的科研项目，研发前沿的应急技术和装备，力求在自然灾害监测预警、应急救援技术等方面实现重大突破，从而提升我国应急指挥的科技含量。

二是推进应急管理文化建设，营造全社会广泛关注和积极参与应急管理

① 周兴武，杨锐，杜龙飞，姜进勇，魏春，唐烨榕，王鑫，杨中华，卢娜，周红宁 . 澜沧江—湄公河合作疟疾和登革热联防联控建设成效与启示 [J]. 中国公共卫生，2020，36(12): 1747-1751.

的浓厚氛围。通过广泛开展应急管理宣传教育活动，有效提升公众的应急意识和自救互救能力。同时，激励社会组织和志愿者积极投身应急管理工作，构建全社会共同参与的应急管理新格局。

三是构建和完善应急指挥评估机制，定期对应急指挥体系的运行成效进行全面评估和持续改进。通过评估及时发现并解决问题，及时调整应急指挥策略和措施，不断优化应急指挥体系，提升应急指挥的效率和效果。

综上所述，应急指挥体系的发展需在借鉴国际先进经验与推动本土创新之间寻求平衡与融合。通过对美国、日本等国家应急管理体系的剖析，我们汲取了在法律法规完善、信息共享强化、人才培养重视等方面的有益经验，这些经验为我国应急指挥体系的建设提供了重要参考；同时，我国基于自身国情的创新实践，如在疫情防控和灾害救援中展现出的制度优势和独特模式，彰显了本土创新的强大生命力。

未来，持续推动国际经验与本土创新的深度融合，加强应急管理科研创新、文化建设和评估机制的完善，是进一步优化我国应急指挥体系的关键路径。

第五节　学科建设前沿：理论发展与课程设置

在应急指挥不断创新与发展的时代浪潮中，学科建设作为人才培养与理论支撑的基石，其重要性不言而喻。应急指挥学科的理论深度与课程科学性，直接关系到应急管理人才的专业素养，进而影响社会应对各类突发事件的能力。

随着社会发展，应急指挥所涉领域不断拓展，面临的挑战日益复杂，传统学科理论与课程设置亟待革新。深入探究应急指挥学科理论的前沿发展，剖析现有课程设置的状况与问题，并探寻优化策略，是推动应急指挥学科与时俱进、为社会输送卓越专业人才的关键之举，对维护社会安全稳定意义非凡。

一、应急指挥学科理论的新发展

在应急指挥领域蓬勃发展的进程中，学科理论作为基石，也在不断演进，传统理论框架逐渐突破，融合多学科知识，适应新形势下应急指挥的复杂需求。这些新发展不仅重塑理论体系，更为应急实践提供新思路。[①]

① 王宏伟.为应急管理立学育人选才——人才培养与招录制度探索[M].北京：应急管理出版社，2024.

（一）多学科融合下的理论创新

当前，应急指挥学科正处于快速发展阶段，其理论在多学科融合的趋势下不断创新。

应急指挥涉及管理学、社会学、工程学、信息技术等多个学科领域，多学科的交叉融合为理论发展注入了新的活力。

首先，从管理学视角出发，引入项目管理、组织行为学等先进理论，优化应急指挥的组织架构和资源调配模式，从而显著提升指挥效率。通过项目管理中的进度管理、成本管理等方法，对应急救援项目进行精细化管理，合理分配人力、物力资源，确保救援任务按时、高效完成。

其二，社会学理论则有助于理解突发事件对社会结构和社会关系的影响，为应急指挥提供社会层面的分析视角。在研究群体性事件引发的社会安全事件时，运用社会学中的社会冲突理论、社会网络分析等方法，深入剖析事件背后的社会矛盾和群体行为逻辑，从而制定更具针对性的应急指挥策略，有效化解社会矛盾，维护社会稳定。

其三，工程学为应急指挥提供了技术支持和系统优化理论。在自然灾害应急中，借助工程学中的结构力学、岩土力学等知识，评估建筑物在地震、洪水等灾害中的受损情况，为救援行动提供科学依据。

其四，信息技术学科的融入更是带来了革命性变化，大数据、人工智能、物联网等技术为应急指挥提供了强大的数据处理和分析能力，推动应急指挥向智能化、精准化方向发展。

（二）基于复杂系统理论的应急指挥模型构建

复杂系统理论是一门专注于研究复杂系统的科学理论，旨在深入理解和阐释复杂系统的行为、特性及其演化规律。

复杂系统是由大量相互作用的个体组成，这些个体的相互作用会产生整体的行为和特性，而这些行为和特性不能简单地通过对个体的理解来解释，具有涌现性、自组织、自适应等特征。[①]

复杂系统理论认为，应急指挥体系是一个复杂的自适应系统，由多个相互关联、相互作用的子系统组成，如信息收集与分析子系统、决策制定子系统、资源调配子系统、救援行动执行子系统等。

理解应急指挥体系的复杂性，对于构建科学的指挥模型至关重要。基于

278

---

① 朱莉，曹杰，孙发孟 . 跨区域复杂应急决策模型与方法 [M]. 北京：科学出版社，2021.

复杂系统理论构建的应急指挥模型，能够更准确地描述应急指挥过程中的动态变化和不确定性。

在该模型中，各子系统通过信息交互和反馈机制相互影响。信息收集与分析子系统实时采集突发事件的相关信息，并进行深入分析和处理，随后将分析结果传递给决策制定子系统。决策制定子系统依据这些信息，并结合专家知识和历史经验，制定出应急处置方案，再将具体指令下达给资源调配子系统和救援行动执行子系统。资源调配子系统根据指令，高效调配人力、物力和财力资源，确保救援行动的顺利进行；救援行动执行子系统在执行过程中，将实际情况反馈给信息收集与分析子系统，以便及时调整决策。

通过模拟和分析这个复杂系统的运行机制，可以发现潜在的问题和风险，优化应急指挥流程，提高应急指挥的效率和效果。如在应对大型火灾事故时，通过复杂系统模型可以模拟火灾的蔓延趋势、消防资源的调配效果以及不同救援方案的实施结果，从而选择最优的应急指挥方案，最大程度减少火灾造成的损失。

二、应急指挥学科课程设置现状与问题

应急指挥学科建设对培养专业人才、提升应急能力至关重要，课程设置则是其中的关键环节。目前，我国应急指挥学科课程已初步形成体系，但随着应急形势日益复杂，也逐渐暴露出一些问题。

（一）现有课程体系分析

目前，国内开设应急指挥相关专业的高校逐渐增多，但课程体系尚不完善，现有课程体系存在一些共性问题。[①]

在专业基础课程方面，涵盖管理学、公共管理、法学等学科基础知识，但课程内容相对宽泛，缺乏针对性。

管理学课程中，对传统管理理论介绍较多，而对应急管理领域特有的管理方法和技巧涉及较少，导致学生在实际应用中难以将理论与实践相结合。

在专业核心课程设置上，虽然包括应急管理概论、应急决策与指挥、应急资源管理等课程，但课程之间的关联性不够紧密，缺乏系统性。应急决策与指挥课程侧重于决策方法和指挥流程的讲解，而应急资源管理课程主要关注资源的调配和管理，二者在教学过程中未能充分融合，学生难以形成对应急指挥整体流程的全面理解。

[①] 张文春.应急管理学科建设的几点思考[EB/OL].中国安全生产(chinaosh.com.cn)，2020-8-20.

实践课程方面，部分高校设置了应急演练、案例分析等实践环节，但实践课程的比重相对较低，且实践教学的质量有待提高。应急演练往往缺乏真实场景的模拟，案例分析也多停留在理论层面，学生实际动手操作和解决问题的能力得不到有效锻炼。

（二）课程内容与实际需求的差距

目前，课程内容与应急指挥实际需求尚存在一定差距。

随着信息技术的迅猛发展，大数据、人工智能等前沿技术在应急指挥领域的应用日益普及。然而，许多高校的课程内容未能及时跟进更新，导致对这些新技术的介绍及其应用教学的覆盖面和深度均显不足。学生在毕业后难以适应实际工作中对新技术应用的要求，无法有效利用大数据分析进行风险预警和决策支持，也难以操作基于人工智能的应急指挥辅助系统。

在应急指挥的跨领域协同方面，实际工作中需要应急指挥人员具备与不同部门和领域协同合作的能力，但课程中对跨领域协同的理论和实践教学不够深入；缺乏对不同部门工作流程、职责分工以及协同机制的详细讲解和模拟演练，导致学生在面对实际的跨部门协同工作时，沟通协作能力不足，影响应急指挥的效率。

此外，课程内容对突发事件的新特点和新趋势关注不够。如近年来，网络安全事件、生物安全事件等新型突发事件不断涌现，其应急指挥的特点和要求与传统突发事件有所不同，但现有课程体系中针对这些新型突发事件的教学内容相对较少，无法满足学生对新知识的需求。

三、面向未来的应急指挥学科课程设置优化策略

在应急指挥领域，传统课程体系正面临时代挑战。新技术、新风险不断涌现，迫切需要我们优化课程设置。怎样让课程既涵盖应急指挥理论前沿，又能紧密对接实战需求？接下来将从多个维度，探索面向未来的优化策略。[①]

（一）强化多学科融合的课程设计

为适应应急指挥学科理论的不断发展和实际工作的迫切需求，必须加强多学科融合的课程设计。

---

① 彭宗超，曹峰.面向新时代的应急管理学科建设[J].中国社会科学网－中国社会科学报，2023－03－22.

在专业基础课程体系中，增设信息技术、工程技术等领域的基础知识课程，例如计算机编程基础、数据分析基础、工程制图等，旨在为学生后续的学习和实际应用相关技术奠定坚实的基石。同时，对现有课程内容进行优化，融入应急管理领域的实际案例和应用场景，提高课程的针对性和实用性。

在管理学课程中，增加应急管理中的组织协调、资源分配等内容，通过实际案例分析，让学生掌握应急管理中的管理技巧。

在专业核心课程设置上，打破各课程间的壁垒，强化课程之间的关联性与系统性。开设跨学科综合课程，如"应急指挥中的信息技术应用与决策支持"，将信息技术、应急决策和指挥等多方面知识融合在一起，培养学生综合运用多学科知识解决实际问题的能力。通过该课程，学生不仅要学习大数据分析、人工智能等技术在应急指挥中的应用，还要学习如何利用这些技术进行应急决策，提高应急指挥的智能化水平。

（二）动态更新课程内容以适应行业变化

应急指挥领域发展迅速，课程内容应动态更新，以适应行业变化。

一是及时关注信息技术的发展，将大数据、人工智能、物联网、5G等新技术在应急指挥中的最新应用成果纳入课程内容。开设专门的课程或课程模块，如"大数据与应急指挥""人工智能在应急救援中的应用"等，详细讲解这些新技术的原理、应用场景和操作方法，培养学生运用新技术进行应急指挥的能力。

二是针对新型突发事件，增设相关课程内容和案例分析。开设"网络安全应急指挥""生物安全应急管理"等课程，深入介绍新型突发事件的特点、应急指挥的策略与方法。通过实际案例剖析，使学生全面了解新型突发事件的应急处置流程及关键要点，从而提升其应对新型突发事件的能力。

此外，建立课程内容动态更新机制，定期组织教师及行业专家对课程内容进行评估与更新，确保课程内容始终与应急指挥领域的最新发展动态保持同步。邀请应急管理部门、科研机构的专家参与课程设计和教学，将实际工作中的经验和最新研究成果带入课堂，使课程内容更具实用性和前瞻性。

（三）加大实践课程比重与创新实践教学方法

一是加大实践课程比重，创新实践教学方法，提升学生的实践能力。增加应急演练、实习实训等实践课程的学分和课时，确保学生有充足的时间参与实践活动。设计更加贴近实际的应急演练场景，模拟各类突发事件，让学生在真实情境中锻炼应急指挥能力。在应急演练中，设置复杂情况和突发状况，要求学生运用所学知识进行应对，提升学生的应变能力和解决实际问题的能力。

二是创新实践教学方法，采用项目式学习、案例教学、模拟仿真等多种教学方法。项目式学习让学生以小组形式参与实际的应急指挥项目，从项目策划、方案制定到实施和评估，全程参与，培养学生的团队协作能力和项目管理能力。案例教学通过分析大量实际应急指挥案例，引导学生思考和讨论，让学生在案例分析中掌握应急指挥的方法和技巧。模拟仿真教学利用虚拟现实（VR）、增强现实（AR）等技术，创建虚拟的应急指挥场景，让学生在虚拟环境中进行操作和演练，提升学生的实践操作能力和对新技术的应用能力。

三是加强与应急管理部门、企业和社会组织的合作，建立实践教学基地，为学生提供更多实践机会。组织学生到应急管理部门实习，参与实际的应急指挥工作，了解应急指挥的实际流程和工作要求。与企业合作开展应急救援项目，让学生参与项目的实施和管理，提升学生的实践能力和职业素养。通过与社会组织合作，参与社会应急救援活动，培养学生的社会责任感和应急救援技能。

未来，应强化多学科融合课程设计，动态更新课程内容，加大实践课程比重并创新教学方法，确保学科理论与课程设置紧密结合应急指挥实践的前沿发展。只有持续推动应急指挥学科建设的创新发展，才能培养出兼具深厚理论功底、创新思维与实践能力的专业人才，有效应对各类突发事件，筑牢社会安全的坚固防线，为社会的可持续发展保驾护航。

本章小结

本章作为全书的总结与升华，全面回顾应急指挥核心内容，立足当下洞察未来发展趋势，为应急指挥理论与实践的持续进步筑牢根基。

在结论部分，系统梳理应急指挥理论框架，涵盖应急指挥体系架构、决策机制、信息系统以及实践经验。应急指挥体系架构以清晰的层级与协同机制，整合多元主体，为应急行动提供组织保障；决策机制通过科学的方法、考量多重影响因素，产出高效准确决策；信息系统凭借强大的数据处理与通信能力，成为应急指挥的"智慧中枢"；实践案例则直观呈现理论在不同灾害场景中的应用，积累了宝贵经验，也暴露出问题与不足。

展望未来，应急指挥将在技术革新、理念转变与国际合作中迎来深刻变革。随着科技迅猛发展，人工智能、大数据、区块链等前沿技术将深度融入应急指挥，推动决策智能化、信息精准化、资源调配高效化；理念层面，从传统应急向主动预防、全过程风险管理转变，强化社会共治，提升全社会应急韧性；国际合作上，面对跨国界、跨区域的灾害挑战，各国应急指挥机构将加强交流协作，共享经验与技术，共同构建全球应急治理网络；在融合创新与学科建设上，不仅要立足本土国情，也要具备国际视野，全面提升应急指挥智能化水平。

尽管应急指挥在理论与实践中已取得显著进展，但仍面临诸多挑战。未来需持续优化体系建设，深化技术应用，培育专业人才，完善法律法规，推动应急指挥全方位发展。通过不懈努力，构建更加科学、高效、智能的应急指挥体系，从容应对各类突发事件，切实保障人民生命财产安全，维护社会和谐稳定，助力人类社会在复杂多变的风险环境中稳健前行。

附录　应急指挥重要法律法规

附录一　中华人民共和国突发事件应对法

（2007 年 8 月 30 日第十届全国人民代表大会常务委员会第二十九次会议通过　2024 年 6 月 28 日第十四届全国人民代表大会常务委员会第十次会议修订^①）

第一章　总　则

第一条　为了预防和减少突发事件的发生，控制、减轻和消除突发事件引起的严重社会危害，提高突发事件预防和应对能力，规范突发事件应对活动，保护人民生命财产安全，维护国家安全、公共安全、生态环境安全和社会秩序，根据宪法，制定本法。

第二条　本法所称突发事件，是指突然发生，造成或者可能造成严重社会危害，需要采取应急处置措施予以应对的自然灾害、事故灾难、公共卫生事件和社会安全事件。

突发事件的预防与应急准备、监测与预警、应急处置与救援、事后恢复与重建等应对活动，适用本法。

《中华人民共和国传染病防治法》等有关法律对突发公共卫生事件应对作出规定的，适用其规定。有关法律没有规定的，适用本法。

---

① 全国人大常委会. 中华人民共和国突发事件应对法（第十四届全国人民代表大会常务委员会第十次会议修订）[EB/OL]. 中国政府网（https://www.gov.cn），2024-6-28.

第三条　按照社会危害程度、影响范围等因素，突发自然灾害、事故灾难、公共卫生事件分为特别重大、重大、较大和一般四级。法律、行政法规或者国务院另有规定的，从其规定。

突发事件的分级标准由国务院或者国务院确定的部门制定。

第四条　突发事件应对工作坚持中国共产党的领导，坚持以马克思列宁主义、毛泽东思想、邓小平理论、"三个代表"重要思想、科学发展观、习近平新时代中国特色社会主义思想为指导，建立健全集中统一、高效权威的中国特色突发事件应对工作领导体制，完善党委领导、政府负责、部门联动、军地联合、社会协同、公众参与、科技支撑、法治保障的治理体系。

第五条　突发事件应对工作应当坚持总体国家安全观，统筹发展与安全；坚持人民至上、生命至上；坚持依法科学应对，尊重和保障人权；坚持预防为主、预防与应急相结合。

第六条　国家建立有效的社会动员机制，组织动员企业事业单位、社会组织、志愿者等各方力量依法有序参与突发事件应对工作，增强全民的公共安全和防范风险的意识，提高全社会的避险救助能力。

第七条　国家建立健全突发事件信息发布制度。有关人民政府和部门应当及时向社会公布突发事件相关信息和有关突发事件应对的决定、命令、措施等信息。

任何单位和个人不得编造、故意传播有关突发事件的虚假信息。有关人民政府和部门发现影响或者可能影响社会稳定、扰乱社会和经济管理秩序的虚假或者不完整信息的，应当及时发布准确的信息予以澄清。

第八条　国家建立健全突发事件新闻采访报道制度。有关人民政府和部门应当做好新闻媒体服务引导工作，支持新闻媒体开展采访报道和舆论监督。

新闻媒体采访报道突发事件应当及时、准确、客观、公正。

新闻媒体应当开展突发事件应对法律法规、预防与应急、自救与互救知识等的公益宣传。

第九条　国家建立突发事件应对工作投诉、举报制度，公布统一的投诉、举报方式。

对于不履行或者不正确履行突发事件应对工作职责的行为，任何单位和个人有权向有关人民政府和部门投诉、举报。

接到投诉、举报的人民政府和部门应当依照规定立即组织调查处理，并将调查处理结果以适当方式告知投诉人、举报人；投诉、举报事项不属于其职责的，应当及时移送有关机关处理。

有关人民政府和部门对投诉人、举报人的相关信息应当予以保密，保护投诉人、举报人的合法权益。

第十条 突发事件应对措施应当与突发事件可能造成的社会危害的性质、程度和范围相适应；有多种措施可供选择的，应当选择有利于最大程度地保护公民、法人和其他组织权益，且对他人权益损害和生态环境影响较小的措施，并根据情况变化及时调整，做到科学、精准、有效。

第十一条 国家在突发事件应对工作中，应当对未成年人、老年人、残疾人、孕产期和哺乳期的妇女、需要及时就医的伤病人员等群体给予特殊、优先保护。

第十二条 县级以上人民政府及其部门为应对突发事件的紧急需要，可以征用单位和个人的设备、设施、场地、交通工具等财产。被征用的财产在使用完毕或者突发事件应急处置工作结束后，应当及时返还。财产被征用或者征用后毁损、灭失的，应当给予公平、合理的补偿。

第十三条 因依法采取突发事件应对措施，致使诉讼、监察调查、行政复议、仲裁、国家赔偿等活动不能正常进行的，适用有关时效中止和程序中止的规定，法律另有规定的除外。

第十四条 中华人民共和国政府在突发事件的预防与应急准备、监测与预警、应急处置与救援、事后恢复与重建等方面，同外国政府和有关国际组织开展合作与交流。

第十五条 对在突发事件应对工作中做出突出贡献的单位和个人，按照国家有关规定给予表彰、奖励。

第二章　管理与指挥体制

第十六条 国家建立统一指挥、专常兼备、反应灵敏、上下联动的应急管理体制和综合协调、分类管理、分级负责、属地管理为主的工作体系。

第十七条 县级人民政府对本行政区域内突发事件的应对管理工作负责。突发事件发生后，发生地县级人民政府应当立即采取措施控制事态发展，组织开展应急救援和处置工作，并立即向上一级人民政府报告，必要时可以越级上报，具备条件的，应当进行网络直报或者自动速报。

突发事件发生地县级人民政府不能消除或者不能有效控制突发事件引起

的严重社会危害的，应当及时向上级人民政府报告。上级人民政府应当及时采取措施，统一领导应急处置工作。

法律、行政法规规定由国务院有关部门对突发事件应对管理工作负责的，从其规定；地方人民政府应当积极配合并提供必要的支持。

第十八条　突发事件涉及两个以上行政区域的，其应对管理工作由有关行政区域共同的上一级人民政府负责，或者由各有关行政区域的上一级人民政府共同负责。共同负责的人民政府应当按照国家有关规定，建立信息共享和协调配合机制。根据共同应对突发事件的需要，地方人民政府之间可以建立协同应对机制。

第十九条　县级以上人民政府是突发事件应对管理工作的行政领导机关。

国务院在总理领导下研究、决定和部署特别重大突发事件的应对工作；根据实际需要，设立国家突发事件应急指挥机构，负责突发事件应对工作；必要时，国务院可以派出工作组指导有关工作。

县级以上地方人民政府设立由本级人民政府主要负责人、相关部门负责人、国家综合性消防救援队伍和驻当地中国人民解放军、中国人民武装警察部队有关负责人等组成的突发事件应急指挥机构，统一领导、协调本级人民政府各有关部门和下级人民政府开展突发事件应对工作；根据实际需要，设立相关类别突发事件应急指挥机构，组织、协调、指挥突发事件应对工作。

第二十条　突发事件应急指挥机构在突发事件应对过程中可以依法发布有关突发事件应对的决定、命令、措施。突发事件应急指挥机构发布的决定、命令、措施与设立它的人民政府发布的决定、命令、措施具有同等效力，法律责任由设立它的人民政府承担。

第二十一条　县级以上人民政府应急管理部门和卫生健康、公安等有关部门应当在各自职责范围内做好有关突发事件应对管理工作，并指导、协助下级人民政府及其相应部门做好有关突发事件的应对管理工作。

第二十二条　乡级人民政府、街道办事处应当明确专门工作力量，负责突发事件应对有关工作。

居民委员会、村民委员会依法协助人民政府和有关部门做好突发事件应对工作。

第二十三条　公民、法人和其他组织有义务参与突发事件应对工作。

第二十四条　中国人民解放军、中国人民武装警察部队和民兵组织依照本法和其他有关法律、行政法规、军事法规的规定以及国务院、中央军事委员会的命令，参加突发事件的应急救援和处置工作。

第二十五条　县级以上人民政府及其设立的突发事件应急指挥机构发布的有关突发事件应对的决定、命令、措施，应当及时报本级人民代表大会常务委员会备案；突发事件应急处置工作结束后，应当向本级人民代表大会常务委员会作出专项工作报告。

第三章　预防与应急准备

第二十六条　国家建立健全突发事件应急预案体系。

国务院制定国家突发事件总体应急预案，组织制定国家突发事件专项应急预案；国务院有关部门根据各自的职责和国务院相关应急预案，制定国家突发事件部门应急预案并报国务院备案。

地方各级人民政府和县级以上地方人民政府有关部门根据有关法律、法规、规章、上级人民政府及其有关部门的应急预案以及本地区、本部门的实际情况，制定相应的突发事件应急预案并按国务院有关规定备案。

第二十七条　县级以上人民政府应急管理部门指导突发事件应急预案体系建设，综合协调应急预案衔接工作，增强有关应急预案的衔接性和实效性。

第二十八条　应急预案应当根据本法和其他有关法律、法规的规定，针对突发事件的性质、特点和可能造成的社会危害，具体规定突发事件应对管理工作的组织指挥体系与职责和突发事件的预防与预警机制、处置程序、应急保障措施以及事后恢复与重建措施等内容。

应急预案制定机关应当广泛听取有关部门、单位、专家和社会各方面意见，增强应急预案的针对性和可操作性，并根据实际需要、情势变化、应急演练中发现的问题等及时对应急预案作出修订。

应急预案的制定、修订、备案等工作程序和管理办法由国务院规定。

第二十九条　县级以上人民政府应当将突发事件应对工作纳入国民经济和社会发展规划。县级以上人民政府有关部门应当制定突发事件应急体系建设规划。

第三十条　国土空间规划等规划应当符合预防、处置突发事件的需要，统筹安排突发事件应对工作所必需的设备和基础设施建设，合理确定应急避难、封闭隔离、紧急医疗救治等场所，实现日常使用和应急使用的相互转换。

第三十一条　国务院应急管理部门会同卫生健康、自然资源、住房城乡建设等部门统筹、指导全国应急避难场所的建设和管理工作，建立健全应急避难场所标准体系。县级以上地方人民政府负责本行政区域内应急避难场所的规划、建设和管理工作。

第三十二条　国家建立健全突发事件风险评估体系，对可能发生的突发事件进行综合性评估，有针对性地采取有效防范措施，减少突发事件的发生，最大限度减轻突发事件的影响。

第三十三条　县级人民政府应当对本行政区域内容易引发自然灾害、事故灾难和公共卫生事件的危险源、危险区域进行调查、登记、风险评估，定期进行检查、监控，并责令有关单位采取安全防范措施。

省级和设区的市级人民政府应当对本行政区域内容易引发特别重大、重大突发事件的危险源、危险区域进行调查、登记、风险评估，组织进行检查、监控，并责令有关单位采取安全防范措施。

县级以上地方人民政府应当根据情况变化，及时调整危险源、危险区域的登记。登记的危险源、危险区域及其基础信息，应当按照国家有关规定接入突发事件信息系统，并及时向社会公布。

第三十四条　县级人民政府及其有关部门、乡级人民政府、街道办事处、居民委员会、村民委员会应当及时调解处理可能引发社会安全事件的矛盾纠纷。

第三十五条　所有单位应当建立健全安全管理制度，定期开展危险源辨识评估，制定安全防范措施；定期检查本单位各项安全防范措施的落实情况，及时消除事故隐患；掌握并及时处理本单位存在的可能引发社会安全事件的问题，防止矛盾激化和事态扩大；对本单位可能发生的突发事件和采取安全防范措施的情况，应当按照规定及时向所在地人民政府或者有关部门报告。

第三十六条　矿山、金属冶炼、建筑施工单位和易燃易爆物品、危险化学品、放射性物品等危险物品的生产、经营、运输、储存、使用单位，应当制定具体应急预案，配备必要的应急救援器材、设备和物资，并对生产经营场所、有危险物品的建筑物、构筑物及周边环境开展隐患排查，及时采取措施管控风险和消除隐患，防止发生突发事件。

第三十七条　公共交通工具、公共场所和其他人员密集场所的经营单位或者管理单位应当制定具体应急预案，为交通工具和有关场所配备报警装置和必要的应急救援设备、设施，注明其使用方法，并显著标明安全撤离的通道、路线，保证安全通道、出口的畅通。

有关单位应当定期检测、维护其报警装置和应急救援设备、设施，使其处于良好状态，确保正常使用。

第三十八条　县级以上人民政府应当建立健全突发事件应对管理培训制度，对人民政府及其有关部门负有突发事件应对管理职责的工作人员以及居民委员会、村民委员会有关人员定期进行培训。

第三十九条　国家综合性消防救援队伍是应急救援的综合性常备骨干力量，按照国家有关规定执行综合应急救援任务。县级以上人民政府有关部门可以根据实际需要设立专业应急救援队伍。

县级以上人民政府及其有关部门可以建立由成年志愿者组成的应急救援队伍。乡级人民政府、街道办事处和有条件的居民委员会、村民委员会可以建立基层应急救援队伍，及时、就近开展应急救援。单位应当建立由本单位职工组成的专职或者兼职应急救援队伍。

国家鼓励和支持社会力量建立提供社会化应急救援服务的应急救援队伍。社会力量建立的应急救援队伍参与突发事件应对工作应当服从履行统一领导职责或者组织处置突发事件的人民政府、突发事件应急指挥机构的统一指挥。

县级以上人民政府应当推动专业应急救援队伍与非专业应急救援队伍联合培训、联合演练，提高合成应急、协同应急的能力。

第四十条　地方各级人民政府、县级以上人民政府有关部门、有关单位应当为其组建的应急救援队伍购买人身意外伤害保险，配备必要的防护装备和器材，防范和减少应急救援人员的人身伤害风险。

专业应急救援人员应当具备相应的身体条件、专业技能和心理素质，取得国家规定的应急救援职业资格，具体办法由国务院应急管理部门会同国务院有关部门制定。

第四十一条　中国人民解放军、中国人民武装警察部队和民兵组织应当有计划地组织开展应急救援的专门训练。

第四十二条　县级人民政府及其有关部门、乡级人民政府、街道办事处应当组织开展面向社会公众的应急知识宣传普及活动和必要的应急演练。

居民委员会、村民委员会、企业事业单位、社会组织应当根据所在地人民政府的要求，结合各自的实际情况，开展面向居民、村民、职工等的应急知识宣传普及活动和必要的应急演练。

第四十三条　各级各类学校应当把应急教育纳入教育教学计划，对学生及教职工开展应急知识教育和应急演练，培养安全意识，提高自救与互救能力。

教育主管部门应当对学校开展应急教育进行指导和监督，应急管理等部门应当给予支持。

第四十四条 各级人民政府应当将突发事件应对工作所需经费纳入本级预算，并加强资金管理，提高资金使用绩效。

第四十五条 国家按照集中管理、统一调拨、平时服务、灾时应急、采储结合、节约高效的原则，建立健全应急物资储备保障制度，动态更新应急物资储备品种目录，完善重要应急物资的监管、生产、采购、储备、调拨和紧急配送体系，促进安全应急产业发展，优化产业布局。

国家储备物资品种目录、总体发展规划，由国务院发展改革部门会同国务院有关部门拟订。国务院应急管理等部门依据职责制定应急物资储备规划、品种目录，并组织实施。应急物资储备规划应当纳入国家储备总体发展规划。

第四十六条 设区的市级以上人民政府和突发事件易发、多发地区的县级人民政府应当建立应急救援物资、生活必需品和应急处置装备的储备保障制度。

县级以上地方人民政府应当根据本地区的实际情况和突发事件应对工作的需要，依法与有条件的企业签订协议，保障应急救援物资、生活必需品和应急处置装备的生产、供给。有关企业应当根据协议，按照县级以上地方人民政府要求，进行应急救援物资、生活必需品和应急处置装备的生产、供给，并确保符合国家有关产品质量的标准和要求。

国家鼓励公民、法人和其他组织储备基本的应急自救物资和生活必需品。有关部门可以向社会公布相关物资、物品的储备指南和建议清单。

第四十七条 国家建立健全应急运输保障体系，统筹铁路、公路、水运、民航、邮政、快递等运输和服务方式，制定应急运输保障方案，保障应急物资、装备和人员及时运输。

县级以上地方人民政府和有关主管部门应当根据国家应急运输保障方案，结合本地区实际做好应急调度和运力保障，确保运输通道和客货运枢纽畅通。

国家发挥社会力量在应急运输保障中的积极作用。社会力量参与突发事件应急运输保障，应当服从突发事件应急指挥机构的统一指挥。

第四十八条 国家建立健全能源应急保障体系，提高能源安全保障能力，确保受突发事件影响地区的能源供应。

第四十九条 国家建立健全应急通信、应急广播保障体系，加强应急通信系统、应急广播系统建设，确保突发事件应对工作的通信、广播安全畅通。

第五十条　国家建立健全突发事件卫生应急体系，组织开展突发事件中的医疗救治、卫生学调查处置和心理援助等卫生应急工作，有效控制和消除危害。

第五十一条　县级以上人民政府应当加强急救医疗服务网络的建设，配备相应的医疗救治物资、设施设备和人员，提高医疗卫生机构应对各类突发事件的救治能力。

第五十二条　国家鼓励公民、法人和其他组织为突发事件应对工作提供物资、资金、技术支持和捐赠。

接受捐赠的单位应当及时公开接受捐赠的情况和受赠财产的使用、管理情况，接受社会监督。

第五十三条　红十字会在突发事件中，应当对伤病人员和其他受害者提供紧急救援和人道救助，并协助人民政府开展与其职责相关的其他人道主义服务活动。有关人民政府应当给予红十字会支持和资助，保障其依法参与应对突发事件。

慈善组织在发生重大突发事件时开展募捐和救助活动，应当在有关人民政府的统筹协调、有序引导下依法进行。有关人民政府应当通过提供必要的需求信息、政府购买服务等方式，对慈善组织参与应对突发事件、开展应急慈善活动予以支持。

第五十四条　有关单位应当加强应急救援资金、物资的管理，提高使用效率。

任何单位和个人不得截留、挪用、私分或者变相私分应急救援资金、物资。

第五十五条　国家发展保险事业，建立政府支持、社会力量参与、市场化运作的巨灾风险保险体系，并鼓励单位和个人参加保险。

第五十六条　国家加强应急管理基础科学、重点行业领域关键核心技术的研究，加强互联网、云计算、大数据、人工智能等现代技术手段在突发事件应对工作中的应用，鼓励、扶持有条件的教学科研机构、企业培养应急管理人才和科技人才，研发、推广新技术、新材料、新设备和新工具，提高突发事件应对能力。

第五十七条　县级以上人民政府及其有关部门应当建立健全突发事件专家咨询论证制度，发挥专业人员在突发事件应对工作中的作用。

第四章　监测与预警

第五十八条　国家建立健全突发事件监测制度。

县级以上人民政府及其有关部门应当根据自然灾害、事故灾难和公共卫生事件的种类和特点，建立健全基础信息数据库，完善监测网络，划分监测区域，确定监测点，明确监测项目，提供必要的设备、设施，配备专职或者兼职人员，对可能发生的突发事件进行监测。

第五十九条　国务院建立全国统一的突发事件信息系统。

县级以上地方人民政府应当建立或者确定本地区统一的突发事件信息系统，汇集、储存、分析、传输有关突发事件的信息，并与上级人民政府及其有关部门、下级人民政府及其有关部门、专业机构、监测网点和重点企业的突发事件信息系统实现互联互通，加强跨部门、跨地区的信息共享与情报合作。

第六十条　县级以上人民政府及其有关部门、专业机构应当通过多种途径收集突发事件信息。

县级人民政府应当在居民委员会、村民委员会和有关单位建立专职或者兼职信息报告员制度。

公民、法人或者其他组织发现发生突发事件，或者发现可能发生突发事件的异常情况，应当立即向所在地人民政府、有关主管部门或者指定的专业机构报告。接到报告的单位应当按照规定立即核实处理，对于不属于其职责的，应当立即移送相关单位核实处理。

第六十一条　地方各级人民政府应当按照国家有关规定向上级人民政府报送突发事件信息。县级以上人民政府有关主管部门应当向本级人民政府相关部门通报突发事件信息，并报告上级人民政府主管部门。专业机构、监测网点和信息报告员应当及时向所在地人民政府及其有关主管部门报告突发事件信息。

有关单位和人员报送、报告突发事件信息，应当做到及时、客观、真实，不得迟报、谎报、瞒报、漏报，不得授意他人迟报、谎报、瞒报，不得阻碍他人报告。

第六十二条　县级以上地方人民政府应当及时汇总分析突发事件隐患和监测信息，必要时组织相关部门、专业技术人员、专家学者进行会商，对发生突发事件的可能性及其可能造成的影响进行评估；认为可能发生重大或者特别重大突发事件的，应当立即向上级人民政府报告，并向上级人民政府有关部门、当地驻军和可能受到危害的毗邻或者相关地区的人民政府通报，及时采取预防措施。

第六十三条　国家建立健全突发事件预警制度。

可以预警的自然灾害、事故灾难和公共卫生事件的预警级别，按照突发事件发生的紧急程度、发展势态和可能造成的危害程度分为一级、二级、三级和四级，分别用红色、橙色、黄色和蓝色标示，一级为最高级别。

预警级别的划分标准由国务院或者国务院确定的部门制定。

第六十四条　可以预警的自然灾害、事故灾难或者公共卫生事件即将发生或者发生的可能性增大时，县级以上地方人民政府应当根据有关法律、行政法规和国务院规定的权限和程序，发布相应级别的警报，决定并宣布有关地区进入预警期，同时向上一级人民政府报告，必要时可以越级上报；具备条件的，应当进行网络直报或者自动速报；同时向当地驻军和可能受到危害的毗邻或者相关地区的人民政府通报。

发布警报应当明确预警类别、级别、起始时间、可能影响的范围、警示事项、应当采取的措施、发布单位和发布时间等。

第六十五条　国家建立健全突发事件预警发布平台，按照有关规定及时、准确向社会发布突发事件预警信息。

广播、电视、报刊以及网络服务提供者、电信运营商应当按照国家有关规定，建立突发事件预警信息快速发布通道，及时、准确、无偿播发或者刊载突发事件预警信息。

公共场所和其他人员密集场所，应当指定专门人员负责突发事件预警信息接收和传播工作，做好相关设备、设施维护，确保突发事件预警信息及时、准确接收和传播。

第六十六条　发布三级、四级警报，宣布进入预警期后，县级以上地方人民政府应当根据即将发生的突发事件的特点和可能造成的危害，采取下列措施：

（一）启动应急预案；

（二）责令有关部门、专业机构、监测网点和负有特定职责的人员及时收集、报告有关信息，向社会公布反映突发事件信息的渠道，加强对突发事件发生、发展情况的监测、预报和预警工作；

（三）组织有关部门和机构、专业技术人员、有关专家学者，随时对突发事件信息进行分析评估，预测发生突发事件可能性的大小、影响范围和强度以及可能发生的突发事件的级别；

（四）定时向社会发布与公众有关的突发事件预测信息和分析评估结果，并对相关信息的报道工作进行管理；

（五）及时按照有关规定向社会发布可能受到突发事件危害的警告，宣传避免、减轻危害的常识，公布咨询或者求助电话等联络方式和渠道。

第六十七条 发布一级、二级警报，宣布进入预警期后，县级以上地方人民政府除采取本法第六十六条规定的措施外，还应当针对即将发生的突发事件的特点和可能造成的危害，采取下列一项或者多项措施：

（一）责令应急救援队伍、负有特定职责的人员进入待命状态，并动员后备人员做好参加应急救援和处置工作的准备；

（二）调集应急救援所需物资、设备、工具，准备应急设施和应急避难、封闭隔离、紧急医疗救治等场所，并确保其处于良好状态、随时可以投入正常使用；

（三）加强对重点单位、重要部位和重要基础设施的安全保卫，维护社会治安秩序；

（四）采取必要措施，确保交通、通信、供水、排水、供电、供气、供热、医疗卫生、广播电视、气象等公共设施的安全和正常运行；

（五）及时向社会发布有关采取特定措施避免或者减轻危害的建议、劝告；

（六）转移、疏散或者撤离易受突发事件危害的人员并予以妥善安置，转移重要财产；

（七）关闭或者限制使用易受突发事件危害的场所，控制或者限制容易导致危害扩大的公共场所的活动；

（八）法律、法规、规章规定的其他必要的防范性、保护性措施。

第六十八条 发布警报，宣布进入预警期后，县级以上人民政府应当对重要商品和服务市场情况加强监测，根据实际需要及时保障供应、稳定市场。必要时，国务院和省、自治区、直辖市人民政府可以按照《中华人民共和国价格法》等有关法律规定采取相应措施。

第六十九条 对即将发生或者已经发生的社会安全事件，县级以上地方人民政府及其有关主管部门应当按照规定向上一级人民政府及其有关主管部门报告，必要时可以越级上报，具备条件的，应当进行网络直报或者自动速报。

第七十条　发布突发事件警报的人民政府应当根据事态的发展，按照有关规定适时调整预警级别并重新发布。

有事实证明不可能发生突发事件或者危险已经解除的，发布警报的人民政府应当立即宣布解除警报，终止预警期，并解除已经采取的有关措施。

第五章　应急处置与救援

第七十一条　国家建立健全突发事件应急响应制度。

突发事件的应急响应级别，按照突发事件的性质、特点、可能造成的危害程度和影响范围等因素分为一级、二级、三级和四级，一级为最高级别。

突发事件应急响应级别划分标准由国务院或者国务院确定的部门制定。县级以上人民政府及其有关部门应当在突发事件应急预案中确定应急响应级别。

第七十二条　突发事件发生后，履行统一领导职责或者组织处置突发事件的人民政府应当针对其性质、特点、危害程度和影响范围等，立即启动应急响应，组织有关部门，调动应急救援队伍和社会力量，依照法律、法规、规章和应急预案的规定，采取应急处置措施，并向上级人民政府报告；必要时，可以设立现场指挥部，负责现场应急处置与救援，统一指挥进入突发事件现场的单位和个人。

启动应急响应，应当明确响应事项、级别、预计期限、应急处置措施等。

履行统一领导职责或者组织处置突发事件的人民政府，应当建立协调机制，提供需求信息，引导志愿服务组织和志愿者等社会力量及时有序参与应急处置与救援工作。

第七十三条　自然灾害、事故灾难或者公共卫生事件发生后，履行统一领导职责的人民政府应当采取下列一项或者多项应急处置措施：

（一）组织营救和救治受害人员，转移、疏散、撤离并妥善安置受到威胁的人员以及采取其他救助措施；

（二）迅速控制危险源，标明危险区域，封锁危险场所，划定警戒区，实行交通管制、限制人员流动、封闭管理以及其他控制措施；

（三）立即抢修被损坏的交通、通信、供水、排水、供电、供气、供热、医疗卫生、广播电视、气象等公共设施，向受到危害的人员提供避难场所和生活必需品，实施医疗救护和卫生防疫以及其他保障措施；

（四）禁止或者限制使用有关设备、设施，关闭或者限制使用有关场所，中止人员密集的活动或者可能导致危害扩大的生产经营活动以及采取其他保护措施；

（五）启用本级人民政府设置的财政预备费和储备的应急救援物资，必要时调用其他急需物资、设备、设施、工具；

（六）组织公民、法人和其他组织参加应急救援和处置工作，要求具有特定专长的人员提供服务；

（七）保障食品、饮用水、药品、燃料等基本生活必需品的供应；

（八）依法从严惩处囤积居奇、哄抬价格、牟取暴利、制假售假等扰乱市场秩序的行为，维护市场秩序；

（九）依法从严惩处哄抢财物、干扰破坏应急处置工作等扰乱社会秩序的行为，维护社会治安；

（十）开展生态环境应急监测，保护集中式饮用水水源地等环境敏感目标，控制和处置污染物；

（十一）采取防止发生次生、衍生事件的必要措施。

第七十四条 社会安全事件发生后，组织处置工作的人民政府应当立即启动应急响应，组织有关部门针对事件的性质和特点，依照有关法律、行政法规和国家其他有关规定，采取下列一项或者多项应急处置措施：

（一）强制隔离使用器械相互对抗或者以暴力行为参与冲突的当事人，妥善解决现场纠纷和争端，控制事态发展；

（二）对特定区域内的建筑物、交通工具、设备、设施以及燃料、燃气、电力、水的供应进行控制；

（三）封锁有关场所、道路，查验现场人员的身份证件，限制有关公共场所内的活动；

（四）加强对易受冲击的核心机关和单位的警卫，在国家机关、军事机关、国家通讯社、广播电台、电视台、外国驻华使领馆等单位附近设置临时警戒线；

（五）法律、行政法规和国务院规定的其他必要措施。

第七十五条 发生突发事件，严重影响国民经济正常运行时，国务院或者国务院授权的有关主管部门可以采取保障、控制等必要的应急措施，保障人民群众的基本生活需要，最大限度地减轻突发事件的影响。

第七十六条　履行统一领导职责或者组织处置突发事件的人民政府及其有关部门，必要时可以向单位和个人征用应急救援所需设备、设施、场地、交通工具和其他物资，请求其他地方人民政府及其有关部门提供人力、物力、财力或者技术支援，要求生产、供应生活必需品和应急救援物资的企业组织生产、保证供给，要求提供医疗、交通等公共服务的组织提供相应的服务。

履行统一领导职责或者组织处置突发事件的人民政府和有关主管部门，应当组织协调运输经营单位，优先运送处置突发事件所需物资、设备、工具、应急救援人员和受到突发事件危害的人员。

履行统一领导职责或者组织处置突发事件的人民政府及其有关部门，应当为受突发事件影响无人照料的无民事行为能力人、限制民事行为能力人提供及时有效帮助；建立健全联系帮扶应急救援人员家庭制度，帮助解决实际困难。

第七十七条　突发事件发生地的居民委员会、村民委员会和其他组织应当按照当地人民政府的决定、命令，进行宣传员，组织群众开展自救与互救，协助维护社会秩序；情况紧急的，应当立即组织群众开展自救与互救等先期处置工作。

第七十八条　受到自然灾害危害或者发生事故灾难、公共卫生事件的单位，应当立即组织本单位应急救援队伍和工作人员营救受害人员，疏散、撤离、安置受到威胁的人员，控制危险源，标明危险区域，封锁危险场所，并采取其他防止危害扩大的必要措施，同时向所在地县级人民政府报告；对因本单位的问题引发的或者主体是本单位人员的社会安全事件，有关单位应当按照规定上报情况，并迅速派出负责人赶赴现场开展劝解、疏导工作。

突发事件发生地的其他单位应当服从人民政府发布的决定、命令，配合人民政府采取的应急处置措施，做好本单位的应急救援工作，并积极组织人员参加所在地的应急救援和处置工作。

第七十九条　突发事件发生地的个人应当依法服从人民政府、居民委员会、村民委员会或者所属单位的指挥和安排，配合人民政府采取的应急处置措施，积极参加应急救援工作，协助维护社会秩序。

第八十条　国家支持城乡社区组织健全应急工作机制，强化城乡社区综合服务设施和信息平台应急功能，加强与突发事件信息系统数据共享，增强突发事件应急处置中保障群众基本生活和服务群众能力。

第八十一条　国家采取措施，加强心理健康服务体系和人才队伍建设，支持引导心理健康服务人员和社会工作者对受突发事件影响的各类人群开展心理健康教育、心理评估、心理疏导、心理危机干预、心理行为问题诊治等心理援助工作。

第八十二条　对于突发事件遇难人员的遗体，应当按照法律和国家有关规定，科学规范处置，加强卫生防疫，维护逝者尊严。对于逝者的遗物应当妥善保管。

第八十三条　县级以上人民政府及其有关部门根据突发事件应对工作需要，在履行法定职责所必需的范围和限度内，可以要求公民、法人和其他组织提供应急处置与救援需要的信息。公民、法人和其他组织应当予以提供，法律另有规定的除外。县级以上人民政府及其有关部门对获取的相关信息，应当严格保密，并依法保护公民的通信自由和通信秘密。

第八十四条　在突发事件应急处置中，有关单位和个人因依照本法规定配合突发事件应对工作或者履行相关义务，需要获取他人个人信息的，应当依照法律规定的程序和方式取得并确保信息安全，不得非法收集、使用、加工、传输他人个人信息，不得非法买卖、提供或者公开他人个人信息。

第八十五条　因依法履行突发事件应对工作职责或者义务获取的个人信息，只能用于突发事件应对，并在突发事件应对工作结束后予以销毁。确因依法作为证据使用或者调查评估需要留存或者延期销毁的，应当按照规定进行合法性、必要性、安全性评估，并采取相应保护和处理措施，严格依法使用。

第六章　事后恢复与重建

第八十六条　突发事件的威胁和危害得到控制或者消除后，履行统一领导职责或者组织处置突发事件的人民政府应当宣布解除应急响应，停止执行依照本法规定采取的应急处置措施，同时采取或者继续实施必要措施，防止发生自然灾害、事故灾难、公共卫生事件的次生、衍生事件或者重新引发社会安全事件，组织受影响地区尽快恢复社会秩序。

第八十七条　突发事件应急处置工作结束后，履行统一领导职责的人民政府应当立即组织对突发事件造成的影响和损失进行调查评估，制定恢复重建计划，并向上一级人民政府报告。

受突发事件影响地区的人民政府应当及时组织和协调应急管理、卫生健康、公安、交通、铁路、民航、邮政、电信、建设、生态环境、水利、能源、广播电视等有关部门恢复社会秩序，尽快修复被损坏的交通、通信、供水、排水、供电、供气、供热、医疗卫生、水利、广播电视等公共设施。

第八十八条　受突发事件影响地区的人民政府开展恢复重建工作需要上一级人民政府支持的，可以向上一级人民政府提出请求。上一级人民政府应当根据受影响地区遭受的损失和实际情况，提供资金、物资支持和技术指导，组织协调其他地区和有关方面提供资金、物资和人力支援。

第八十九条　国务院根据受突发事件影响地区遭受损失的情况，制定扶持该地区有关行业发展的优惠政策。

受突发事件影响地区的人民政府应当根据本地区遭受的损失和采取应急处置措施的情况，制定救助、补偿、抚慰、抚恤、安置等善后工作计划并组织实施，妥善解决因处置突发事件引发的矛盾纠纷。

第九十条　公民参加应急救援工作或者协助维护社会秩序期间，其所在单位应当保证其工资待遇和福利不变，并可以按照规定给予相应补助。

第九十一条　县级以上人民政府对在应急救援工作中伤亡的人员依法落实工伤待遇、抚恤或者其他保障政策，并组织做好应急救援工作中致病人员的医疗救治工作。

第九十二条　履行统一领导职责的人民政府在突发事件应对工作结束后，应当及时查明突发事件的发生经过和原因，总结突发事件应急处置工作的经验教训，制定改进措施，并向上一级人民政府提出报告。

第九十三条　突发事件应对工作中有关资金、物资的筹集、管理、分配、拨付和使用等情况，应当依法接受审计机关的审计监督。

第九十四条　国家档案主管部门应当建立健全突发事件应对工作相关档案收集、整理、保护、利用工作机制。突发事件应对工作中形成的材料，应当按照国家规定归档，并向相关档案馆移交。

第七章　法律责任

第九十五条　地方各级人民政府和县级以上人民政府有关部门违反本法规定，不履行或者不正确履行法定职责的，由其上级行政机关责令改正；有下列情形之一，由有关机关综合考虑突发事件发生的原因、后果、应对处置情况、行为人过错等因素，对负有责任的领导人员和直接责任人员依法给予处分：

（一）未按照规定采取预防措施，导致发生突发事件，或者未采取必要的防范措施，导致发生次生、衍生事件的；

（二）迟报、谎报、瞒报、漏报或者授意他人迟报、谎报、瞒报以及阻碍他人报告有关突发事件的信息，或者通报、报送、公布虚假信息，造成后果的；

（三）未按照规定及时发布突发事件警报、采取预警期的措施，导致损害发生的；

（四）未按照规定及时采取措施处置突发事件或者处置不当，造成后果的；

（五）违反法律规定采取应对措施，侵犯公民生命健康权益的；

（六）不服从上级人民政府对突发事件应急处置工作的统一领导、指挥和协调的；

（七）未及时组织开展生产自救、恢复重建等善后工作的；

（八）截留、挪用、私分或者变相私分应急救援资金、物资的；

（九）不及时归还征用的单位和个人的财产，或者对被征用财产的单位和个人不按照规定给予补偿的。

第九十六条　有关单位有下列情形之一，由所在地履行统一领导职责的人民政府有关部门责令停产停业，暂扣或者吊销许可证件，并处五万元以上二十万元以下的罚款；情节特别严重的，并处二十万元以上一百万元以下的罚款：

（一）未按照规定采取预防措施，导致发生较大以上突发事件的；

（二）未及时消除已发现的可能引发突发事件的隐患，导致发生较大以上突发事件的；

（三）未做好应急物资储备和应急设备、设施日常维护、检测工作，导致发生较大以上突发事件或者突发事件危害扩大的；

（四）突发事件发生后，不及时组织开展应急救援工作，造成严重后果的。

其他法律对前款行为规定了处罚的，依照较重的规定处罚。

第九十七条　违反本法规定，编造并传播有关突发事件的虚假信息，或者明知是有关突发事件的虚假信息而进行传播的，责令改正，给予警告；造成严重后果的，依法暂停其业务活动或者吊销其许可证件；负有直接责任的人员是公职人员的，还应当依法给予处分。

第九十八条　单位或者个人违反本法规定，不服从所在地人民政府及其有关部门依法发布的决定、命令或者不配合其依法采取的措施的，责令改正；造成严重后果的，依法给予行政处罚；负有直接责任的人员是公职人员的，还应当依法给予处分。

第九十九条　单位或者个人违反本法第八十四条、第八十五条关于个人信息保护规定的，由主管部门依照有关法律规定给予处罚。

第一百条　单位或者个人违反本法规定，导致突发事件发生或者危害扩大，造成人身、财产或者其他损害的，应当依法承担民事责任。

第一百零一条　为了使本人或者他人的人身、财产免受正在发生的危险而采取避险措施的，依照《中华人民共和国民法典》《中华人民共和国刑法》等法律关于紧急避险的规定处理。

第一百零二条　违反本法规定，构成违反治安管理行为的，依法给予治安管理处罚；构成犯罪的，依法追究刑事责任。

第八章　附　则

第一百零三条　发生特别重大突发事件，对人民生命财产安全、国家安全、公共安全、生态环境安全或者社会秩序构成重大威胁，采取本法和其他有关法律、法规、规章规定的应急处置措施不能消除或者有效控制、减轻其严重社会危害，需要进入紧急状态的，由全国人民代表大会常务委员会或者国务院依照宪法和其他有关法律规定的权限和程序决定。

紧急状态期间采取的非常措施，依照有关法律规定执行或者由全国人民代表大会常务委员会另行规定。

第一百零四条　中华人民共和国领域外发生突发事件，造成或者可能造成中华人民共和国公民、法人和其他组织人身伤亡、财产损失的，由国务院外交部门会同国务院其他有关部门、有关地方人民政府，按照国家有关规定做好应对工作。

第一百零五条　在中华人民共和国境内的外国人、无国籍人应当遵守本法，服从所在地人民政府及其有关部门依法发布的决定、命令，并配合其依法采取的措施。

第一百零六条　本法自 2024 年 11 月 1 日起施行。

附录二　突发事件应急预案管理办法

（国务院办公厅 2024 年 1 月 31 日 [①]）

第一章　总　则

第一条　为加强突发事件应急预案（以下简称应急预案）体系建设，规范应急预案管理，增强应急预案的针对性、实用性和可操作性，依据《中华人民共和国突发事件应对法》等法律、行政法规，制定本办法。

第二条　本办法所称应急预案，是指各级人民政府及其部门、基层组织、企事业单位和社会组织等为依法、迅速、科学、有序应对突发事件，最大程度减少突发事件及其造成的损害而预先制定的方案。

第三条　应急预案的规划、编制、审批、发布、备案、培训、宣传、演练、评估、修订等工作，适用本办法。

第四条　应急预案管理遵循统一规划、综合协调、分类指导、分级负责、动态管理的原则。

第五条　国务院统一领导全国应急预案体系建设和管理工作，县级以上地方人民政府负责领导本行政区域内应急预案体系建设和管理工作。

突发事件应对有关部门在各自职责范围内，负责本部门（行业、领域）应急预案管理工作；县级以上人民政府应急管理部门负责指导应急预案管理工作，综合协调应急预案衔接工作。

第六条　国务院应急管理部门统筹协调各地区各部门应急预案数据库管理，推动实现应急预案数据共享共用。各地区各部门负责本行政区域、本部门（行业、领域）应急预案数据管理。

---

①　国务院办公厅. 突发事件应急预案管理办法 [EB/OL]. 中国政府网（https://www.gov.cn/），2024-01-31.

县级以上人民政府及其有关部门要注重运用信息化数字化智能化技术，推进应急预案管理理念、模式、手段、方法等创新，充分发挥应急预案牵引应急准备、指导处置救援的作用。

第二章　分类与内容

第七条　按照制定主体划分，应急预案分为政府及其部门应急预案、单位和基层组织应急预案两大类。

政府及其部门应急预案包括总体应急预案、专项应急预案、部门应急预案等。

单位和基层组织应急预案包括企事业单位、村民委员会、居民委员会、社会组织等编制的应急预案。

第八条　总体应急预案是人民政府组织应对突发事件的总体制度安排。

总体应急预案围绕突发事件事前、事中、事后全过程，主要明确应对工作的总体要求、事件分类分级、预案体系构成、组织指挥体系与职责，以及风险防控、监测预警、处置救援、应急保障、恢复重建、预案管理等内容。

第九条　专项应急预案是人民政府为应对某一类型或某几种类型突发事件，或者针对重要目标保护、重大活动保障、应急保障等重要专项工作而预先制定的涉及多个部门职责的方案。

部门应急预案是人民政府有关部门根据总体应急预案、专项应急预案和部门职责，为应对本部门（行业、领域）突发事件，或者针对重要目标保护、重大活动保障、应急保障等涉及部门工作而预先制定的方案。

第十条　针对突发事件应对的专项和部门应急预案，主要规定县级以上人民政府或有关部门相关突发事件应对工作的组织指挥体系和专项工作安排，不同层级预案内容各有侧重，涉及相邻或相关地方人民政府、部门、单位任务的应当沟通一致后明确。

国家层面专项和部门应急预案侧重明确突发事件的应对原则、组织指挥机制、预警分级和事件分级标准、响应分级、信息报告要求、应急保障措施等，重点规范国家层面应对行动，同时体现政策性和指导性。

省级专项和部门应急预案侧重明确突发事件的组织指挥机制、监测预警、分级响应及响应行动、队伍物资保障及市县级人民政府职责等，重点规范省级层面应对行动，同时体现指导性和实用性。

市县级专项和部门应急预案侧重明确突发事件的组织指挥机制、风险管控、监测预警、信息报告、组织自救互救、应急处置措施、现场管控、队伍物资保障等内容，重点规范市（地）级和县级层面应对行动，落实相关任务，细化工作流程，体现应急处置的主体职责和针对性、可操作性。

第十一条 为突发事件应对工作提供通信、交通运输、医学救援、物资装备、能源、资金以及新闻宣传、秩序维护、慈善捐赠、灾害救助等保障功能的专项和部门应急预案侧重明确组织指挥机制、主要任务、资源布局、资源调用或应急响应程序、具体措施等内容。

针对重要基础设施、生命线工程等重要目标保护的专项和部门应急预案，侧重明确关键功能和部位、风险隐患及防范措施、监测预警、信息报告、应急处置和紧急恢复、应急联动等内容。

第十二条 重大活动主办或承办机构应当结合实际情况组织编制重大活动保障应急预案，侧重明确组织指挥体系、主要任务、安全风险及防范措施、应急联动、监测预警、信息报告、应急处置、人员疏散撤离组织和路线等内容。

第十三条 相邻或相关地方人民政府及其有关部门可以联合制定应对区域性、流域性突发事件的联合应急预案，侧重明确地方人民政府及其部门间信息通报、组织指挥体系对接、处置措施衔接、应急资源保障等内容。

第十四条 国家有关部门和超大特大城市人民政府可以结合行业（地区）风险评估实际，制定巨灾应急预案，统筹本部门（行业、领域）、本地区巨灾应对工作。

第十五条 乡镇（街道）应急预案重点规范乡镇（街道）层面应对行动，侧重明确突发事件的预警信息传播、任务分工、处置措施、信息收集报告、现场管理、人员疏散与安置等内容。

村（社区）应急预案侧重明确风险点位、应急响应责任人、预警信息传播与响应、人员转移避险、应急处置措施、应急资源调用等内容。

乡镇（街道）、村（社区）应急预案的形式、要素和内容等，可结合实际灵活确定，力求简明实用，突出人员转移避险，体现先期处置特点。

第十六条 单位应急预案侧重明确应急响应责任人、风险隐患监测、主要任务、信息报告、预警和应急响应、应急处置措施、人员疏散转移、应急资源调用等内容。

大型企业集团可根据相关标准规范和实际工作需要，建立本集团应急预案体系。

安全风险单一、危险性小的生产经营单位，可结合实际简化应急预案要素和内容。

第十七条　应急预案涉及的有关部门、单位等可以结合实际编制应急工作手册，内容一般包括应急响应措施、处置工作程序、应急救援队伍、物资装备、联络人员和电话等。

应急救援队伍、保障力量等应当结合实际情况，针对需要参与突发事件应对的具体任务编制行动方案，侧重明确应急响应、指挥协同、力量编成、行动设想、综合保障、其他有关措施等具体内容。

第三章　规划与编制

第十八条　国务院应急管理部门会同有关部门编制应急预案制修订工作计划，报国务院批准后实施。县级以上地方人民政府应急管理部门应当会同有关部门，针对本行政区域多发易发突发事件、主要风险等，编制本行政区域应急预案制修订工作计划，报本级人民政府批准后实施，并抄送上一级人民政府应急管理部门。

县级以上人民政府有关部门可以结合实际制定本部门（行业、领域）应急预案编制计划，并抄送同级应急管理部门。县级以上地方人民政府有关部门应急预案编制计划同时抄送上一级相应部门。

应急预案编制计划应当根据国民经济和社会发展规划、突发事件应对工作实际，适时予以调整。

第十九条　县级以上人民政府总体应急预案由本级人民政府应急管理部门组织编制，专项应急预案由本级人民政府相关类别突发事件应对牵头部门组织编制。县级以上人民政府部门应急预案，乡级人民政府、单位和基层组织等应急预案由有关制定单位组织编制。

第二十条　应急预案编制部门和单位根据需要组成应急预案编制工作小组，吸收有关部门和单位人员、有关专家及有应急处置工作经验的人员参加。编制工作小组组长由应急预案编制部门或单位有关负责人担任。

第二十一条　编制应急预案应当依据有关法律、法规、规章和标准，紧密结合实际，在开展风险评估、资源调查、案例分析的基础上进行。

风险评估主要是识别突发事件风险及其可能产生的后果和次生（衍生）

灾害事件，评估可能造成的危害程度和影响范围等。

资源调查主要是全面调查本地区、本单位应对突发事件可用的应急救援队伍、物资装备、场所和通过改造可以利用的应急资源状况，合作区域内可以请求援助的应急资源状况，重要基础设施容灾保障及备用状况，以及可以通过潜力转换提供应急资源的状况，为制定应急响应措施提供依据。必要时，也可根据突发事件应对需要，对本地区相关单位和居民所掌握的应急资源情况进行调查。

案例分析主要是对典型突发事件的发生演化规律、造成的后果和处置救援等情况进行复盘研究，必要时构建突发事件情景，总结经验教训，明确应对流程、职责任务和应对措施，为制定应急预案提供参考借鉴。

第二十二条　政府及其有关部门在应急预案编制过程中，应当广泛听取意见，组织专家论证，做好与相关应急预案及国防动员实施预案的衔接。涉及其他单位职责的，应当书面征求意见。必要时，向社会公开征求意见。

单位和基层组织在应急预案编制过程中，应根据法律法规要求或实际需要，征求相关公民、法人或其他组织的意见。

第四章　审批、发布、备案

第二十三条　应急预案编制工作小组或牵头单位应当将应急预案送审稿、征求意见情况、编制说明等有关材料报送应急预案审批单位。因保密等原因需要发布应急预案简本的，应当将应急预案简本一并报送审批。

第二十四条　应急预案审核内容主要包括：

（一）预案是否符合有关法律、法规、规章和标准等规定；

（二）预案是否符合上位预案要求并与有关预案有效衔接；

（三）框架结构是否清晰合理，主体内容是否完备；

（四）组织指挥体系与责任分工是否合理明确，应急响应级别设计是否合理，应对措施是否具体简明、管用可行；

（五）各方面意见是否一致；

（六）其他需要审核的内容。

第二十五条　国家总体应急预案按程序报党中央、国务院审批，以党中央、国务院名义印发。专项应急预案由预案编制牵头部门送应急管理部衔接协调后，报国务院审批，以国务院办公厅或者有关应急指挥机构名义印发。部门应急预案由部门会议审议决定、以部门名义印发，涉及其他部门职责的可与有关部门联合印发；必要时，可以由国务院办公厅转发。

地方各级人民政府总体应急预案按程序报本级党委和政府审批，以本级党委和政府名义印发。专项应急预案按程序送本级应急管理部门衔接协调，报本级人民政府审批，以本级人民政府办公厅（室）或者有关应急指挥机构名义印发。部门应急预案审批印发程序按照本级人民政府和上级有关部门的应急预案管理规定执行。

重大活动保障应急预案、巨灾应急预案由本级人民政府或其部门审批，跨行政区域联合应急预案审批由相关人民政府或其授权的部门协商确定，并参照专项应急预案或部门应急预案管理。

单位和基层组织应急预案须经本单位或基层组织主要负责人签发，以本单位或基层组织名义印发，审批方式根据所在地人民政府及有关行业管理部门规定和实际情况确定。

第二十六条　应急预案审批单位应当在应急预案印发后的 20 个工作日内，将应急预案正式印发文本（含电子文本）及编制说明，依照下列规定向有关单位备案并抄送有关部门：

（一）县级以上地方人民政府总体应急预案报上一级人民政府备案，径送上一级人民政府应急管理部门，同时抄送上一级人民政府有关部门；

（二）县级以上地方人民政府专项应急预案报上一级人民政府相应牵头部门备案，同时抄送上一级人民政府应急管理部门和有关部门；

（三）部门应急预案报本级人民政府备案，径送本级应急管理部门，同时抄送本级有关部门；

（四）联合应急预案按所涉及区域，依据专项应急预案或部门应急预案有关规定备案，同时抄送本地区上一级或共同上一级人民政府应急管理部门和有关部门；

（五）涉及需要与所在地人民政府联合应急处置的中央单位应急预案，应当报所在地县级人民政府备案，同时抄送本级应急管理部门和突发事件应对牵头部门；

（六）乡镇（街道）应急预案报上一级人民政府备案，径送上一级人民政府应急管理部门，同时抄送上一级人民政府有关部门。村（社区）应急预案报乡镇（街道）备案；

（七）中央企业集团总体应急预案报应急管理部备案，抄送企业主管机构、行业主管部门、监管部门；有关专项应急预案向国家突发事件应对牵头部门备案，抄送应急管理部、企业主管机构、行业主管部门、监管部门等有关单位。

中央企业集团所属单位、权属企业的总体应急预案按管理权限报所在地人民政府应急管理部门备案，抄送企业主管机构、行业主管部门、监管部门；专项应急预案按管理权限报所在地行业监管部门备案，抄送应急管理部门和有关企业主管机构、行业主管部门。

第二十七条　国务院履行应急预案备案管理职责的部门和省级人民政府应当建立应急预案备案管理制度。县级以上地方人民政府有关部门落实有关规定，指导、督促有关单位做好应急预案备案工作。

第二十八条　政府及其部门应急预案应当在正式印发后20个工作日内向社会公开。单位和基层组织应急预案应当在正式印发后20个工作日内向本单位以及可能受影响的其他单位和地区公开。

第五章　培训、宣传、演练

第二十九条　应急预案发布后，其编制单位应做好组织实施和解读工作，并跟踪应急预案落实情况，了解有关方面和社会公众的意见建议。

第三十条　应急预案编制单位应当通过编发培训材料、举办培训班、开展工作研讨等方式，对与应急预案实施密切相关的管理人员、专业救援人员等进行培训。

各级人民政府及其有关部门应将应急预案培训作为有关业务培训的重要内容，纳入领导干部、公务员等日常培训内容。

第三十一条　对需要公众广泛参与的非涉密的应急预案，编制单位应当充分利用互联网、广播、电视、报刊等多种媒体广泛宣传，制作通俗易懂、好记管用的宣传普及材料，向公众免费发放。

第三十二条　应急预案编制单位应当建立应急预案演练制度，通过采取形式多样的方式方法，对应急预案所涉及的单位、人员、装备、设施等组织演练。通过演练发现问题、解决问题，进一步修改完善应急预案。

专项应急预案、部门应急预案每3年至少进行一次演练。

地震、台风、风暴潮、洪涝、山洪、滑坡、泥石流、森林草原火灾等自然灾害易发区域所在地人民政府，重要基础设施和城市供水、供电、供气、供油、供热等生命线工程经营管理单位，矿山、金属冶炼、建筑施工单位和易燃易爆物品、化学品、放射性物品等危险物品生产、经营、使用、储存、运输、废弃处置单位，公共交通工具、公共场所和医院、学校等人员密集场所的经营单位或者管理单位等，应当有针对性地组织开展应急预案演练。

第三十三条　应急预案演练组织单位应当加强演练评估，主要内容包括：演练的执行情况，应急预案的实用性和可操作性，指挥协调和应急联动机制运行情况，应急人员的处置情况，演练所用设备装备的适用性，对完善应急预案、应急准备、应急机制、应急措施等方面的意见和建议等。

各地区各有关部门加强对本行政区域、本部门（行业、领域）应急预案演练的评估指导。根据需要，应急管理部门会同有关部门组织对下级人民政府及其有关部门组织的应急预案演练情况进行评估指导。

鼓励委托第三方专业机构进行应急预案演练评估。

第六章　评估与修订

第三十四条　应急预案编制单位应当建立应急预案定期评估制度，分析应急预案内容的针对性、实用性和可操作性等，实现应急预案的动态优化和科学规范管理。

县级以上地方人民政府及其有关部门应急预案原则上每 3 年评估一次。应急预案的评估工作，可以委托第三方专业机构组织实施。

第三十五条　有下列情形之一的，应当及时修订应急预案：

（一）有关法律、法规、规章、标准、上位预案中的有关规定发生重大变化的；

（二）应急指挥机构及其职责发生重大调整的；

（三）面临的风险发生重大变化的；

（四）重要应急资源发生重大变化的；

（五）在突发事件实际应对和应急演练中发现问题需要作出重大调整的；

（六）应急预案制定单位认为应当修订的其他情况。

第三十六条　应急预案修订涉及组织指挥体系与职责、应急处置程序、主要处置措施、突发事件分级标准等重要内容的，修订工作应参照本办法规定的应急预案编制、审批、备案、发布程序组织进行。仅涉及其他内容的，修订程序可根据情况适当简化。

第三十七条　各级人民政府及其部门、企事业单位、社会组织、公民等，可以向有关应急预案编制单位提出修订建议。

第七章　保障措施

第三十八条　各级人民政府及其有关部门、各有关单位要指定专门机构和人员负责相关具体工作，将应急预案规划、编制、审批、发布、备案、培训、宣传、演练、评估、修订等所需经费纳入预算统筹安排。

第三十九条　国务院有关部门应加强对本部门（行业、领域）应急预案管理工作的指导和监督，并根据需要编写应急预案编制指南。县级以上地方人民政府及其有关部门应对本行政区域、本部门（行业、领域）应急预案管理工作加强指导和监督。

第八章　附　则

第四十条　国务院有关部门、地方各级人民政府及其有关部门、大型企业集团等可根据实际情况，制定相关应急预案管理实施办法。

第四十一条　法律、法规、规章另有规定的从其规定，确需保密的应急预案按有关规定执行。

第四十二条　本办法由国务院应急管理部门负责解释。

第四十三条　本办法自印发之日起施行。

附录三　国家突发事件总体应急预案

（中共中央、国务院 2025 年 2 月 25 日 [①] ）

为有效防范化解重大安全风险、应对突发事件，保护人民群众生命财产安全，维护国家安全和社会稳定，制定本预案。

1　总则

1.1　总体要求

坚持以习近平新时代中国特色社会主义思想为指导，坚持和加强党的全面领导，坚持人民至上、生命至上，坚持底线思维、极限思维，坚持预防为主、预防与应急相结合，全面贯彻总体国家安全观，统筹发展和安全，建立健全统一指挥、专常兼备、反应灵敏、上下联动的应急管理体制和综合协调、分类管

---

① 中共中央、国务院. 国家突发事件总体应急预案 [EB/OL]. 中国政府网（https://www.gov.cn/），2025-02-25.

理、分级负责、属地管理为主的工作体系，完善应急预案体系，压实各方责任，完善大安全大应急框架下应急指挥机制，深入推进应急管理体系和能力现代化。

1.2 适用范围

本预案适用于党中央、国务院应对特别重大突发事件工作，指导全国突发事件应对工作。

1.3 突发事件分类分级

本预案所称突发事件是指突然发生，造成或者可能造成严重社会危害，需要采取应急处置措施予以应对的自然灾害、事故灾难、公共卫生事件和社会安全事件。

（1）自然灾害。主要包括水旱、气象、地震、地质、海洋、生物灾害和森林草原火灾等。

（2）事故灾难。主要包括工矿商贸等生产经营单位的各类生产安全事故，交通运输、海上溢油、公共设施和设备、核事故，火灾和生态环境、网络安全、网络数据安全、信息安全事件等。

（3）公共卫生事件。主要包括传染病疫情、群体性不明原因疾病、群体性中毒，食品安全事故、药品安全事件、动物疫情，以及其他严重影响公众生命安全和身体健康的事件。

（4）社会安全事件。主要包括刑事案件和恐怖、群体性、民族宗教事件，金融、涉外和其他影响市场、社会稳定的突发事件。

上述各类突发事件往往交叉关联、可能同时发生，或者引发次生、衍生事件，应当具体分析，统筹应对。

按照社会危害程度、影响范围等因素，自然灾害、事故灾难、公共卫生事件分为特别重大、重大、较大、一般4级。突发事件分级标准由国务院或者国务院确定的部门制定，作为突发事件信息报送和分级处置的依据。社会安全事件分级另行规定。

1.4 应急预案体系

突发事件应急预案体系包括各级党委和政府以及县级以上党委和政府有关部门、基层组织、企事业单位、社会团体等制定的各类突发事件应急预案以及相关支撑性文件。县级以上党委和政府应急预案由总体应急预案、专项应急预案、部门应急预案组成。

2 组织指挥体系

2.1 国家层面指挥体制

党中央、国务院对特别重大突发事件应对工作作出决策部署，根据实际需要设立国家突发事件应急指挥机构，指定相关负责同志组织突发事件应对工作，成员由党中央、国务院、中央军委有关部门及地方党委和政府负责同志等组成；必要时，可派出工作组或者设立前方指挥部指导有关工作。

中央和国家机关有关部门按照职责分工组织协调指导本领域突发事件应对管理工作，承担相关国家突发事件应急指挥机构综合协调工作，具体职责在相关国家专项应急预案中予以明确。其中，公安部负责协调处置社会安全类重大突发事件；国家卫生健康委负责卫生应急工作；应急管理部负责组织指导协调安全生产类、自然灾害类等突发事件应急处置；生态环境部负责协调处置突发生态环境事件应急工作；中央网信办负责协调处理网络安全、网络数据安全与信息安全类突发事件。

2.2 地方层面指挥体制

县级以上地方党委和政府按照有关规定设立由本级党委和政府主要负责同志牵头组成的突发事件应急指挥机构，统一指挥协调本地突发事件应对工作；根据实际需要设立相关类别突发事件应急指挥机构，组织、协调、指挥突发事件应对工作。突发事件发生后，可视情设立现场指挥机构，统一组织指挥现场应急处置与救援工作，并结合实际按规定成立临时党组织，加强思想政治工作，发挥战斗堡垒作用。

乡镇（街道）、开发区、工业园区、港区、风景区等应当完善应急管理组织体系，明确专门工作力量，细化应急预案，做好本区域突发事件应对组织协调工作。村（社区）应当增强监测预警、信息报告、先期处置和组织动员能力，依法健全应急工作机制，做好本区域应急管理相关工作。

相邻地区应当建立信息共享和应急联动机制，共同做好区域性、流域性、关联性强的突发事件防范应对工作。

2.3 专家组

各级各类突发事件应急指挥机构建立相关专业人才库，根据实际需要聘请有关专家组成专家组，为应急管理提供决策建议，必要时参加突发事件应急处置工作。

3 运行机制

3.1 风险防控

坚持从源头防范化解重大风险。县级以上地方党委和政府应当健全风险防范化解机制，将安全风险防范纳入基层网格化管理，按规定组织对各类危险源、危险区域和传染病疫情、生物安全风险等进行调查、评估、登记，加强风险早期识别和信息报告、通报。各地应当定期组织开展公共安全形势分析，必要时向社会通报。

3.2 监测与预警

3.2.1 监测

各地各有关部门应当完善监测网络，整合信息资源，加强对气象、水文、地震、地质、森林、草原、荒漠、海洋、生态环境、空间目标，重大危险源、危险区域、重大关键基础设施、交通运输状况、人员分布和流动情况，传染病和不明原因疾病、动物疫情、植物病虫害、食品药品安全、金融异动、网络数据安全、人工智能安全等综合监测，推动专业监测和群测群防深度融合，多种途径收集获取并共享信息，建立健全基础信息数据库，加强信息综合和分析研判，及早发现可能引发突发事件的苗头性信息，提出预警和处置措施建议。

3.2.2 预警

国家建立健全突发事件预警制度。按照突发事件发生的紧急程度、发展势态和可能造成的危害程度，将预警级别分为一级、二级、三级、四级，分别用红色、橙色、黄色、蓝色标示，一级为最高级别，划分标准由国务院或者国务院确定的部门制定。县级以上地方政府负责统一发布或者授权相关部门、应急指挥机构发布预警信息，结合实际制定具体实施办法。

（1）预警信息发布。可以预警的自然灾害、事故灾难或者公共卫生事件即将发生或者发生的可能性增大时，根据分级标准确定预警级别，发布相应级别的预警信息，决定并宣布有关地区进入预警期，向有关方面报告、通报情况，并根据事态发展及时作出调整。

预警信息应当采用统一格式，主要内容包括预警类别、预警级别、起始时间、可能影响范围、警示事项、公众应当采取的防范措施和发布机关、发布时间等。

（2）预警信息传播。综合运用突发事件预警信息发布系统、应急服务平台、应急广播、短信微信等手段，扩大预警覆盖面；对老幼病残孕等特殊人群和学校、养老服务机构、儿童福利机构、未成年人救助保护机构等特殊场所，农村偏远地区等警报盲区，夜间等特殊时段，采取鸣锣吹哨、敲门入户等针对性措施精准通知到位。

（3）预警响应措施。预警信息发布后，依法采取转移疏散人员、预置应急力量、调集物资装备、保卫重点目标、保障公共设施安全运行等措施。必要时，依法采取封控有关区域、暂停公共场所活动、错峰上下班或者停课、停业、停工、停产、停运以及其他防范性、保护性措施。

（4）预警解除或者启动应急响应。突发事件危险已经消除的，及时解除预警，终止预警期，并解除已经采取的有关措施；突发事件已经发生或者研判将要发生的，立即启动应急响应。

3.3 处置与救援

3.3.1 先期处置与信息报告

规范和加强全国突发事件信息报送工作。地方各级党委和政府应当建立健全突发事件信息报告工作机制，及时、客观、真实向上级党委和政府报送突发事件信息，不得迟报、谎报、瞒报、漏报，不得压制、阻挠报送紧急信息。

（1）突发事件发生后，涉事单位应当立即采取措施控制事态发展，组织开展应急处置与救援工作，如实向所在地党委、政府或者其相关部门报告，提出支援需求，并根据事态发展变化及时续报。乡镇（街道）和村（社区）统筹调配本区域各类资源和力量，按照相关应急预案及时有效进行处置，控制事态。任何单位和个人获悉突发事件，均应当通过110接处警电话或者其他渠道报告。各地探索建立突发事件信息统一接报处置体系。

报告内容主要包括时间、地点、信息来源、事件性质、影响范围及损害程度、人员伤（病）亡和失联情况、发展趋势、已经采取的措施等。

（2）地方各级党委和政府及其相关部门应当加强突发事件信息获取、核实、研判，按规定报告并通报相关方面。

（3）事件可能演化为特别重大、重大突发事件的，应当立即报告，不受突发事件分级标准限制。

3.3.2 响应分级

国家建立健全突发事件应急响应制度。国家层面应急响应级别按照突发事件的性质、特点、危害程度和影响范围等因素，由高到低分为一级、二级、三级、四级，具体启动条件和程序在国家有关专项应急预案和部门应急预案中予以明确。

地方各级党委和政府应当结合本地实际进一步细化应急响应制度，在突发事件应急预案中确定应急响应级别。

突发事件发生后，相关党委和政府及其部门立即按照应急预案启动应急响应，并根据事态发展情况及时调整响应级别。对于小概率、高风险、超常规的极端事件要果断提级响应，确保快速有效控制事态发展。

3.3.3 指挥协调

突发事件应急指挥实行中央、地方分级指挥和队伍专业指挥相结合的指挥机制。

初判发生特别重大或者重大突发事件的，原则上由事发地省级党委和政府组织指挥应对工作；初判发生较大、一般突发事件的，原则上分别由市级、县级党委和政府组织指挥应对工作。涉及跨行政区域的，由有关行政区域联合应对或者共同的上一级党委和政府组织指挥应对工作。超出本行政区域应对能力的，由上一级党委和政府提供响应支援或者指挥协调应对工作。必要时，由国家相关应急指挥机构或者经党中央、国务院批准新成立国家突发事件应急指挥机构，统一指挥协调应对工作。

突发事件应对中，所有进入现场的应急力量、装备、物资等服从现场指挥机构统一调度，其中相关应急力量按规定的指挥关系和指挥权限实施行动，确保相互衔接、配合顺畅。

3.3.4 处置措施

突发事件发生后，相关地方党委和政府迅速组织力量、调集资源，按照有关规定和实际情况开展人员搜救、抢险救灾、医疗救治、疏散转移、临时安置、应急救助、监测研判、损失评估、封控管控、维护秩序、应急保障等处置工作，采取与突发事件可能造成的社会危害的性质、程度和范围相适应的措施，并防止引发次生、衍生事件。必要时可依法征收、征用单位和个人的财产作为应急物资。中央和国家机关有关部门给予支援支持。有关具体处置措施，应当在相关应急预案中予以进一步明确。

需要国家层面应对时，国家突发事件应急指挥机构主要采取以下措施：

（1）组织协调有关地区和部门负责人、医疗专家、应急队伍参与应急处置与救援；

（2）协调有关地区和部门提供应急保障，包括协调事发地中央单位与地方党委和政府的关系，调度各方应急资源等；

（3）研究决定地方党委和政府提出的请求事项，重要事项报党中央、国务院决策；

（4）及时向党中央、国务院报告应急处置与救援工作进展情况；

（5）研究处理其他重大事项。

3.3.5　信息发布与舆论引导

国家建立健全突发事件信息发布制度。突发事件发生后，有关地方党委和政府及其有关部门应当按规定及时向社会发布突发事件简要信息，随后发布初步核实情况、已采取的应对措施等，并根据事件处置情况做好后续发布工作。

发生特别重大、重大突发事件，造成重大人员伤亡或者社会影响较大的，省级党委和政府或者负责牵头处置的中央和国家机关有关部门发布信息。国家层面应对时，由国家突发事件应急指挥机构或者中央宣传部会同负责牵头处置的部门统一组织发布信息。一般情况下，有关方面应当在 24 小时内举行首场新闻发布会。

加强舆论引导，按规定及时、准确、客观、全面发布信息，对虚假或者不完整信息应当及时予以澄清。

3.3.6　应急结束

突发事件应急处置工作结束，或者相关威胁、危害得到控制和消除后，按照"谁启动、谁终止"的原则，由相关党委和政府或者有关应急指挥机构、部门宣布应急结束，设立现场应急指挥机构的应当及时撤销。同时，采取必要措施，防止发生次生、衍生事件或者突发事件复发。

3.4　恢复与重建

3.4.1　善后处置

相关地方党委和政府应当组织做好救助、补偿、抚慰、抚恤、安置、理赔等工作，对受突发事件影响的群众提供心理援助和法律服务，加强疫病防治和环境污染治理。对征用财产可以返还部分及时返还，财产被征收、征用或者征用后毁损、灭失的，按规定给予补偿。有关部门应当及时快速核拨救助资金和物资。

3.4.2 调查与评估

相关地方党委和政府应当及时组织对突发事件造成的影响和损失进行调查与评估，并做好相关资料的收集、整理和归档工作。其中，特别重大突发事件，由国务院派出调查组或者党中央、国务院授权有关部门牵头组织，会同相关地方查明事件的起因、经过、性质、影响、损失、责任等，总结经验教训，复盘评估应对工作，提出改进措施建议，向党中央、国务院作出报告，并按照有关规定向社会公开，相关结论作为灾害救助、损害赔偿、恢复重建、责任追究的依据。

地方各级党委和政府应当组织对本行政区域上一年度发生的突发事件进行总结评估。

3.4.3 恢复重建

恢复重建工作坚持中央统筹指导、地方作为主体、全社会广泛参与，原则上由相关地方政府负责。需要国家援助或者统筹协调的，由事发地省级政府提出请求，国务院有关部门根据调查评估报告和受灾地区恢复重建规划，提出解决建议或者意见，报经国务院批准后组织实施。

4 应急保障

4.1 人力资源

（1）国家综合性消防救援队伍是应急救援的综合性常备骨干力量，应当加强力量体系建设管理。宣传、网信、工业和信息化、公安、自然资源、生态环境、住房城乡建设、交通运输、水利、农业农村、文化和旅游、卫生健康、应急管理、语言文字、能源、国防科工、移民、林草、铁路、民航、中医药、疾控、人民防空、红十字会等部门和单位根据职责分工和实际需要，依托现有资源，加强本行业领域专业应急力量建设。加强国家区域应急力量建设。

（2）依法将军队应急专业力量纳入国家应急力量体系，作为应急处置与救援的突击力量，加强针对性训练演练。

（3）乡镇（街道）、开发区、工业园区、港区、风景区等以及有条件的村（社区）可以单独建立或者与有关单位、社会组织共同建立基层应急救援队伍，发展壮大群防群治力量，有效发挥先期处置作用。

（4）各地各有关部门完善相关政策措施,鼓励支持推动社会应急力量发展,健全参与应急救援现场协调机制，引导规范有序参与应急处置与救援行动。

健全各类应急队伍间的协作配合机制，加强共训共练、联勤联演和相关装备、器材、物资、训练设施等的共享共用，做好安全防护，形成整体合力。增进应急队伍国际交流与合作。

4.2 财力支持

（1）防范和应对突发事件所需财政经费，按照财政事权和支出责任划分，分级负担。地方各级政府应当将突发事件防范和应对工作所需经费纳入本级预算，财政和审计部门应当对突发事件财政应急保障资金的使用和效果进行监督和评估。

（2）积极发挥商业保险作用，健全保险体系，发展巨灾保险，推行农村住房保险、保障民生类相关保险以及安全生产、环境污染和食品安全责任保险等，鼓励单位和公民参加保险。各地各有关部门和单位应当为参与应急救援、传染病疫情防控等的人员购买人身意外伤害等保险，并配备必要的防护装备和器材，减少安全风险。

（3）鼓励公民、法人和其他组织进行捐赠和援助，有关部门和单位要加强对捐赠款物分配、使用的管理。

4.3 物资保障

（1）应急管理部会同国家发展改革委、工业和信息化部、公安部、财政部、自然资源部、生态环境部、交通运输部、商务部、国家卫生健康委、国务院国资委、市场监管总局、国家粮食和储备局、国家林草局、国家药监局等构建应急物资保障体系，完善应急物资实物储备、社会储备和产能储备，制定储备规划和标准，建立重要应急物资目录，优化物资品种和储备布局，完善物资紧急配送体系；加强国家重要物资监测，对短期可能出现的物资供应短缺，建立集中生产调度机制和价格临时干预机制；完善应急物资补充更新相关工作机制和应急预案，确保所需应急物资特别是生活必需品、药品等及时供应。

（2）地方各级政府应当根据有关法律、法规等规定，规划建设管理应急避难场所，做好物资储备和保障工作。鼓励公民、法人和其他组织储备基本的应急自救物资和生活必需品。

4.4 交通运输与通信电力保障

（1）完善综合交通运输应急保障体系，交通运输部、国家铁路局、中国民航局、国家邮政局、中国国家铁路集团有限公司等有关部门和单位应当保证紧急情况下应急交通工具的优先安排、优先调度、优先放行，特别要发挥高铁、航空优势构建应急力量、物资、装备等快速输送系统，确保运输安全快速畅通；省级政府应当依法建立紧急情况下社会交通运输工具的征用程序，确保抢险救灾人员和物资能够及时安全送达。

根据应急处置需要，公安、交通运输等部门按规定对现场及相关通道实行交通管制，健全运力调用调配和应急绿色通道机制，提高应急物资和救援力量快速调运能力。

（2）工业和信息化部、广电总局等有关部门建立健全应急通信网络、应急广播体系，提升公众通信网络防灾抗毁能力和应急服务能力，推进应急指挥通信体系建设，强化极端条件下现场应急通信保障。

（3）国家发展改革委、国家能源局、国家电网有限公司等有关部门和单位应当建立健全电力应急保障体系，加强电力安全运行监控与应急保障，提升重要输电通道运行安全保障能力，确保极端情况下应急发电、照明及现场供电抢修恢复。

4.5 科技支撑

（1）加强突发事件应对管理科技支撑，注重将新技术、新设备、新手段和新药品等应用于监测、预警、应急处置与救援工作。

（2）健全自上而下的应急指挥平台体系，推进立体化监测预警网络、大数据支撑、智慧应急、应急预案等数字化能力建设，完善突发事件监测预警、应急值守、信息报送、视频会商、辅助决策、指挥协调、资源调用、预案管理和应急演练等功能。

中央和国家机关有关部门应当结合各自职责，加强突发事件相关应急保障体系建设，完善保障预案，指导督促地方健全应急保障体系和快速反应联动机制，确保突发事件发生后能够快速启动应急保障机制。

5 预案管理

5.1 预案编制

国家层面专项应急预案、部门应急预案由相关部门组织编制，按程序报批和印发。各地各有关部门负责建立健全本地本系统应急预案体系。重要基础设施保护、重大活动保障和区域性、流域性应急预案纳入专项或者部门应急预案管理。

5.2 预案衔接

各级各类应急预案应当做到上下协调、左右衔接，防止交叉、避免矛盾。应急管理部负责综合协调应急预案衔接工作，指导应急预案体系建设。各省总体应急预案及时抄送应急管理部。国家专项应急预案报批前，由牵头部门按程序商应急管理部协调衔接。各地各有关部门做好相关应急预案衔接工作。

5.3 预案演练

国家相关应急指挥机构或者各类应急预案牵头编制部门应当制定应急演练计划并定期组织演练。各地应当结合实际，有计划、有重点地组织对相关应急预案进行演练。各地各有关部门加强应急演练场所建设，为抓实抓细培训演练工作提供保障。

5.4 预案评估与修订

各地各有关部门应当加强应急预案的动态优化和科学规范管理，及时根据突发事件应对和演练评估结果对应急预案内容作出调整，定期组织对相关应急预案进行评估和修订，增强应急预案的针对性、实用性和可操作性。

5.5 宣传与培训

本预案实施后，应急管理部应当会同中央和国家机关有关部门做好宣传、解读和培训工作。地方各级党委和政府应当针对本地特点开展突发事件应急预案的宣传和培训工作，并通过多种方式广泛组织开展应急法律法规和安全保护、防灾减灾救灾、逃生避险、卫生防疫、自救互救等知识技能宣传和教育培训，筑牢人民防线。各有关方面应当有计划地对领导干部、应急救援和管理人员进行培训，提高其应急能力。

5.6 责任与奖惩

突发事件应急处置与救援工作按规定实行地方党政领导负责制和责任追究制，纳入对有关党政领导干部的监督内容。对在突发事件应急处置与救援中作出突出贡献的集体和个人，按照有关规定给予表彰和奖励；对存在违法违规行为的，依照有关国家法律和党内法规追究责任；对未按规定编制修订突发事件应急预案、未定期组织应急预案演练的，依照有关规定追究责任。

参考文献

一、经典著作

[1] 中共中央马克思恩格斯列宁斯大林著作编译局. 马克思恩格斯文集：第 1 卷［M］. 北京：人民出版社，2009.

[2] 中共中央马克思恩格斯列宁斯大林著作编译局. 马克思恩格斯文集：第 2 卷［M］. 北京：人民出版社，2009.

[3] 中共中央马克思恩格斯列宁斯大林著作编译局. 马克思恩格斯文集：第 7 卷［M］. 北京：人民出版社，2009.

[4] 中共中央马克思恩格斯列宁斯大林著作编译局. 马克思恩格斯文集：第 8 卷［M］. 北京：人民出版社，2009.

[5] 中共中央马克思恩格斯列宁斯大林著作编译局.列宁选集：第 1 卷［M］.北京：人民出版社，2012.

[6] 毛泽东. 毛泽东选集：第 1 卷［M］. 北京：人民出版社，1991.

[7] 毛泽东著. 毛泽东文集：第 7 卷［M］. 北京：人民出版社，1999.

[8] 邓小平. 邓小平文选：第 2 卷［M］. 北京：人民出版社，1994.

[9] 邓小平. 邓小平文选：第 3 卷［M］. 北京：人民出版社，1994.

二、重要文献

[1] 习近平. 习近平谈治国理政：第 1 卷［M］. 北京：外文出版社，2018.

[2] 习近平. 习近平谈治国理政：第 2 卷［M］. 北京：外文出版社，2017.

[3] 习近平. 习近平谈治国理政：第 3 卷［M］. 北京：外文出版社，2020.

[4] 习近平. 习近平谈治国理政：第 4 卷［M］. 北京：外文出版社，2022.

[5] 中共中央宣传部. 习近平新时代中国特色社会主义思想学习纲要

［M］．北京：学习出版社，人民出版社，2019.［6］党的二十大报告辅导读本［M］．北京：人民出版社，2022.

［6］中共中央党校．习近平新时代中国特色社会主义思想基本问题［M］．北京：人民出版社，中共中央党校出版社，2020.

三、重要著作

［1］王宏伟．应急管理导论［M］．北京：中国人民大学出版社，2014.

［2］薛澜，张强，钟开斌．危机管理：转型期中国面临的挑战［M］．北京：清华大学出版社，2003.

［3］陈武，杨宏山．构建面向全过程均衡的应急知识管理机制［J］．中国行政管理，2024.

［4］芳检，熊先兰．大数据背景下城市重大突发事件协同治理研究［M］．北京：中国社会科学出版社，2020.

［5］涂子沛．大数据——正在到来的数据革命［M］．桂林：广西师范大学出版社，2015.

［6］黄萃，等．智慧治理［M］．北京：清华大学出版社，2017.

［7］闪淳昌，薛澜．应急管理概论［M］．北京：高等教育出版社，2012.

［8］刘铁民．应急管理：中国特色应急体系建设［M］．北京：中国劳动社会保障出版社，2019.

［9］杨宏山．公共政策学［M］．北京：中国人民大学出版社，2020.

［10］诺曼·奥古斯丁．孙迎春译．危机管理［M］．北京：中国人民大学出版社，2009.

［11］劳伦斯·巴顿．王凡译．组织危机管理［M］．北京：清华大学出版社，2002.

［12］劳伦斯·巴顿．许瀚予译．危机管理［M］．北京：东方出版社，2009.

［13］李纲，叶光辉．智慧应急决策情报支持［M］．北京：科学出版社，2022.

［14］李忠，李海君，赵楠，等．智能应急技术［M］．北京：清华大学出版社，2022.

［15］李国正．应急管理理论与实践［M］．北京：首都师范大学出版社，2024.

［16］罗伯特·希斯.王成，炳辉，金瑛译.危机管理［M］.北京：中信出版社，2001.

［17］陈玉梅.应急管理信息平台建设及成功实施的实证研究.广州：暨南大学出版社，2012.

［18］闪淳昌.应急管理：中国模式与实践［M］.北京：北京师范大学出版社，2011.

［19］童星.中国应急管理：理论、实践、政策［M］.北京：社会科学文献出版社，2012.

［20］洪毅.中国应急管理报告2012［M］.北京：国家行政学院出版社，2012.

［21］沙勇忠，等.重大突发事件信息管理［M］.北京：中国社会科学出版社，2014.

［22］范维澄，等.公共安全科学导论［M］.北京：科学出版社，2013.

［23］陈潭，等.大数据时代的国家治理［M］.北京：中国社会科学出版社，2015.

［24］陈玉梅.应急管理信息平台建设及成功实施的实证研究［M］.广州：暨南大学出版社2012.

［25］李光亚.智慧城市大数据［M］.上海：上海科学技术出版社，2015.

［26］刘奕.城市安全与应急管理［M］.北京：中国城市出版社2012.

［36］张楠.基于协同治理理论的我国地方政府区域治理研究［M］.武汉：湖北人民出版社2015.

［37］李梁，王金伟，等.高校思想政治理论课：教育教学供给侧结构性改革理论研究［M］.上海：上海大学出版社，2017.

［38］彭兰.网络传播概论（第5版）［M］.北京：中国人民大学出版社，2023.

四、期刊文献类

［1］廖佳豪，於志文，刘一萌，等.移动群智感知平台设计与实现［J］.浙江大学学报（工学版），2020，54(10)：1915-1922.

［2］刘明.应急指挥智能信息化平台的研究［J］.电脑知识与技术，2021(32)：84-86.

［3］刘译璟，李霖枫.智慧应急平台及其关键技术［J］.中国安防，

2022(6)：76-82.

［4］刘奕，张宇栋，张辉，等 . 面向 2035 年的灾害事故智慧应急科技发展战略研究［J］. 中国工程科学，2021，23(4)：117-125.

［5］刘振 . 空天地一体化应急通信研究［J］. 移动通信，2022，46(10)：47-52.

［6］滕召旭 . 浅谈智慧应急［J］. 湖南安全与防灾，2021(11)：58-60.

［7］万素萍，钱洪伟 . 突发事件应急桌面推演基本操作程序与方法［J］. 中国应急救援，2020(4)：34-40.

［8］王国栋，任钢 . 基于虚拟现实技术的应急推演沙盘系统的设计和实现［J］. 软件，2012，33(8)：23-27.

［9］李耀东 . 城市智慧应急建设探索与研究［J］. 物联网技术，2021，11(10)：45-47.

［10］李沂蔓，程根银，王永建 . 社交媒体数据挖掘在城市应急管理中的应用［J］. 华北科技学院学报，2021，18(4)：61-66.

［11］李贻文，邹树梁，张德，等 . 基于 ROS 的应急监测机器人导航系统设计与实现［J］. 自动化与仪表，2021，36(6)：33-37.

［12］高小平 . 建设中国特色的应急管理体系［J］. 中国应急管理 . 2024(2)：15-16.

［13］赵德胜，马海韵 . 中国应急管理学科建设的实践路径［J］. 中国社会科学报，2024，7(2930)：18-20.

［14］张强，陶鹏 . 应急管理中的信息沟通与协调机制研究［J］. 中国行政管理，2010(1)：18-21.

［15］李雪峰 . 应急决策机制研究［J］. 中国行政管理，2005(12)：17-21.

［16］刘霞，向良云 . 复杂应急决策过程中的动态多阶段群决策模型研究［J］. 中国行政管理，2013(05)：115-119.

［17］薛泽林 . 构建中国式应急管理体系［J］. 社会科学报 .2022-11-11.

［18］金太军 . 网络 2.0 时代的协同治理创新：体系治理［J］. 学术界。2015（7）58-60.

［19］金太军等 . 政府协调治理：我国突发事件应急管理创新探讨［J］. 青海社会科学，2011（6）：33-34.

［20］颜佳华，吕炜 . 协商治理、协作治理、协同治理与合作治理概念及其关系辨析［J］. 湘潭大学学报》（哲学社会科学版），2015（2）：14-15.

应急指挥：理论、实践与创新

［21］马奔，毛庆铎.大数据在应急管理中的应用［J］.中国行政管理，2015（3）:47-48.

［22］兰韵，李晓盈.智慧型应急避难场所建设模式探索［J］.智库时代，2019(9)：204，214.

［23］雷霆，孙骞，王孟轩.基于5G的智慧应急指挥平台［J］.指挥与控制学报，2020，6(4)：319-323.

［24］李春娟.突发事件应急管理知识系统演化研究［D］.秦皇岛：燕山大学，2015.

［25］李纲，李阳.智慧城市应急决策情报体系构建研究［J］.中国图书馆学报，2016，42(3)：39-54.

［26］盛明科，郭群英.公共突发事件联动应急的部门利益梗阻及治理研究［J］.中国行政管理，2014（3）:13-1.

［27］范维澄.国家突发公共事件应急管理中科学问题的思考和建议［J］.中国科学基金，2007，21(2)：71-76.

［28］李湖生.应急指挥机构的组织模式与职能［J］.安全，2010，31(12)：15.

［29］Kendra, James M., and Tricia Wachtendorf. 世贸中心袭击事件后恢复力的构成要素：构建社会资本的重要性（Elements of resilience after the World Trade Center attacks：The importance of building social capital）.社 会 学 论 坛（Sociological forum).18.3 (2003)：343-364.

［30］Comfort, Louise K. 风险、安全与韧性：应急管理中概念的整合（Risk, security, and resilience：Integrating concepts for emergency management）.国际大规模紧急情况与灾难杂志（International journal of mass emergency and disaster）28.1 (2010)：7-24.

五、报纸文献

［1］王飞跃，高彦臣，商秀芹，等.平行应急管理：基于ACP方法的概念、框架与体系［J］.科技导报，2015，33(5)：41-52.

［2］王祥喜.坚持改革创新推动应急管理事业高质量发展［EB/OL］.理论网，2025-03-14.

［3］应急指挥［EB/OL］.百度百科,https://baike.baidu.com/item/ 应急指挥.2025-03-20.

应急指挥：理论、实践与创新

［4］国务院办公厅．突发事件应急预案管理办法［EB/OL］．中国政府网，2024-01-31．

［5］全国人大常委会．中华人民共和国突发事件应对法（第十四届全国人民代表大会常务委员会第十次会议修订）［EB/OL］．中国政府网，2024-6-28．

［5］中共中央、国务院．国家突发事件总体应急预案［EB/OL］．中国政府网，2025-02-25．

［6］应急管理部官网．应急指挥概况．应急管理部官网 https://www.mem.gov.cn/.2025-3-28．

［7］应急指挥系统［EB/OL］．https://baike.baidu.com/item/ 应急指挥系统，2025-3-20．

［8］应急管理［EB/OL］．百度百科 https://baike.baidu.com/item/ 应急管理，2025-3-21．

［9］张翔．中国政府部门间协调机制研究［D］．博士学位论文，南开大学，2013 年．

［10］袁远明．智慧城市信息系统关键技术研究［D］．博士学位论文，武汉大学，2012 年．

［11］陈曦．中国跨部门合作问题研究［D］．博士学位论文，吉林大学，2015 年．